94

1781

Guido Knopp

mit Friederike Dreykluft
und Ricarda Schlosshan

DER AUFSTAND 17. Juni 1953

Dokumentation: Patrick Obrusnik

Hoffmann und Campe

1. Auflage 2003

www.hoffmann-und-campe.de
Ein Projekt der Montasser Medienagentur
Schutzumschlaggestaltung: Büro Hamburg/Susanne Schwarz
Foto: Ullstein Bilderdienst
Reproarbeiten: LVD GmbH, Berlin
Layout: Prill Partners | producing, Berlin
Druck und Bindung: MOHN Media · Mohndruck GmbH, Gütersloh
Printed in Germany
ISBN 3-455-09389-2

HOFFMANN
UND CAMPE

Ein Unternehmen der
GANSKE VERLAGSGRUPPE

Inhalt

Nach dem Aufstand des 17. Juni ließ der Sekretär
des Schriftstellerverbandes in der Stalinallee
Flugblätter verteilen, auf denen zu lesen war,
daß das Volk das Vertrauen der Regierung
verscherzt habe und es nur durch verdoppelte
Arbeit zurückerobern könne. Wäre es da nicht
einfacher, die Regierung löste das Volk auf und
wählte ein anderes?

Bertolt Brecht, »Die Lösung«

Vorwort

Wohl kaum ein Tag in der Geschichte beider deutscher Staaten war in der zweiten Hälfte des vergangenen Jahrhunderts so umstritten, so sehr Gegenstand von unterschiedlichen Legenden wie der 17. Juni 1953. In der Bundesrepublik, die abseits des Geschehens stand, wurde der Tag alsbald zum Symboldatum erklärt – für den Kampf aller Deutschen um Freiheit und Demokratie. Nur wenige Wochen nach der Erhebung erhielt er seinen Namen: »Tag der deutschen Einheit«.

Doch über das offizielle Gedenken hinaus fand dieser Gedenktag in Westdeutschland keine emotionale Resonanz. Eine Volksbewegung zur Einheit, ganz zu schweigen von einem Streik oder gar Aufstand, gab es zwischen Kiel und Konstanz nie. Dafür bescherte der 17. Juni den Westdeutschen einen Feiertag. Sie durften sich sonnen, während die Ostdeutschen, die den Aufstand gewagt hatten, arbeiten mussten.

In der DDR versuchte das Regime, die Erinnerung an den 17. Juni zu tilgen. In den Tagen nach dem Aufstand mit der hanebüchenen Begründung, das Ganze sei ein vom Westen gesteuerter faschistischer Putsch gewesen: »Tag X« nannte es die SED-Propaganda. Weder die Belogenen noch die Lügner selbst glaubten auch nur einen Deut. Tatsächlich war die Erinnerung an den 17. Juni 1953 für die SED-Machthaber bis zum Ende ihres Staates ein kollektives Trauma. Sie wussten: Ohne den Einsatz der sowjetischen Armee wären sie hinweggefegt worden. Sie lernten daraus: Nie wieder Schwäche zeigen; hart bleiben, auch wenn es vielleicht falsch war. Der Starrsinn der alten Männer, die sich gegen Gorbatschows Reformkurs stellten, hatte viel mit ihren Jugenderfahrungen am 17. Juni 1953 zu tun. Noch im August 1989, als die Fernsehbilder von den Flüchtlingen in Ungarn die Daheimgebliebenen in der DDR erschütterten, fragte MfS-Minister Mielke in die Stasi-Runde: »Ist es so, dass morgen der 17. Juni ausbricht?« Diesmal war es ein Montag im Oktober in Leipzig, der der DDR das Totenglöckchen läutete. Denn diesmal rollten keine Sowjetpanzer.

Unter den Schicksalstagen der deutschen Nachkriegsgeschichte ist der 17. Juni 1953 immer ein wenig stiefmütterlich behandelt worden. Anders als der 13. August 1961, der mit dem Bau der Berliner Mauer nur die Konsequenzen aus dem gescheiterten Volksaufstand zog, oder gar der 9. November 1989, der mit einem grandiosen symbolischen Akt das Ende des Systems besiegelte, das sechsunddreißig Jahre zuvor gerade noch einmal davongekommen war, blieb das Datum jenes Junitages 1953 im Bewusstsein vieler Menschen kaum mehr als eine verblasste Erinnerung an symbolträchtige Bilder: an die beiden jungen Leute auf dem Potsdamer Platz, die einen russischen Panzer mit Steinen bewarfen; an die Menschenmenge, die mit lachenden Gesichtern, schwarz-rot-goldene Fahnen in den Händen, durch das Brandenburger Tor marschierte. An das Einholen der Roten Fahne auf ebendiesem Tor.

Die Erinnerung gerann zum Ritual (West) oder wurde unterdrückt (Ost). Der vierzigste Jahrestag des Aufstands drei Jahre nach der Wiedervereinigung hätte Gelegenheit geboten, den Trägern des 17. Juni Gerechtigkeit widerfahren zu lassen. Sie wurde versäumt.

Jetzt, nach fünfzig Jahren, ist es höchste Zeit. Noch leben einige Menschen, die am 17. Juni 1953 Mut bewiesen haben. Sie aus der Anonymität zu holen, ist eine Aufgabe dieses Buches. Lenins sarkastische Bemerkung, dass jede Revolution in Deutschland zum Scheitern verurteilt sei, weil deutsche Revolutionäre vor der Besetzung eines Bahnhofs vorsichtshalber eine Bahnsteigkarte lösen, straften die Ostdeutschen am 17. Juni 1953 Lügen.

Ja, es war ein Aufstand. Ja, es war ein Volksaufstand. Und ja, es war eine, leider misslungene, Revolution. Sie begann als Arbeiterrevolte gegen überhöhte, wahnwitzige Arbeitsnormen. Doch bald schon, binnen weniger Minuten, trat als zweite Forderung der Rücktritt der DDR-Regierung in den Vordergrund. Und dann folgte die mächtige Losung: »Freie Wahlen!« Wenn es sie hätte geben dürfen, dann wäre das wohl gleichbedeutend mit der Wiedervereinigung gewesen. Viele Demonstranten spürten das. Sowohl am Brandenburger Tor als auch in den Städten der Provinz sangen die Menschen das Deutschlandlied.

Es ging nicht nur um die Unzufriedenheit mit dem System, das mehr und mehr als Diktatur empfunden wurde; nicht nur um Protest gegen Schikanen der allgegenwärtigen Staatspartei und bedrückende Lebensbedingungen – es ging auch um die Sehnsucht nach der Einheit Deutschlands, die damals noch als Selbstverständlichkeit empfunden wurde. Dass sie am und nach dem 17. Juni nicht zustande kam, hatte mehrere Gründe. Zum einen waren da die sowjetischen Panzer. Wenn es hart auf hart gekommen wäre, hätten sie geschossen. Und das ahnten auch die Demonstranten. Ihre Hoffnung, der Westen würde helfen, verflog rasch. Der Westen half natürlich nicht – denn Jalta war ja erst acht Jahre her, und nur die Teilung der Welt schien den labilen Frieden zu garantieren. Auf der Strecke blieben Freiheitswille, Wut und Trotz der Menschen – wie in Ungarn 1956 oder in der Tschechoslowakei 1968.

Zu guter Letzt: Der Aufstand musste scheitern, weil er keine Führer hatte, die den Aufständischen klare, erreichbare Ziele hätten weisen können. Es war ein

Aufstand ohne Führung, ohne Strategie, ohne einheitliche Stimme. Es war eine beispiellose spontane Massenerhebung, eine kollektive Volksbewegung, die zum Scheitern verurteilt war.

Gerade das Fehlen einer zentralen Leitung machte jedoch den einzigartigen Charakter dieses Volksaufstandes aus – ein revolutionärer Strudel, der das scheinbar festgefügte Machtsystem der SED aus den Angeln hob und durcheinander wirbelte. Und er wurde von vielen Menschen getragen, die für wenige Stunden aus ihrer Anonymität heraustraten und die Veränderung der herrschenden Verhältnisse verlangten.

Dieses Buch soll dazu beitragen, dass diesen Menschen jener ehrenvolle Platz in der Geschichte zukommt, der ihnen gebührt.

Der Tod des Diktators

Er starb, wie er gelebt hatte – in einer Atmosphäre des Schreckens und der Einschüchterung. Und es war nicht so, dass es viele in seiner Umgebung gegeben hätte, die das Dahinscheiden von Josef Wissarionowitsch Dschugaschwili, genannt Stalin, ehrlich bedauert hätten.

Man hatte es kommen sehen. In den letzten Wochen vor seinem Tod ignorierte Stalin jeden ärztlichen Rat. Trotz seines hohen Blutdrucks nahm er ausgiebige Dampfbäder und trank Unmengen Alkohol. Immer wieder zitierte der despotische Alte seine engsten Vertrauten zu ausgiebigen Abendessen mit anschließendem Trinkgelage hinaus in seine Datscha bei Moskau.

So auch in der Nacht vom 28. Februar auf den 1. März 1953. Die Geladenen waren Geheimdienstchef Lawrentij Pawlowitsch Berija, Nikita Sergejewitsch Chruschtschow, Präsidiumsmitglied der Kommunistischen Partei, Georgij Maksimilianowitsch Malenkow, der den Ministerrat leitete, und Verteidigungsminister Nikolaj Alexandrowitsch Bulganin. Wie üblich zog sich das »Abendessen« bis in die Morgenstunden hin. Nikita Chruschtschow berichtete später, die Einladung sei in fröhlicher Stimmung verlaufen. Stalin sei ausgesprochen guter Dinge gewesen, habe Witze gemacht und seine Gäste gegen vier Uhr morgens sogar noch zur Verabschiedung in die Halle hinausbegleitet.

Die Besucher waren erleichtert, denn nicht alle Abendessen bei Stalin endeten so angenehm. Allzu oft mussten sie die Zornesausbrüche des cholerischen Vierundsiebzigjährigen ausbaden. Auch für die Dienerschaft der Datscha hatte der Abend einen erfreulichen Ausklang. Denn ganz entgegen seiner Gewohnheit wies Stalin, wie es später hieß, seine Männer an, sich schlafen zu legen. Er werde sie in der Nacht nicht mehr benötigen, sagte er.

Als die Leibwächter am nächsten Morgen aufstanden, war es in Stalins Schlafzimmer noch ruhig. Das war nicht weiter ungewöhnlich, denn schließlich war es in der Nacht zuvor ja spät geworden. Gegen elf Uhr – früher in der Regel nicht – rief der Hausherr an solchen Morgen einen dienstbaren Geist zu sich, um sich einen Tee und eine Kleinigkeit zu essen bringen zu lassen.

Um die Mittagszeit glaubte jemand, ein Geräusch gehört zu haben, doch der gewohnt energische Ruf nach einem Diener blieb aus. Auch am Nachmittag herrschte ungewohnte Stille. Langsam wurde die Dienerschaft unruhig. Was mochte da los sein? Niemand wagte es jedoch, die Gemächer des Diktators unaufgefordert zu betreten, da der »Chef« für seine Wutausbrüche bekannt war.

Als gegen sieben Uhr abends endlich Licht in Stalins Zimmer anging, hofften die Diener schon, es sei alles in Ordnung. Aber wieder verging Stunde um Stunde, ohne dass der Hausherr sich blicken ließ. Gegen zehn Uhr abends endlich fasste sich der stellvertretende Sicherheitschef der Datscha, Pjotr Wassiliewitsch Losgaschow, ein Herz. Er habe die Tür sehr laut geöffnet, erzählte er Jahre später Stalins Biographen Edvard Radzinskii. Stalin habe es gehasst, wenn man sich leise hereinschlich. Doch die Vorsicht war unnötig gewesen: Der große Diktator lag hilflos am Boden – mit nassen Hosen und unfähig, sich zu bewegen.

Eilig versuchte Losgaschow, Stalin aufzurichten. Der Diktator war bei Bewusstsein, konnte aber nicht mehr sprechen. Leise röchelnd schloss er die Augen. Gemeinsam mit anderen Dienern hob ihn Losgaschow auf ein Sofa. Dort blieb er regungslos liegen. Unschlüssig standen die Männer um das Lager des hilflosen Alten. Schließlich fassten sie den Entschluss, im Ministerium für Staatssicherheit anzurufen. Denn dies war sicherlich ein Fall, der die Sicherheit des Staates aufs Höchste gefährdete. Das Ministerium verwies erschrocken an Geheimdienstchef Lawrentij Berija. »Zu niemandem ein Wort«, lautete dessen knappe Order. Er werde die Sache regeln.

»Dass Stalin kurz vor seinem Tode stand, darüber lagen bereits Informationen vor. Manche Informationen haben wir Ende Februar schon nicht mehr Stalin zukommen lassen.«
Sergej Kondraschow, sowjetischer Geheimdienst

Später in der Nacht trafen Berija, Malenkow und Chruschtschow auf der Datscha ein. Auch die drei nach Stalin mächtigsten Männer des Staates waren ratlos und standen unschlüssig vor der Schlafzimmertür. »Sie hatten einfach Angst vor ihm«, berichtet Sergej Chruschtschow, Nikitas Sohn. »Stalin lag da und hatte sich – entschuldigen Sie den Ausdruck – vollgepisst. Er hätte es ihnen niemals verziehen, wenn sie ihn so gesehen hätten.« Aus gebührendem Abstand blickten sie scheu in Richtung des Diwans. »Sie sahen, wie er dort lag, wie er sich bewegte, und haben sich wieder zur Tür hin verdrückt«, erinnert sich Sergej an die Erzählungen seines Vaters. »Dann kamen sie klammheimlich wieder, schauten wieder nach und diskutierten, was sie jetzt tun sollten. Geh du als Erster! Nein, geh du, du bist an der Reihe!«

Was dann in Stalins Datscha geschah, konnte bis heute nicht lückenlos aufgeklärt werden. Offenbar verfügten die drei Paladine, Genosse Stalin »schlafe friedlich«, und man könne beruhigt wieder nach Hause fahren. Erst als die Diener einige Stunden später erneut anriefen und dringend appellierten, es müsse etwas getan werden, gab die Troika Order, einen Arzt zu rufen. Dreizehn Stunden, nachdem Stalin offenkundig einen Schlaganfall erlitten hatte, trafen die Ärzte an seinem Krankenbett ein. Viel zu spät, um noch wirkliche Hilfe leisten zu können.

Der Zustand des Patienten war hoffnungslos, so die Diagnose der Ärzte. Man solle seine Kinder holen, ansonsten könne man lediglich abwarten. Doch nicht

»In den nächsten zwölf bis vierzehn Stunden wurden keine Ärzte alarmiert, während sich in der Datscha in Kunzewo ein Drama abspielte: Dienerschaft und Wachen rebellierten und verlangten, dass ein Arzt gerufen wird. Die Parteispitze versicherte aber, dass es keinen Grund für eine Panik gebe. Berija selbst erklärte, dass ›nichts geschehen sei. Er schläft.‹ Und mit dieser Beurteilung verließen die Führer die Datscha, nur um wenige Stunden später zurückgerufen zu werden. Zu diesem Zeitpunkt waren das gesamte Wachpersonal und alle Bediensteten außer sich vor Wut über diesen Trick. Schließlich verlangten die Mitglieder der Führung, dass der Patient in einen anderen Raum gebracht und dort auf ein Bett gelegt werde – immer noch ohne ärztliche Betreuung. Vom ärztlichen Standpunkt aus war dies unverzeihlich.«
Swetlana Allilujewa, Tochter Stalins

einmal im Sterben machte es Stalin seinen Weggefährten und Widersachern leicht. Sein Todeskampf zog sich über fünf Tage hin. Mit unterschiedlichsten Medikamenten und Spritzen, ja sogar mit Blutegeln, versuchten die Ärzte, seinen Gesundheitszustand zu stabilisieren. Bisweilen erlangte er das Bewusstsein wieder, konnte sogar mit einem Löffel gefüttert werden. Einmal habe Genosse Stalin auf ein Bild an der Wand gezeigt, erinnerte sich Nikita Chruschtschow später. Darauf sei zu sehen gewesen, wie ein Mädchen ein Lämmchen fütterte. Der Diktator habe wohl sagen wollen, dass er sich gerade so hilflos wie das kleine Schäfchen fühle.

Der Gesundheitszustand Stalins verschlechterte sich von Tag zu Tag, während sich an seinem Bett jene versammelten, die ihm im Leben nahe gestanden hatten – und jene, die nach seinem Ableben an seine Stelle treten wollten. Stalins Tochter Swetlana und Nikita Chruschtschow berichteten später übereinstimmend, Lawrentij Berija habe sich ausgesprochen seltsam verhalten. Kaum dass der Diktator Anzeichen gemacht habe, wieder zu Bewusstsein zu kommen, habe er dessen Hand genommen und sie geküsst. Sobald Stalin aber die Augen wieder geschlossen hatte, habe er wild auf ihn geschimpft, nach Chruschtschows Aussage sogar ausgespuckt. Es stand außer Frage, wer nach Stalins Ableben der gefährlichste Mann im Staate sein würde.

Keine Nachricht über den prekären Zustand des Staatsoberhauptes drang nach außen, während sich Nacht für Nacht die wenigen Eingeweihten an Stalins Bett ablösten. Sie blieben wohl in der Erwartung, hier die Weichen für ihre spätere Karriere stellen zu können, sicherlich aber auch in dem Willen, Zeuge zu sein, wenn ihr Tyrann von dieser Welt schied.

Am 5. März 1953 war es so weit. Die Umstehenden konnten beobachten, wie sich Stalins Antlitz immer mehr verfärbte und die Gesichtszüge entglitten. Wie sich seine Tochter Swetlana später erinnerte, öffnete der Diktator dann plötzlich die Augen und ließ seinen Blick über die Besucher an seinem Bett schweifen. »Es war ein furchtbarer Blick, halb wahnsinnig, halb zornig, voller Todesangst. Und dann hob er plötzlich die linke Hand, wies mit ihr nach oben, als wolle er uns alle warnen. Die Geste war undeutlich, aber eindeutig drohend.«

An Gerüchten um Stalins Tod hat es nie gemangelt. So wurde behauptet, der Diktator sei vergiftet worden, oder aber, Chruschtschow habe ihn eigenhändig erwürgt. Geheimdienstchef Berija habe noch in der gleichen Nacht die Leibwächter erschießen lassen, um zu verhindern, dass Zeugen von der schauerlichen Tat berichteten. Derartige Räuberpistolen entbehren der Grundlage, doch da die Staatsführung eine obskure Geheimniskrämerei um die Todesumstände betrieb, schoss die Phantasie schnell ins Kraut. Tatsächlich ist einiges an Stalins Tod ungeklärt und seltsam geblieben.

So rechtfertigten sich die Leibwächter später auf die Frage, warum sie denn in der Nacht nichts von Stalins Notlage bemerkt hätten, der Diktator habe sie schlafen geschickt. Tatsächlich aber konnte sich niemand erinnern, dass Stalin je eine solche Order gegeben hätte. Ganz im Gegenteil hatte er mit zunehmendem Alter einen immer aberwitzigeren Verfolgswahn entwickelt, der ihn hinter jeder Tür einen Meuchelmörder wittern ließ. Dass gerade er die Erlaubnis gegeben haben soll, ihn unbewacht schlafen zu lassen, erscheint in der Rückschau zumindest überraschend.

Ebenso bizarr schien das Verhalten der Diener. Über Stunden wagten sie es nicht, das Zimmer eines vierundsiebzigjährigen Mannes zu betreten, der offensichtlich Hilfe brauchte. Und schließlich das »Versäumnis« Berijas, Malenkows und Chruschtschows, die sich durch den auch für Laien erkennbar bedenklichen Zustand Stalins nicht motiviert sahen, einen Arzt zu alarmieren … All das lässt nur einen Schluss zu: Josef Stalin ist nicht ermordet worden – doch man hat ihn sterben lassen.

Fast drei Jahrzehnte lang war Josef Stalin Alleinherrscher über die Sowjetunion gewesen. Jetzt erschütterte sein Tod das Land in seinen Grundfesten. Zu lange

»Aus einem Menschen einen Halbgott gemacht« – Stalins aufgebahrte Leiche. Moskau, 7. März 1953

»Alle Gerüchte, Stalin sei von seinen Leibwächtern im Auftrag Berijas ermordet worden, sind unbegründet. Dass sich jemand aus Stalins engstem Kreis gegen ihn gewandt hätte, war ein Ding der Unmöglichkeit. Er war zwar ein kranker alter Mann, der unter hochgradiger Paranoia litt, aber bis zu seinem Todestag hielt er die Zügel fest in der Hand.«
Pawel Sudoplatow, sowjetischer Geheimdienst, in seinem Buch

war seine Amtszeit gewesen, zu prägend für die politische Ordnung und zu grausam, um ihr Ende als einfachen Regierungswechsel zu betrachten. Mit Stalin trat ein Staatschef von der politischen Bühne ab, dessen Herrschaft für Millionen Menschen Tod und Leid bedeutet hatte und für viele Länder Osteuropas das Ende ihrer politischen Souveränität und Freiheit. Doch er hatte so lange regiert, dass eine ganze Generation in dem festen Glauben herangewachsen war, der Mann an der Spitze des Staates sei ein Held und Heilsbringer. Jahrzehntelang war ihnen eingebläut worden, der »weise Vater der Völker« lenke ihr Geschick mit Liebe und Verantwortung. Auf Paraden hatten junge Menschen überlebensgroße Porträts des schnauzbärtigen Georgiers getragen. War es nicht Stalin gewesen, der das rückständige Land zum sozialistischen Musterstaat ausgebaut und im »Großen vaterländischen Krieg« ihr Land und ihr Leben gerettet hatte?

Sergej Chruschtschow traf die Nachricht vom Tode des »weisen Vaters der Völker« wie ein Schock. »Ich dachte, der Himmel stürzt ein. Wie sollten wir ohne Stalin weiterleben?« Er sei regelrecht empört gewesen, dass sein Vater seine Trauer offensichtlich nicht teilte, erinnert er sich. Nikita Chruschtschow war in der Nacht des 5. März nach Hause gekommen und hatte knapp mitgeteilt, Stalin sei tot. »Dann stand er einfach auf und sagte, er gehe jetzt schlafen«, berichtet Sergej. »Ich konnte das überhaupt nicht verstehen. Wie konnte er schlafen gehen, wo doch Stalin gestorben war!«

Chrutschtchows Sohn war mit seinen aufrichtigen Gefühlen nicht allein. Zu Stalins Beerdigung drängten sich Hunderttausende in den Straßen Moskaus. Es brach eine Massenpanik aus, in deren Folge zahlreiche Menschen zerquetscht und zu Tode getrampelt wurden. Selbst nüchterne Gemüter konnten sich der allgemeinen Trauer nicht vollständig entziehen. »Er war für uns doch ein regel-

»An der Bahre des großen unsterblichen Führers« – die sowjetische Führungsriege. Von links: Chruschtschow, Berija, Malenkow, Bulganin, Woroschilow, Kaganowitsch

»Stalins Allgegenwärtigkeit lastet auf der vorläufig anonymen Führung wie ein Alb« – die KPdSU-Spitze trägt den Sarg des Diktators.

ЛЕНИН
СТАЛИН

Geordneter Abschied –
Stalins Leichnam wird
im Lenin-Mausoleum
aufgebahrt.

rechter Halbgott gewesen«, erinnert sich Vitalij Tschernjawskij, der zu dieser Zeit eine Spezialeinheit des sowjetischen Geheimdienstes leitete, »er war der große Führer gewesen, derjenige, mit dem wir Vergangenheit und Zukunft verbanden«.

In der Nacht zum 6. März brach im Funkhaus des staatlichen Radios der Deutschen Demokratischen Republik in Ostberlin Hektik aus. Edith Reglin hatte gerade Dienst. Die Tontechnikerin war es gewohnt, dass bei diesem Sender alles nach Plan lief: freundlich belanglose Musik, Nachrichten und hier und da ein Kommentar, oft aus der Feder Karl-Eduard von Schnitzlers, der den Hörern in der DDR seine ganz spezielle Sicht der Dinge aufzwang. Ediths Job war es unter anderem, eventuelle Versprecher der Nachrichtenleser in einem Protokoll für die Staatssicherheit zu vermerken – in zehnfacher Ausfertigung. Jede offizielle Verlautbarung sollte hundertprozentig der vorgegebenen Parteilinie entsprechen.

In dieser Nacht wurde weniger auf Formalitäten geachtet. Edith solle alles stehen und liegen lassen, sagte man ihr, und im Übertragungsraum einen Mitschnitt anfertigen. Aus Moskau komme eine Nachricht von außerordentlicher Wichtigkeit. Eine eilig organisierte Dolmetscherin übersetzte Edith und den Zuhörern: »Das Herz des größten Menschen unserer Epoche, des Genossen J. W. Stalin, hat aufgehört zu schlagen.« Kratzend jagten die Bleistifte der mitschreibenden Redakteure übers Papier. Edith Reglin blieb gelassen. »Na, die Tränen sind mir bestimmt nicht gekommen«, sagt sie heute ironisch.

Die Menschen in der Deutschen Demokratischen Republik reagierten mit einer Mischung aus Ungläubigkeit, Schrecken und Erleichterung auf die Nachricht vom Ende des Diktators, dessen eiserne Faust sie seit dem Ende des Zweiten Weltkriegs im Griff gehalten hatte. Für das Zentralkomitee der Sozialistischen Einheitspartei SED stand schnell fest, auf welche Art und Weise die Bürger der DDR ihre »aufrichtige Trauer« auszudrücken hatten. Büsten und Statuen würden an den verblichenen »besten Freund des deutschen Volkes« erinnern, seine Schriften neu verlegt werden. Als Gipfel postmortaler Ehrungen wurde die Wohnstadt des Eisenhüttenkombinats Ost, die erste sozialistische Stadt der DDR, in »Stalinstadt« umbenannt werden. Wer sich der kollektiven Betroffenheit widersetzte, musste mit Strafe rechnen. So verurteilte das Bezirksgericht Leipzig im April 1953 zwei Arbeiter zu vier beziehungsweise sechs Jahren Zuchthaus, weil sie sich allzu offen über den Tod Stalins gefreut und dabei zu allem Überfluss die Hoffnung auf baldige Besserung der Lage in der DDR geäußert hatten.

> **Es wurden hauptsächlich folgende Maßnahmen beschlossen:**
> **1. Die Flaggen auf Halbmast zu setzen oder mit einem Trauerflor zu versehen.**
> **2. Verkehrsbrennpunkte, öffentliche Gebäude, Betriebe und Schaufenster dem Ableben des Genossen Stalin entsprechend auszugestalten.**
> **3. In Betrieben, den Organen des Staatsapparates, Dienststellen der Partei und Massenorganisationen des Genossen Stalin zu gedenken, wobei Kurzansprachen gehalten werden sollen.**
> **4. Eine Bewegung zur Übernahme von Selbstverpflichtungen zu organisieren. Die Verpflichtungen sollen sich nicht nur auf die Erhöhung der Produktion, die Durchführung des Sparsamkeitsregimes, Normenerhöhungen usw. erstrecken.**
> **(...)**
> **10. Vereinzelt wurden Agitatoren eingesetzt, wie z. B. in der Stalinallee, Berlin, durch die Kreisleitung Friedrichshain.**
> ***Maßnahmen der SED zu Stalins Tod, 6. März 1953***

Doch wie in Russland gab es auch in der DDR viele, die von dem Ereignis aufrichtig betroffen waren. Der Schriftsteller Erich Loest hospitierte in der Arbeiter- und Bauernfakultät in Leipzig, als dort die Nachricht von Stalins Tod eintraf. »Die Genossen haben sich da derart reingesteigert, dass kaum einer einen geraden Satz sagen konnte«, berichtet er heute noch ungläubig, »die haben nur noch gestammelt«. Im Korridor standen neben einer Stalinbüste ein Junge und ein Mädchen in den Uniformen der »Freien Deutschen Jugend« mit geschulterten Luftgewehren Ehrenwache. Die Vorbeigehenden blieben stehen, um dem »Vater der Völker« ihre trauernde Reverenz zu erweisen. Obwohl zur fraglichen Zeit noch leidlich linientreu, spürte Loest kein sonderliches Bedürfnis, sich an diesem bizarren Personenkult zu beteiligen. »Gott sei Dank hatte ich einen Hut auf, den konnte ich dann einfach ziehen, und die Sache war erledigt«, schmunzelt er heute. Vor allem überzeugte Parteifunktionäre erschütterte die Meldung zutiefst. »Plötzlich war der leuchtende Stern, an dem sich alles orientierte, erloschen. Es war ganz eigenartig. Es war, als stünde die Welt still«, erinnert sich Fritz Schenk, damals Mitarbeiter der staatlichen Planungskommission der Deutschen Demokratischen Republik. Sein damaliger Parteigenosse Gustav Just, Mitglied im Zentralkomitee der Sozialistischen Einheitspartei Deutschlands, gibt ihm Recht. »Sein Wort war für uns doch heilig gewesen. Wir wussten einfach nicht, was jetzt geschehen würde!«

Mit dem, was drei Monate später geschehen sollte, rechnete im März des Jahres 1953 niemand. Weder die Politiker diesseits und jenseits des Eisernen Vorhangs

noch die Drahtzieher auf diplomatischem Parkett, nicht die Geheimdienstler und am wenigsten wohl die Beteiligten selbst. Kaum dass sich der Klammergriff des Stalinismus für einen kurzen Augenblick lockerte, erschütterte ein Volksaufstand die DDR, den seitdem sein schlichtes Kalenderdatum bezeichnet: Der 17. Juni 1953.

Ausgerechnet die Deutschen! Ausgerechnet jenes Volk, über das Lenin einst gelästert hatte, wenn es in einer Revolution einen Bahnsteig stürme, löse es zuvor noch eine Bahnsteigkarte, nahm sein eigenes Schicksal mutig in die Hand. Binnen achtundvierzig Stunden hoben die Bürger das Herrschaftsgefüge der DDR aus den Angeln. Zu Hunderttausenden gingen sie auf die Straßen und schrien heraus, was sie von der Wirklichkeit des »Arbeiter- und Bauernparadieses« hielten. Was an jenem 17. Juni 1953 in Berlin geschah, war kein von langer Hand geplanter Aufstand. Er hatte keinen zupackenden Anführer, wie ihn etwa 1980 die Arbeiter auf der Danziger Lenin-Werft in Lech Walesa besaßen. Dieser Tag hatte keinen politischen Kopf, wie ihn 1989 die Tschechen in Václav Havel fanden. Der Aufruhr hatte kein Zentrum und keine Schaltstelle, er wurde nur durch die Wut und den Mut von Tausenden angetrieben. Und allein diese Kraft der Massen verlieh dem 17. Juni eine Wucht, die zuvor und auch danach wohl kein vergleichbares historisches Ereignis erreicht hat.

Die Bürger der DDR sagten am 17. Juni 1953 »Nein« zu den sozialistische Glückseligkeit verheißenden Propagandasprüchen. Sie wollten nicht länger die Erhöhung des Stahlproduktionsvolumens bejubeln, während ihnen zu Hause die Butter auf dem Brot fehlte. Sie sagten »Nein« zu den kruden Zukunftsvisionen Walter Ulbrichts, dessen ideale DDR nur auf den Seiten des Parteiorgans »Neues Deutschland« existierte. Und sie wollten nicht tatenlos bleiben, während allen Einheitsbekundungen zum Trotz die Weichen immer deutlicher auf die Teilung Deutschlands gestellt wurden.

Geschichte ist allzu oft die Geschichte der Sieger. Eben das waren die Frauen und Männer des 17. Juni nicht, zumindest nicht auf den ersten Blick. Und so gehörte der Aufstand in der DDR lange Zeit zu den vergessenen Kapiteln der deutschen Geschichte. Die Namen der Toten des Aufstands sind noch immer vielfach unbekannt. Bis heute steht nicht einmal fest, wie viele es genau waren, die an diesem und den folgenden Tagen in der DDR ihr Leben verloren. Auch die Namen und Gesichter jener Menschen, die am 17. Juni 1953 über sich selbst hinauswuchsen und für einen Augenblick Helden waren, kennt man kaum. Etwa Ralph Schoenhofer, der die rote Fahne vom Brandenburger Tor riss. Oder Erika Sarre, die in einem symbolischen Akt ihre FDJ-Jacke in die Versammlung vor dem Haus der Ministerien warf. Oder die Gesichter all der Namenlosen, die

Linke Seite:
Ein letzter Gruß für den »Vater aller Völker« – die SED-Führung lässt überall in der DDR Ehrenwachen errichten.

Der Machtkampf hat begonnen – Chruschtschow und Berija (vorne rechts) bei Stalins Beerdigung.

sich, nur mit Steinen bewaffnet, mutig den sowjetischen Panzern entgegenstellten. Für viele von ihnen hat sich am 9. November 1989, als die Mauer fiel, ein Traum erfüllt, der sechsunddreißig Jahre zuvor seinen Anfang genommen hatte. »Der 17. Juni 1953 hatte für mich immer eine ganz besondere Bedeutung«, sagt Hanns Peter Herz, der damals als Redakteur beim Berliner RIAS arbeitete. »Er hat mich darin bestärkt, dass wir alles dafür tun mussten, die deutsche Einheit eines Tages wiederherzustellen und die Menschen drüben nicht zu vergessen.«

»Nun, jetzt ist er tot«, klagte der amerikanische Präsident Dwight D. Eisenhower am 6. März 1953 in einer Kabinettsitzung, »und sie können die Dossiers von innen nach außen kehren, sie werden nichts finden.« Trotz des hohen Alters des roten Diktators hatten es die westlichen Geheimdienste offenbar versäumt, sich auf den Tag seines Ablebens ausreichend vorzubereiten. »Wir haben einfach keine Pläne«, beschwerte sich der Präsident, »wir wissen schlichtweg nicht, ob sein Tod einen Unterschied macht.«

In Moskau freilich hatten sich die potenziellen Nachfolger des Verstorbenen beizeiten Gedanken gemacht, was nun geschehen sollte. Gerade Lawrentij Berija, von Stalin bereits angezählt, wusste, dass der Tod des Diktators seine große Chance war, die Herrschaft im Kreml zu erringen. Durch sein bestimmtes Auftreten am Sterbebett hatte er keinen Zweifel daran aufkommen lassen, dass er die Macht wollte und bereit war, viel dafür zu riskieren. Doch kampflos würden seine Rivalen Georgij Malenkow und Nikita Chruschtschow nicht das Feld räumen. »Das Ringen um die Herrschaft im Kreml war bitter«, erinnert sich Sergej Kondraschow, der damals Mitarbeiter im sowjetischen Geheimdienst war. »Man konnte keine wirklichen Koalitionen ausmachen. Die Zugehörigkeiten wechselten hin und her. Eigentlich kämpfte jeder nur für sich allein.«

Bis zum Sommer war kein weißer Rauch über den Mauern des Kreml auszumachen. Keinem der Diadochen gelang es, alleiniger Nachfolger zu werden. Lawrentij Berija übernahm die Innenpolitik und den Sicherheitsbereich, Georgij Malenkow wurde Ministerratsvorsitzender. Als seine Stellvertreter fungierten Berija, Bulganin und Außenminister Wjatscheslaw Molotow. Generalsekretär der KPdSU war nun Nikita Chruschtschow. Zwar hatte jeder der Kontrahenten viele Befugnisse, aber wer hatte das letzte Wort? Aus westlicher Sicht waren die Vorgänge in der sowjetischen Führung zu einem Mysterium geworden. Selbst die Geheimdienste besaßen nur spärliche Informationen. War es ein gutes Zeichen, dass in Moskau kein neuer Staatschef die Machtfülle Stalins erreichen konnte? War dies das Ende des Despotismus? »Wir waren voller Hoffnung, dass nun nach der langen Zeit stalinistischer Brutalität etwas Neues in der kommunistischen Welt geschehen konnte«, erinnert sich Klaus Bölling, der damals als Redakteur beim Berliner RIAS arbeitete, »wir hofften, dass die Zeit der schrankenlosen Willkür nun endlich vorbei war.«

»Er hat versucht, eine preußische Art des Stalinismus aufzubauen« – SED-Generalsekretär Walter Ulbricht

Unter den zahlreichen Staatsmännern des Ostblocks, die am Tag der Beerdigung mit erstarrter Miene an Stalins Leiche vorbeidefilierten, war einer, für den dieser Tag der Auftakt zur schwersten Krise seines politischen Lebens werden sollte. »Sein Werk jedoch lebt und wird der fortschrittlichen Menschheit noch in Jahrhunderten wegweisend sein«, hatte Walter Ulbricht in seiner offiziellen Trauerrede prophezeit, die am 8. März im »Neuen Deutschland« erschien. Unter den »Minipotentaten« der sowjetischen Satellitenstaaten war er gewiss der strebsamste. Ulbricht, Stalins Vasall auf seinem westlichsten Außenposten, agierte als eine Art ergebene Marionette, die getreulich den Willen des Moskauer Despoten in die Tat umsetzte.

Den Sachsen hatte seine Zeit in der Sowjetunion geprägt. 1933 emigriert, war er einer der Mitbegründer des »Nationalkomitees Freies Deutschland« gewesen.

Noch in trauter Eintracht – »Neues Deutschland«-Chef Rudolf Herrnstadt (mit Monokel) und Walter Ulbricht (vorne Mitte) bei der ersten Sitzung der DDR-Volkskammer am 8. November 1950

»Die Partei, die Partei, die hat immer Recht« – Sitzung des SED-Politbüros im August 1950 (Ulbricht dritter von oben)

Er war mit der Roten Armee nach Berlin zurückgekehrt und hatte in der sowjetischen Besatzungszone mit dem Aufbau der DDR zu einem sozialistischen Staat begonnen. Die stalinistische Sowjetunion war für ihn dabei nicht nur der Rückhalt gewesen, sie war seine Lebensader. Wenn Ulbricht vom sowjetischen Diktator als dem »weisen Vater der Menschheit« oder dem »Führer der Völker« sprach, dann war ihm das eine Herzensangelegenheit. »Er hat versucht, eine

Der Generalsekretär und sein Musterschüler – Walter Ulbricht und der damalige FDJ-Führer Erich Honecker bei der Eröffnung der 3. Weltjugendfestspiele, August 1951

preußische Art von Stalinismus in der DDR aufzubauen«, berichtet Valentin Falin, der sich damals im sowjetischen Außenministerium als Deutschlandspezialist profilierte. »Wenn etwas von uns befohlen wurde, bedeutete das für ihn, dass das für die DDR unbedingt richtig sein musste.«

Alle entscheidenden Schritte in Richtung Staatsbildung wurden vorher von der Sowjetführung abgesegnet. Ulbricht ließ sich für die Bildung der SED ebenso instruieren wie für die Staatsgründung oder die Abschottung der Grenzen nach Westdeutschland, die der Mauer fast ein Jahrzehnt vorausging. »Ulbricht war ein Arbeitstier, hellwach und zäh«, charakterisiert ihn Fritz Schenk, der damals Bürochef in der staatlichen Planungskommission der DDR war.

Geliebt haben ihn die weitaus meisten Bürger der DDR wohl nie – und nur die wenigsten haben ihn auch nur respektiert. Wegen seines starken sächsischen Dialektes und der hohen Fistelstimme bot Ulbricht eine ideale Zielscheibe für Spötteleien aller Art, obwohl er keineswegs jener naive Tölpel war, zu dem ihn der Volksmund vielfach degradierte. SED-Mitglied Wolfgang Hartmann erlebte ihn als »Prototyp einer autoritären Persönlichkeit«. Auch die Russen kannten Ulbricht als »harten Knochen«. Semjon Logatschow, politischer Berater im sowjetischen Hochkommissariat in Ostberlin, erinnert sich: »Er konnte endlos auf seinen Positionen beharren. Und er hat nicht gerade viel auf Moral gegeben.«

”Über Ulbricht haben wir uns immer lustig gemacht. Wir haben immer gesagt, die Sachsen seien die fünfte Besatzungsmacht.“
Dietrich Hunder, damals Schüler in Westberlin

Bislang hatte Ulbricht als Stalins Lakai seine Position behaupten können. Doch der Lehnsherr war tot. Was sollte nun werden? Dem SED-Chef wurde im März

»Apfelsinen gab's nur Weihnachten« – Wartende vor einem Einzelhandelsgeschäft in Ostberlin

1953 schlagartig klar, dass er mit Stalin seinen einzigen Rückhalt in Moskau verloren hatte. Nennenswerte Kontakte zu Chruschtschow bestanden nicht. Geheimdienstchef Lawrentij Berija sah in Ulbricht, wie er offen bekannte, den »größten Idioten, den er je getroffen hatte«. Sergej Kondraschow, damals stellvertretender Chef der deutschen Abteilung des sowjetischen Geheimdienstes, sagt heute: »Es war der allgemeine Tenor, dass Ulbricht abgewirtschaftet hatte und für die neue Situation in Deutschland nicht mehr die geeignete Person war.« Gleichsam über Nacht war aus Stalins Musterschüler eine persona non grata geworden. Der Generalsekretär stand völlig allein in einer Situation, in der die DDR mehr denn je auf Unterstützung angewiesen war. Denn nur vier Jahre nach ihrer Gründung stand die Deutsche Demokratische Republik im Frühjahr 1953 bereits am Rande des Abgrunds.

»Genosse Major, ich möchte ausreisen«, sagt ein Volkspolizist in einem weit verbreiteten Witz zu seinem Major.

»Sind Sie denn verrückt? Wohin wollen Sie denn ausreisen?«, entgegnet dieser.
»In die DDR«, sagt der Vopo.
»Sie sind doch in der DDR, in welche wollen Sie denn?«
»Na, in die, die in der Zeitung steht.«
Tatsächlich – nach den Zeilen des Parteiorgans »Neues Deutschland« lebten die Bürger der DDR wie die Maden im Speck. Die Wirklichkeit aber sah trostlos aus. »Die Versorgungslage war eine einzige Katastrophe«, erinnert sich Herbert Buley, der damals als Maschinenarbeiter im Kabelwerk Köpenick arbeitete. Acht Jahre nach dem Ende des Zweiten Weltkriegs wurden die meisten Lebensmittel in der DDR noch immer per Karte zugeteilt. »Fleisch, Wurst, Butter, Margarine, alles gab's nur auf Marken«, erzählt Bauarbeiter Heinz Pahl. Gemeinsam mit seiner jungen Ehefrau lebte er in einer bescheidenen Behausung am Prenzlauer Berg. »Unsere Wohnung war vorher ein Lagerraum gewesen«, erinnert sich Pahl schaudernd. »Parterre, kein Strahl Sonne, Außentoilette. Das war eigentlich eine Zumutung.« Trotz der geringen Miete blieb beim Ehepaar Pahl am Monatsende kaum etwas übrig, um sich mal etwas außer der Reihe leisten zu können. Die neu eröffneten HO-Geschäfte, in denen man ohne Lebensmittelkarte einkaufen konnte, waren für sie – wie für die meisten Normalbürger – vollkommen unerschwinglich. »Da wurden Milchbrötchen für fünf Mark das Stück verkauft«, erinnert sich Pahl, »und die Leute haben trotzdem angestanden, um mal irgendwas außerhalb der Zuteilung zu bekommen.«
Kurt Bluhm, damals 18 Jahre alt, stand an der Baustelle Weberwiese am Presslufthammer. Der Brigadier erinnert sich, dass er bisweilen sogar Probleme hatte, satt zu werden. »Dieser Hammer wog 120 Pfund«, berichtet Bluhm. »Und wenn man als junger Mann so hart arbeitet, dann braucht man doch was zu beißen.« Im Vergleich zu den Vorkriegsjahren standen den DDR-Bürgern lediglich die Hälfte an Fleisch und Fett zur Verfügung. Obst und Gemüse waren Mangelware, und für das Wenige, was zu haben war, standen die Hausfrauen stundenlang Schlange.

> **»Meine damals vierjährige Tochter konnte nicht einmal eine Bockwurst von einer Banane unterscheiden.«**
> ***Werner Herbig, Techniker, Görlitz***

Gerade einmal 2000 Kalorien Tagesverbrauch lagen deutlich unter den 2600 Kalorien, die im Versorgungsplan eigentlich schon für 1950 angestrebt worden waren. »Wenn man mal ein besseres Stück Fleisch haben wollte«, erzählt Werner Hofmann, der damals Lehrling war, »dann musste man schon persönlich mit dem Metzger bekannt sein, damit der einem was zurücklegte.«
Das Deutschland des Jahres 1953 glich einer Waage mit ungleicher Lastenverteilung. Während die drei Westzonen Deutschlands nicht zuletzt dank der Finanzspritzen des Marshall-Planes schon bald die Krisen der unmittelbaren Nachkriegszeit überwunden hatten, hinkte der Osten immer deutlicher hinter-

»Die Zeit der Entbehrung ist vorbei« – in Westdeutschland ist Wirtschaftswunderzeit.

Klagt eine Frau über das Warenangebot. Verkäuferin: »An all diesem Elend ist nur der Adenauer schuld. Der sabotiert unsern Aufstieg!« Hausfrau: »Der soll mir mal in die Finger kommen, da reiße ich ihm den Spitzbart aus!« – DDR-Flüsterwitz

her. Ein Grund dafür war, dass sich die künstliche Trennung der Wirtschaftswege durch die deutsche Teilung im Osten stärker bemerkbar machte als im Westen. Im Handel der DDR kam schlichtweg nichts mehr an – es sei denn aus den anderen sowjetischen Satellitenstaaten. Und in denen sah es wirtschaftlich zum Teil noch finsterer aus als in der DDR selbst.

Vor allem aber hatte die Übertragung des stalinistischen Wirtschaftsmodells fatale Folgen. Ohne Wenn und Aber hatte die staatliche Planungskommission der DDR jeden verfügbaren Pfennig in die Schwerindustrie gepumpt und die Fertigung von allem, was den Alltag erträglicher machte – »Konsumgüter«, im DDR-Jargon –, sträflich vernachlässigt. Die Bürger der DDR registrierten kopfschüttelnd, dass Parteiorgane die vielprozentige Steigerung der Stahlproduktion bejubelten, während ihnen zu Hause die Schnürsenkel fehlten. Zudem hielten sich noch immer die sowjetischen Besatzer am Land des ehemaligen Aggressors gütlich. »Die Russen haben uns doch alles weggenommen. Die haben uns doch hinten und vorne ausgebeutet«, ereifert sich der frühere Bauarbeiter Kurt Bluhm noch heute.

»Drüben hatten sie Apfelsinen, wir hatten nichts. Die konnten schöne Reisen machen, wir nicht. Die ganze Bevölkerung war unzufrieden.«
Otto Pfeng, Oberbauleiter, Stalinallee

Noch 1953 wanderte mehr als ein Viertel der Inlandsproduktion der DDR gen Osten. Und zu allem Überfluss verfügten die Russen unter eifrig zustimmendem Nicken der DDR-Führung eine milliardenschwere Aufrüstung gegen die »westlichen Aggressoren«, die die bescheidenen Mittel der DDR auffraß. Bis Mitte 1953 pumpte die Staatsführung umgerechnet zwei Milliarden Mark in Kasernen, Waffen und Ausbildung.

1952 hatten die staatlichen Planer bereits Alarm geschlagen: Der Staat war schlichtweg pleite. Einschneidungen, die fraglos nötig waren, verfügte die SED-Führung ausgerechnet in Bereichen, in denen sie die Bevölkerung am empfindlichsten trafen. So wurde der monatliche Haushaltstag für alleinstehende berufstätige Frauen gestrichen. Und Erschwerniszuschläge für besonders belastende Arbeit? Ab jetzt Fehlanzeige. Abstriche mussten die DDR-Bürger auch in der Gesundheitsversorgung hinnehmen. Für Kuren – so sie denn genehmigt wurden – musste der Arbeitnehmer nun seinen Urlaub investieren. Das Allheilmittel gegen die leeren Staatskassen schien vor allem die Normenerhöhung zu

»Freiwillige Normenerhöhung« – Propagandabild der Brigade Weißhaupt im Kabelwerk Oberspree, Ostberlin

»Die erste sozialistische Straße der Hauptstadt Deutschlands« – Bauarbeiten in der Stalinallee

»Genossen, seit Jahren haben wir auf dieser Strecke eine Wochennorm von 37 Stunden und 45 Minuten Verspätung. Unser Kollektiv hat sich im neuen Fünfjahresplan die Aufgabe gestellt, die 45 Minuten endgültig einzusparen.« – Westdeutsche Karikatur zur Normenerhöhung, August 1953

sein. In regelmäßigen Abständen bejubelten die Parteiorgane, diese oder jene Baustelle oder Fabrikation habe »freiwillig« ihre Produktionsnormen erhöht. Fröhliche Arbeiter lächelten dazu von Wandplakaten und freuten sich, dass sie für ihren besonderen Einsatz beim Aufbau des Sozialismus belobigt worden waren.

Die Freiwilligkeit der Normenerhöhung bestand allerdings in der Regel in einer schriftlichen Zustimmung, nachdem die neue Normhöhe vom örtlichen SED-Funktionär verkündet worden war. Die meisten Arbeiter lebten von den Zuschlägen, die für das Übertreffen der Norm, der Maßeinheit der zu leistenden Arbeit, gezahlt wurden. Vom »normalen« Lohn hätte kaum einer seine Familie satt bekommen. Wurde die Norm erhöht, hieß das: gleicher Lohn für mehr Arbeit!

Bauarbeiter Bernhard Adamski konnte ein Lied davon singen. Er hatte 1953 ohnehin bereits eine 48-Stunden-Woche. »Und wenn es hieß, eine Decke muss angeschüttet werden, durften wir sogar noch eine Sonderschicht einlegen«, erinnert er sich. Da er außerhalb Berlins wohnte, bedeuteten diese Arbeitszeiten, dass sein Tag um fünf Uhr früh begann und erst am Abend endete. »Freizeit gab's eigentlich nie«, berichtet er. »Nur am Wochenende haben wir mal mit der Dorfmannschaft ein bisschen gekickt. Aber selbst dann war früh Schluss, weil jeder wusste, wann morgens wieder der Wecker klingelte.« Er war dennoch froh, einen Arbeitsplatz zu haben, und dort, wo seine Brigade schaffte, war noch viel zu tun.

»Vorbilder beim Aufbau des Sozialismus« – die Bauarbeiter der Stalinallee

»Technik wie im Mittelalter« – Mauersteine wurden von so genannten Huckern auf dem Rücken getragen.

Ein Geschenk zu Stalins Geburtstag – die Stalinallee wird bezogen.

In der Stadt lagen acht Jahre nach dem Ende des Zweiten Weltkriegs noch immer ganze Straßenzüge in Trümmern. Nach vier Jahren alliierten Bombenhagels und dem mehrwöchigen Endkampf des Dritten Reiches war die Stadt zu fast 70 Prozent zerstört. Der Wiederaufbau Berlins war eine Sache von Prestige, denn an der Hauptstadt wurde der Zustand der DDR gemessen. Wie ein Seismograph registrierten hier die Beobachter an den Sektorengrenzen, wie es um den »Aufbau des Sozialismus« stand. Im Herzen Ostberlins stampften die Baubrigaden ein Projekt aus den Trümmern, das im Mittelpunkt der Propagandaschlacht um den Wiederaufbau stand: die Stalinallee.

Als »erste sozialistische Straße der Hauptstadt Deutschlands« zog sie sich vom Alexanderplatz über den Strausberger Platz in Richtung Osten. Besonders verdiente Parteigenossen und Arbeiter sollten hier mit ihren Familien ein Heim in gigantischen Wohnblocks im monotonen Sowjetstil finden. Kaum ein halbes Jahr zuvor, rechtzeitig zu Stalins Geburtstag am 21. Dezember 1952, waren die ersten Wohnungen fertiggestellt und ihre Übergabe in den höchsten Tönen gefeiert worden. Über tausend Arbeiter waren bei der Errichtung der Pracht-

»Verdiente Parteigenossen« – Bewohner der Stalinallee

»Moderner Sozialismus« – Wohnen in der Stalinallee

»Helden der Arbeit« – Auszeichnung für Mehrleistung

»Emanzipation Ost« – ein weiblicher Maurerlehrling baut an der Stalinallee.

»Und wir sollten immer mehr schuften« – ein Arbeiter des Ostberliner Siemens-Plania-Werks meile beschäftigt gewesen. Die Maurer, Putzer, Schlosser und Zimmerleute der Stalinallee verstanden sich als eine Art Elitetruppe. Immer wieder wurden sie im »Neuen Deutschland« hervorgehoben, als vorbildlich in Engagement und Fleiß.

Dennoch – auch auf der Stalinallee machte sich die Mängelwirtschaft im Jahr 1953 empfindlich bemerkbar. Kurt Bluhm war schon mit 18 Jahren Jungbrigadier geworden. Aber wie seine Kollegen ärgerte er sich jeden Tag aufs Neue über die missratene Planung der obersten Wirtschaftslenker. »Es fehlte doch an allem«, berichtet er. »Es gab weder ausreichend Schippen noch Picken, es gab ja noch nicht einmal richtige Arbeitskleidung. Viele von uns mussten in Holzpantinen zur Arbeit gehen.«

Die Arbeiter erkannten ganz richtig, dass die rigide Normbemessung ein eisernes Korsett war. Oft lag es gar nicht in ihren Händen, ob sie die Norm erfüllen konnten oder nicht. Immer wieder stand die Arbeit still, weil der Nachschub nicht funktionierte, oder aber eine Maschine konnte über Tage nicht eingesetzt werden, da ein benötigtes Ersatzteil einfach nicht zu beschaffen war. »Wenn kein Material kam, haben wir eben über Tage nichts verdient«, ereifert sich Helmut Mücka, der wie Kurt Bluhm als Bauarbeiter auf der Stalinallee arbeitete. Normenerhöhung bedeutete auf der Stalinallee wie überall in der Deutschen Demokratischen Republik schlichtweg, dass die Lohntüte schmaler wurde.

Die Wirtschaftsmisere betraf die ganze DDR – doch am schmerzlichsten empfanden sie die Berliner, in deren Stadt das Wohlstandsgefälle am krassesten zu Tage trat. »Wir hatten doch jeden Tag vor Augen, wie es im Westteil der Stadt aussah«, erinnert sich der damalige Maurerlehrling Günter Mentzel. »Dort gab's für'n Groschen eine Banane, die war bei uns nie zu sehen. Bei denen kostete die Schokolade 50 Pfennig, bei uns acht Mark. Und Apfelsinen gab's vielleicht mal zu Weihnachten.«

Volle Schaufenster und die ersten Glanzlichter des beginnenden »Wirtschaftswunders« ließen die dünne Kartoffelsuppe für die Ostberliner umso erbärmlicher erscheinen. Hildegard Nikodemski, die als Stenotypistin bei der Bauleitung der Stalinallee arbeitete, erinnert sich: »Jedes Mal, wenn wir über die Brücke in den Westen gingen, haben wir uns gefragt: Wie ist das möglich? Die haben alles, und wir gucken in die Röhre. Ich musste ein halbes Jahr arbeiten, um mir im Westen ein paar Schuhe kaufen zu können. Bei uns gab's doch nichts Vernünftiges.«

Und es war nicht nur das kümmerliche Warenangebot, das viele Ostberliner zunehmend frustrierte. Kurt Bluhm ging mit seinen Freunden oft nach Westberlin ins Kino. Direkt hinter dem Grenzübergang Oberbaumbrücke lagen

»Abstimmung mit den Füßen« – Zigtausende verlassen die DDR.

gleich mehrere Kinos hintereinander, die 1953 immer eine Anzahl Cowboy- und Revuestreifen präsentierten. Im Osten dagegen war das Unterhaltungsangebot begrenzt, die biederen Tanzveranstaltungen der Freien Deutschen Jugend waren nicht jedermanns Sache. »Die Buben und Mädchen fein säuberlich auseinander halten, das war das oberste Gebot der FDJ«, erinnert sich die damals siebzehnjährige Erika Sarre. »Das gab's einfach nicht, dass sich da mal welche in den Arm nahmen oder verliebt zeigten. Saubere Beziehungen, das hatte sich die FDJ aufs Banner geschrieben.« Nicht nur Erika Sarre und Kurt Bluhm fühlten sich zu jung, um sich in das Korsett der Parteiseligkeit pressen zu lassen.

Immer mehr DDR-Bürger entschieden sich dafür, das selbst ernannte Arbeiter- und Bauernparadies zu verlassen und ihren Pass gegen einen bundesdeutschen einzutauschen. Waren es im ersten Halbjahr 1952 noch etwa 70 000 gewesen, die der DDR den Rücken kehrten, gingen im zweiten Halbjahr bereits 110 000 Menschen. Und den weitaus meisten fiel die Flucht nicht gerade leicht. Neben Hab und Gut ließen viele ihre Freunde, Familien und eine Heimat zurück, von der sie nicht wussten, ob sie sie je wiedersehen würden.

Zu gehen hieß für immer gehen, denn im Mai 1952 machte die SED-Führung die Schotten dicht. Die innerdeutsche Grenze mutierte binnen weniger Monate zur bestbefestigten Staatsbegrenzung Europas. Die Schlagbäume wichen einer fünf Kilometer tiefen Sperrzone, und die Bewohner der Grenzdörfer erfuhren gleichsam über Nacht, dass sie heimatlos geworden waren. Aus der eigentlichen

»Flucht nach vorn« – über 30 000 Menschen strömen allein im Januar 1953 nach Westberlin.

Rechte Seite:
»Für immer gehen« – der Strom der Flüchtlinge ist so groß, dass viele in den Notunterkünften keine Betten mehr finden und auf dem Boden schlafen müssen.

Grenze wurde ein schwer bewachter Kontrollstreifen, den nicht einmal mitteldeutsche Füchse und Hasen unbemerkt passieren konnten. Wie eine hässliche Narbe zog sich die Grenze von Nord nach Süd, teilte das Land, kappte Wirtschaftsbeziehungen und Eisenbahnverbindungen, trennte Familien und Freunde.

Dass dieser Zustand ein dauerhafter werden sollte, befürchteten zwar einige, doch so recht glauben wollte daran niemand. Zu absurd war die Vorstellung, ein Volk wegen unterschiedlicher politischer Konzepte auseinander zu reißen und ihm die freie Entscheidung über diesen Zustand schlichtweg zu verweigern. Der SED-Führung hingegen war klar, wohin der Weg führen sollte. Auf der Sitzung der Ersten Sekretäre der SED am 4. Juni 1952 verkündete Walter Ulbricht unmissverständlich: »Wer sich in diesem Sperrgebiet aufhält, der wird beschossen. Der Grenzpolizist, der sich irgendwie von einer Banditengruppe zurückzieht, wird streng bestraft werden.« Und drohend fuhr der Generalsekretär fort: »Hier in Berlin ist es schon so gewesen, dass eine Gruppe unsere Grenzschutzleute angegriffen hatte. Dafür ist der Betreffende erschossen worden, und wir werden dafür sorgen, dass der betreffende Grenzpolizist extra ausgezeichnet wird, weil er getroffen hat.« Das Protokoll vermerkte: »Beifall«.

Da zeitgleich mit dem Grenzausbau der bundesdeutsche Kanzler Konrad Adenauer die Einbindung der Bundesrepublik in den westlichen Machtblock vorantrieb und deren angestrebter Beitritt in die Europäische Verteidigungsgemeinschaft bevorstand, fiel es den Ostberliner Propagandakriegern nicht schwer zu behaupten, die »Spalter« säßen in Bonn. Der »Generalkriegsvertrag«, wie der EVG-Vertrag im SED-Jargon hieß, besiegele mit der Unterschrift Adenauers die endgültige Trennung. Außerdem – war es nicht der Westen, der die ausgestreckten Hände der Ostblockführer ausschlug, der sich taub stellte gegen die Sirenengesänge aus dem Kreml? Immerhin hatte Stalin im Frühjahr ’52 doch eine scheinbar generöse Offerte gemacht.

»Stalin trieb eine Doppelpolitik. Auf der einen Seite hat er 1952 die Welt aufhorchen lassen mit seiner berühmten Note zur Deutschlandpolitik, die die Hoffnung weckte, es könnte eine Einigung in der Deutschlandfrage geben. Auf der anderen Seite fuhr er innenpolitisch einen ganz harten Kurs, und dazu gehörte eben die forcierte Entwicklung hin zum Sozialismus.«
Fritz Schenk, DDR-Planungskommission

Die so genannte Erste Stalinnote vom 10. März hatte angeboten, einen Friedensvertrag mit Deutschland zu schließen und eine gesamtdeutsche Regierung bilden zu lassen. Freie Wahlen und die Wiedervereinigung Deutschlands – ein verlockendes Angebot! Die Sache hatte nur einen Haken: Im Gegenzug für dieses generöse Entgegenkommen der Sowjetunion sollte sich Deutschland keinem Militärbündnis anschließen und politisch neutral bleiben. War dies die letzte Möglichkeit, die sich zementierende Spaltung Deutschlands zu verhindern, oder spielte der Diktator im Kreml ein falsches Spiel?

Ob und – wenn ja – wie ernst Stalins Angebot wirklich gemeint war, ist bis heute unter Historikern umstritten. Die bundesdeutsche Regierung unter Kanzler

Adenauer jedenfalls hat die Offerte wohl nie ernsthaft in Erwägung gezogen. Zu sehr war der Zug in Richtung Westintegration bereits ins Rollen gekommen, und der westdeutschen Regierung war zu wenig Handlungsspielraum verblieben. Selbst wenn Adenauer und seine Mannschaft hätten verhandeln wollen – die Amerikaner und wohl auch die Briten wollten dies zu diesem Zeitpunkt nicht, und damit war die Sache erledigt.

»Der Kreml wünscht, dass der gesamte deutsche Raum ein Vakuum sei, in dem die Sowjets dann dank ihrer geographischen Nähe und ihrer Machtmittel den entscheidenden Einfluss ausüben könnten«, konterte Konrad Adenauer schon einen Tag nach Eingang der »Stalinnote«. Als Antwort boten die Westmächte an, eine UN-Kommission zu entsenden, um die Möglichkeit freier Wahlen in der DDR zu überprüfen. Für alle Beteiligten war klar, dass die Russen eine derartige Überprüfung auf DDR-Gebiet nie zulassen würden.

Auch die zweite sowjetische Note wurde von Bundesregierung und Westmächten negativ beantwortet. Die Entscheidung zur Ablehnung – getroffen auf der Ebene der hohen Diplomatie – stieß innerhalb der Bevölkerung Westdeutschlands teilweise auf Unverständnis. Adenauer habe eine einmalige Chance vertan, schimpfte der SPD-Vorsitzende Kurt Schumacher. Die »Frankfurter Allgemeine Zeitung« bezichtigte Adenauer der »Amerikahörigkeit«. Auch in den eigenen Reihen wurde zunächst nicht mit Kritik gespart. Dann aber wich die harsche Kritik der Resignation und schließlich der Zustimmung: Der »Alte« hatte sich der Realität gebeugt, und die bestand in diesen Jahren nun einmal aus dem Willen der westlichen Alliierten.

Nach allem, was die sowjetischen Archive bis heute hergegeben haben, verdichtet sich der Verdacht, dass Stalins »Noten« vor allem eine Propagandaaktion waren, um die Westintegration der Bundesrepublik zu behindern und die Bevölkerung gegen den Kanzler aufzubringen. Stalin selbst ließ durchblicken, dass er gar nicht ernsthaft an eine positive Reaktion aus dem Westen glaubte. Noch während der Verhandlungen wies er die SED-Führung an, die Militarisierung Ostdeutschlands voranzutreiben. Ein Gesamtdeutschland – auch ein neutrales – wäre für die Sowjetunion immer ein Unsicherheitsfaktor an der westlichen Flanke geblieben, und es ist nur schwer vorstellbar, dass Stalin dies zugelassen hätte. Der Westen, so die deutliche Sprache der Offerten, sollte den schwarzen Peter zugeschoben bekommen, die Wiedervereinigung auf dem Altar der Eigeninteressen geopfert zu haben.

Heute sind sich die Historiker weitgehend einig, dass in der Wirklichkeit des Kalten Krieges ein neutrales Deutschland zwischen den Blöcken schon aufgrund

»Stalins Angebot vom 10. März 1952 war kein Bluff. Das war ein seriöser Vorschlag. Und das wussten die Westmächte.«
Valentin Falin, sowjetisches Außenministerium

»Stalin ist im Prinzip bereit gewesen, die DDR zur Disposition zu stellen. Es gibt auch Anzeichen dafür, dass Ulbricht das verstanden und sehr nervös reagiert hat. Ich halte es nach wie vor für ein Versäumnis Adenauers, nicht auf Stalins Angebot eingegangen zu sein.«
Egon Bahr in seiner Einschätzung der Stalinnote von 1952

»Stalin wollte damit nur die Wachsamkeit des Westens einschläfern, damit er ungestört an der Entwicklung der Wasserstoffbombe und an Raketen arbeiten konnte. Auch der Aufbau des Kommunismus in der DDR diente den Vorbereitungen des Krieges. Das gab Stalin im Beisein meines Vaters zu.«
Sergo Berija, Sohn von Lawrentij Berija

seiner Größe – und wegen der NS-Vergangenheit – für keine Weltmacht akzeptabel war. Doch Adenauers Ablehnung der Stalinnoten bot SED-Chef Ulbricht vortreffliches Propagandafutter. »Volksarmee schaffen – ohne Geschrei – pazifistische Periode ist vorbei«, tönte es nun aus Ostberlin. Die Demarkationslinie zu Westdeutschland sei eine »gefährliche Grenze«, die gegen »westliche Aggressoren« abgesichert werden müsse.

Für all jene, die die »gefährliche Grenze« wegsperrte, zog sich der Klammergriff der Diktatur immer stärker zusammen. Nur wenige Jahre nach dem Ende der nationalsozialistischen Tyrannei wurden Meinungsfreiheit und politische Willensbekundung erneut aufgehoben. Ausgerechnet der Staat, der sich den Antifaschismus als höchstes Gut auf die Fahnen geschrieben hatte, verfolgte Andersdenkende mit Methoden, die den in einem Obrigkeitsstaat aufgewachsenen DDR-Bürgern noch allzu gut im Gedächtnis waren.

Seit 1950 »bewahrte« das »Ministerium für Staatssicherheit« die DDR-Bevölkerung vor dem schädlichen Tun »westlicher Saboteure« und »Spione«. Dem Vorbild der sowjetischen Geheimpolizei nachempfunden, bespitzelte das MfS zunächst die wenigen verbliebenen Mitglieder der Blockparteien, um schließlich zu einem Instrument der lückenlosen Überwachung und Kontrolle zu werden. Eine der letzten Untaten Stalins war es gewesen, in allen Satellitenstaaten für einen verschärften Kampf gegen den »inneren Feind« zu sorgen. Im Klartext hieß das, dass die Bevölkerung ausdrücklich zu Spitzelei und Denunziation aufgefordert wurde.

Die Folge war ein Grundgefühl von Misstrauen und Angst vor Verrat, das die DDR-Gesellschaft bis 1989 prägen sollte. Banale Kleinigkeiten konnten vom Nachbarn zum Anlass genommen werden, den Einzelnen in größte Schwierigkeiten zu bringen. Die damalige Rundfunktechnikerin Edith Reglin erinnert sich, dass eine Nachrichtensprecherin bei ihrer Einstellung nicht angegeben hatte, dass ihr Verlobter in Westdeutschland lebte. Ein Kollege bekam es heraus und zeigte sie umgehend an. »Er hatte nicht das Geringste mit ihr zu tun«, empört sich Reglin noch heute, »und er hat trotzdem dafür gesorgt, dass sie entlassen wurde«. Das MfS war das Auge der Regierung auf ein Volk, das seiner eigenen Meinungsäußerung nach und nach entmündigt wurde.

Zwar sah die DDR-Verfassung unmittelbare und geheime Wahlen auf der Basis des Verhältniswahlrechts vor, doch war diese Formulierung reine Makulatur. Die Sitzverteilung im Parlament wurde bereits vor einer Wahl festgelegt und sicherte wenig überraschend der SED die absolute Mehrheit. Angebliche 99 Prozent der Bevölkerung würden bis zum Ende der DDR der »Sozialistischen Einheitspartei« ihre Stimme geben. Valentin Falin vom sowjetischen Außenministerium berichtet heute: »Nach unseren internen Analysen gab es in der DDR nie eine Mehrheit für die SED. Es waren nie mehr als 30 oder 40 Prozent, die wirklich hinter der Partei standen.«

Selbst unter den Mitgliedern der SED waren viele, die ihr Abzeichen nicht unbedingt mit Begeisterung trugen. Erika Sarre, ein siebzehnjährges Mädchen aus Eberswalde, war 1950 der »Freien Deutschen Jugend«, der FDJ, beigetreten. Für sie war die FDJ-Kleidung, wie sie heute unumwunden zugibt, nicht mehr als ein Mittel zum Zweck. »Diese Treffs der FDJ waren eine wunderbare Ausrede, um mal von zu Hause weg zu dürfen«, erinnert sie sich schmunzelnd. Zwar guckte die Mutter nach wie vor streng auf die Uhr, wenn Erika nach Hause kam, aber immerhin war sie ein paar Stunden ohne elterliche Aufsicht. Was bei den FDJ-Treffen tatsächlich besprochen wurde, ist ihr heute kaum noch in Erinnerung. »Man saß da zusammen und hat mal ein Lagerfeuerchen gemacht«, erzählt Erika Sarre, »da wurden dann irgendwelche Problemchen besprochen, und wer da ein praktischer Mensch war – wie ich es sicherlich war –, der wurde dann schwupps Organisationsleiter.« Aber die junge Frau stellte auch fest, dass ihr die Bluse der FDJ eine gewisse Sicherheit verlieh, die sie schon bald nicht mehr missen wollte. »Das war wie eine Art Schutzmantel. Wenn ich in der Bluse irgendwo hinkam, wurde ich schon respektvoller behandelt.«

Gerhard Gleich sah das Ganze ähnlich pragmatisch. Der junge Verkehrspolizist war in die SED eingetreten, weil er befördert werden wollte. »Bei den unteren Dienstgraden kam man noch so durch«, erinnert er sich, »aber ab dem Polizeimeisterrang ging's nicht weiter, wenn man nicht in der Partei war.«

Im Parteiorgan »Neues Deutschland«, das Tag für Tag kräftig »Volkes Stimme« zitierte, klang alles ganz anders. Jeden Morgen konnten die staunenden Bürger da lesen, wie begeistert sie angeblich am Aufbau der neuen sozialistischen Gesellschaft mitbauten und wie erfolgreich sie beim Kampf gegen die wenigen verbliebenen »Saboteure« und »Provokateure« waren. »So ist die Deutsche Demokratische Republik heute ein von stürmischem Leben erfüllter Bauplatz, dessen Entwicklung immer beschleunigter voranschreitet«, schmetterte das Parteiblatt am 9. Juli 1952, »die freigelegte Schöpferkraft unserer neuen Menschen verlangt klare Perspektiven. Sie sind die Baumeister ihres neuen Lebens – sie wollen wissen, wie ihr Haus, an dem sie bauen, aussieht, welcher Geist und Inhalt ihm innewohnen wird.«

An diesem Tag schlug die große Stunde des Generalsekretärs Walter Ulbricht. Auf der II. Parteikonferenz der SED hielt er eine Grundsatzrede, die den Kurs für die kommende Parteilinie vorgeben sollte – und dies auf fatale Art und Weise auch tat. »Wir werden siegen, weil uns der große Stalin führt«, rief er sei-

»Freiwillige Selbstverpflichtung« – Arbeiter beim Anfertigen von Propagandaplakaten

nem Publikum in der Werner-Seelenbinder-Halle etwas heiser zu. Nach einem schier endlosen Manuskript von zweihundert Seiten, vorgetragen im monoton näselnden Singsang des Sachsen, war seine Rede endlich zu einem Ende gekommen. »Lang lebe unser weiser Lehrmeister, der Bannerträger des Friedens und Fortschritts in der ganzen Welt«, schloss er theatralisch. Er hatte soeben das Programm verkündet, das für ihn das Ziel seines politischen Lebens darstellte: den Aufbau des Sozialismus in der DDR.

Zwar war Walter Ulbricht als Redner alles andere als ein mitreißender Demagoge, diesmal aber sprang der Funke über. »Die Stimmung war unbeschreiblich«, erinnert sich Fritz Schenk, der unter den Zuhörern war. »Dort waren die Funktionäre versammelt, deren Lebenstraum ebendieser Sozialismus war. Jetzt sollte es endlich Wirklichkeit werden.«

Die II. Parteikonferenz und die Verkündung des »Aufbaus des Sozialismus« bestätigte offiziell den Kurs, den die SED schon seit langem gefahren hatte: die Errichtung einer »Westentaschen-Sowjetunion« auf deutschem Boden. Ohne zu hinterfragen, ob das stalinistische Wirtschafts- und Gesellschaftsmodell ohne Weiteres übertragbar war, sollten auf deutschem Gebiet »Landwirtschaftliche Produktionsgenossenschaften« aus dem Boden schießen, die kümmerlichen Reste der Privatwirtschaft endgültig verstaatlicht und alle verfügbaren Ressourcen auf die Schwerindustrie verlagert werden.

Um die neuen Verfügungen durchzusetzen, wurde zunächst die »Staatsmacht« gefestigt. Ab dem 23. Juli gehörten die »Länder« in der DDR der Vergangenheit an. Brandenburg, Mecklenburg, Sachsen, Sachsen-Anhalt und Thüringen verschwanden von der politischen Landkarte und wichen vierzehn neu festgelegten Bezirken. Landtage und Landesregierungen waren passe. Eine Flut von Verordnungen, Bestimmungen und Einschränkungen prasselte in den folgenden Wochen auf die DDR-Bürger ein. Und wer sich nicht unter das Joch von Zwangskollektivierung und SED-Glückseligkeit zwingen lassen wollte, sah sich mit einer unberechenbaren Rechtsprechung konfrontiert.

Im Sommer 1953 saßen mit über 60 000 Menschen doppelt so viele DDR-Bürger hinter Gittern wie noch ein Jahr zuvor – im Verhältnis zur Einwohnerzahl des Staates eine absurd hohe Menge. Schauprozesse gegen »Saboteure« und »Agenten« schreckten ab und schürten ein beständiges Klima der Angst. »Ulbricht war der Meinung, dass der Sozialismus überhaupt nur totalitär zu errichten und zu erhalten war«, sagt Fritz Schenk heute. »Sozialismus und Freiheit ließen sich nicht vereinbaren. Ohne Diktatur wäre der Sozialismus auseinander gefallen.«

Besonders betroffen waren diejenigen, die in den Augen der SED-Führung ein schädliches Überbleibsel des kapitalistischen Systems darstellten: Kleinunternehmer und Landwirte, die den »freiwilligen Eintritt« in die Landwirtschaftlichen Produktionsgenossenschaften, die LPG, verweigert hatten. Innerhalb weniger Monate stampften die Behörden in der zweiten Hälfte des Jahres 1952 über zweitausend Genossenschaften nach dem sowjetischen Kolchosprinzip aus dem Boden. Doch die Partei hatte ihre Rechnung ohne den sprichwörtlichen Sturkopf der Bauern gemacht, denen die freie Bewirtschaftung des Hofes, der oftmals schon seit Generationen in Familienbesitz war, viel bedeutete.

Willy Jebautzke war während dieser Zeit Referent im Landwirtschaftsministerium der DDR. Wie viele seiner Kollegen wurde er 1952 immer wieder aufs Land geschickt, um den Bauern gut zuzureden und sie von den vermeintlichen Vorteilen der LPG zu überzeugen. »Wir konnten erzählen, was wir wollten«, erinnert er sich, »die haben uns einfach nicht geglaubt. Und wenn wir zu unserem Auto zurückkamen, war die Luft aus den Reifen gelassen worden.«

Zwar hatte der Generalsekretär auf der II. Parteikonferenz die »Unzulässigkeit der Anwendung irgendeines Zwangs gegenüber den Bauern« betont, die Reali-

» Ulbricht wollte in der DDR ›nach dem Vorbild der KPdSU und der Sowjetunion‹ vorgehen. Die DDR war aber wirtschaftlich und kulturell höher entwickelt als die Sowjetunion. Unsere Erfahrungen einfach zu kopieren, war nicht angebracht, was die Ereignisse des 17. Juni 1953 später auch bewiesen. «

Wladimir Semjonow, sowjetischer Hochkommissar, in seinen Erinnerungen

tät sah jedoch anders aus. Wer als Bauer keiner LPG beitrat, erhielt nicht mehr ausreichend Dünger und Saatgut, auch Maschinen standen nicht mehr zur Verfügung. Verhagelte ein Sturm die Ernte oder erfror die Saat im Boden – die Abgabetermine waren trotzdem einzuhalten. Und wenn ein unabhängiger Bauer ein Darlehen beantragte, lautete die Antwort immer häufiger: nicht kreditwürdig. Eine bizarre Rechtsprechung tat ihr Übriges, um den widerspenstigen Landwirten das Leben zu erschweren. So wurde der Fall eines Bauern in Prenzlau dokumentiert, der für fünf Jahre ins Zuchthaus wanderte, weil er aus Krankheitsgründen sein Ablieferungssoll nicht einhalten konnte.

Auch die wenigen verbliebenen Privatunternehmen und Handwerker gerieten nun in die Mühlen des »freiwilligen« Aufbaus des Sozialismus. Der Schriftsteller Erich Loest erinnert sich, dass sein Vater hilflos aufbrauste, als er die Auswirkungen dieses »Aufbaus« am eigenen Leib zu spüren bekam. Vater Loest unterhielt in Chemnitz ein kleines Reinigungsunternehmen und wurde dafür mit dem Entzug der Lebensmittelkarten bestraft. »Wer heute noch für diese Art des Kommunismus ist«, sagte er zu seinem Sohn, »ist entweder ein Verbrecher oder ein Idiot.«

Wie Erich Loests Familie erging es fast zwei Millionen DDR-Bürgern, die ihre Lebensmittel nun zu horrenden Preisen in den Handelsorganisationsgeschäften – kurz HO – kaufen sollten. »Kapitalistische Elemente«, so hieß es am 9. April 1953, hätten kein Recht auf eine Lebensmittelkarte. Änderungen im Steuerrecht trieben überdies zahlreiche Handwerker in den Bankrott.

Es ging aber nicht nur um eine neue Wirtschaftsordnung. Der »neue Mensch«, der der SED-Führung vorschwebte, sollte auch geistig gereinigt sein. Eine Überzeugung, die nach Karl Marx nichts weiter als »Opium des Volkes« war, hatte in der Welt des Sozialismus nichts zu suchen. Nun gerieten Mitglieder und Verantwortliche der christlichen Kirchen ins Schussfeld der Parteiideologen. Die Kirchen in der DDR lehnten die Wiederbewaffnung strikt ab und sträubten sich gegen die materialistische Weltanschauung, die ihrer Meinung nach von SED und Regierung zur Schau getragen wurde. Nun wurde den Kirchen, die bis dahin immer mit staatlichen Zuschüssen hatten rechnen können, der Geldhahn zugedreht. Bücher und Zeitschriften christlichen Inhalts verschwanden aus den Druckereien und Geschäften. Schüler, die sich zu christlichen Jugendgruppen bekannten, mussten ihre Schulen verlassen, Geistliche wurden wegen »Boykotthetze« verhaftet.

Am stärksten sahen sich die Mitglieder der evangelischen »Jungen Gemeinde« der Verfolgung durch die Staatssicherheit ausgesetzt. Im April 1953 erklärte das Innenministerium die »Junge Gemeinde« zur »illegalen Organisation«. Mit

»Plansoll übererfüllt« – Richtfest am Strausberger Platz

den Kirchen sollte in der DDR die letzte nennenswerte Opposition von der Bildfläche verschwinden. Die Diktatur der Partei schien zu triumphieren.

Doch wirtschaftlich wurde die Lage immer brenzliger. Nach den auf der II. Parteikonferenz beschlossenen Änderungen in der Wirtschaftspolitik beschleunigte sich der Niedergang der DDR zu einem erschreckenden Strudel. Der Staat schleuderte der Pleite entgegen. Verzweifelt suchten Ulbricht und seine Genossen nach Wegen, den Niedergang zu stoppen. Allheilmittel schien die Erhöhung der Arbeitsnorm zu sein. Höhere Arbeitsleistung bei gleichem Lohn – das klang logisch in den Ohren der obersten Wirtschaftsplaner der DDR.

Allerdings hatten sie ihre Rechnung ohne die Arbeiter gemacht. Die Appelle zu »freiwilligen« Normenerhöhungen zeigten zunehmend weniger Wirkung. Daher, tönte der Generalsekretär am 14. Mai 1953 auf der 13. Tagung des Zentralkomitees der SED, seien nun »alle erforderlichen Maßnahmen zur Beseitigung des schlechten Zustandes in der Arbeitsnorm« einzuleiten. Und so segnete das Zentralkomitee eine zehnprozentige Anhebung der Arbeitsnormen für die Produktion ab. Der Termin für diese Erhöhung war für viele Arbeiter ein Schlag

»So, und nun noch ein Soll drüber für den Geburtstag des Genossen Ulbricht« – westdeutsche Kritik an Normenerhöhung und Personenkult, Juni 1953

ins Gesicht. Ausgerechnet zum sechzigsten Geburtstag von Walter Ulbricht am 30. Juni 1953 würden sie die zweifelhafte Ehre haben, dem Generalsekretär die Normenerhöhung zum Geschenk zu machen. Mit der Erhöhung der Normen bewies die SED-Führung in erschreckender Instinktlosigkeit, dass sie jegliche Tuchfühlung mit der Stimmung der Bevölkerung verloren hatte. Bereits im April war es an verschiedenen Orten der DDR zu Arbeitsniederlegungen gekommen. So waren etwa die Jenaer Zeiss-Werke und die Kupferhütte »Wilhelm Pieck« zeitweise in Ausstand getreten. Im Mai hatten die Arbeiter der Werkzeugmaschinenfabrik Berlin sowie die Kumpel im Mansfelder Kupferbergbau gestreikt. Zwar hatte man die erbosten Arbeiter beruhigen können, doch waren die Drohungen deutlich: Wenn sich die Arbeitsbedingungen nicht besserten, würde man energischer vorgehen. Was die Parteiführung nun aber in stalinistischem Starrsinn verordnete, war eine erneute Verschlechterung.

»Walter Ulbricht schlug alle warnenden und mahnenden Worte in den Wind. Er verhinderte Aussprachen im Politbüro und im Sekretariat. Er wollte die wirklich gefährliche Lage und die Ursachen für diese kritische Entwicklung nicht wahrhaben. Er betrieb geradezu ein Hasardeurspiel. Er wollte keine Korrektur.«
Karl Schirdewan, ZK der SED und »rechte Hand« Ulbrichts, in seinen Erinnerungen

Otto Pfeng, dem Bauleiter auf der Stalinallee, war klar, dass diesmal das erträgliche Maß überschritten war. »Diese Normen waren ausgeknautscht«, sagt er, »die konnten nicht einfach durch fleißigeres Arbeiten gesteigert werden.« Die Baustellen waren wie geschaffen dafür, den Funken der Unzufriedenheit aufglimmen zu lassen und weiterzutragen. Die Bauarbeiter waren selbstbewusst und kannten ihren Wert in Zeiten von Arbeitskräftemangel und Trümmerbergen. Und weil sie wegen oftmals widriger Witterungen für den Winter vorsorgen mussten, waren sie empfindlicher, wenn es ihnen an den Geldbeutel ging. Während sich Industriearbeiter vielfach über ihren Betrieb identifizierten, wechselten die Bauarbeiter ständig ihren Einsatzort. Sie fühlten sich ihrem Beruf und den Kollegen verbunden, waren alle zusammen eben »vom Bau«.
Die DDR-Propaganda hatte das ihrige dazu beigetragen, das Selbstbewusstsein der Maurer, Zimmerleute und Putzer zu stärken. Sie waren es, deren Arbeit im Mittelpunkt der Kampagnen für den Wiederaufbau stand. Auf Plakaten, die fatal an die nationalsozialistischen Aufforderungen für den Reichsarbeitsdienst erinnerten, lächelte dem Betrachter stets ein gut gelaunter Bauarbeiter entgegen und forderte zu freiwilligen Arbeitseinsätzen oder Sonderschichten beim »Nationalen Aufbauprogramm« auf. Wohl gerade deshalb war hier die Enttäuschung darüber, dass die Regierung die Normenschraube noch stärker anziehen wollte, besonders groß. Real würde das Einkommen vieler Arbeiter mit der Normenerhöhung um bis zu 30 Prozent sinken. Ex-Bauleiter Otto Pfeng ist heute der Meinung, dass die Normenerhöhungen nichts anderes waren als eine Verlegenheitslösung des Staates, getreu dem Motto: »Geräte haben wir nicht, Geld haben wir nicht, also verpflichten wir die, höhere Normen zu erfüllen.

Womit, das war denen doch völlig wurscht!« Der frühere Bauarbeiter Helmut Mücka pflichtet ihm bei. »Man hat uns behandelt wie Maschinen. Wir sollten mehr arbeiten, mehr arbeiten und noch mehr arbeiten.«

Im ersten Halbjahr 1953 stiegen die Flüchtlingszahlen der DDR in astronomische Höhen. Bis zum Juli sollten mehr als eine Viertelmillion Menschen im Westen um Aufnahme ersucht haben. Auch die zusehends dichter werdenden Bollwerke an der innerdeutschen Grenze konnten das Ausbluten der DDR nicht verhindern, denn noch war ein Schlupfloch frei geblieben: Berlin – die Vier-Sektoren-Stadt im Herzen der DDR. Zwar war seit der Blockade im Jahr 1948 das Telefon- und Straßenbahnnetz zwischen Ost- und Westberlin unterbrochen, doch zu Fuß, mit dem Fahrrad oder dem Pkw waren die Sektorengrenzen problemlos zu passieren. Nur gelegentlich kontrollierten Ostberliner Polizisten oder Zollbeamte den Personen- und Warenverkehr zwischen den Ost- und West-Sektoren. Tausende arbeiteten im Westen, wohnten aber im Osten – und umgekehrt. In vielen Portemonnaies steckten West- und Ostmark und wurden je nach Bedarf herausgeholt. Die Grenze zwischen den Blöcken in Berlin bestand im Jahre 1953 in Berlin aus einer lediglich künstlich gezogenen, virtuell gebliebenen Linie, die tagtäglich von Hunderttausenden passiert wurde.

Der Imageschaden für die DDR war immens. Und indem sie gingen, verstärkten die Auswanderer den wirtschaftlichen Niedergang. »Zuerst waren nur die alten Kapitalisten gegangen«, erinnert sich der damalige SED-Funktionär Fritz Schenk, »das war ja von der SED auch so beabsichtigt gewesen. Aber dann gingen die Jüngeren, die eine gute Ausbildung hatten.« Fast die Hälfte derer, die die DDR verließen, war unter 25 Jahre alt und damit für die Wirtschaft des Landes unerlässlich. Etwa 13 Prozent der landwirtschaftlichen Nutzfläche lag gegen Mitte des Jahres 1953 brach, weil schlichtweg kein Bauer mehr da war, der die Felder bestellte. Die DDR blutete aus – wenn es in diesem Tempo weitergegangen wäre, wäre es nur noch eine Frage der Zeit gewesen, bis die Partei einen Staat ohne Volk verwaltet hätte.

»Das war eine sehr große Enttäuschung für die sowjetische Seele. Nach der Gründung der DDR haben wir gehofft, dass diese neue Republik eine Anziehungskraft ausüben würde auf die Deutschen im Westen. Das war aber nicht der Fall. Die Massenflucht beunruhigte uns zutiefst.«
Sergej Kondraschow, sowjetischer Geheimdienst

Was die SED-Führung nicht sehen wollte, blieb dem »Großen Bruder« nicht verborgen. »Wir haben Ulbricht mehr als einmal darauf hingewiesen«, sagt Geheimdienst-Offizier Sergej Kondraschow. »Wir haben ihm immer wieder gesagt, dass die Unzufriedenheit der ostdeutschen Bevölkerung zu Komplikationen führen würde.« Vitalij Tschernjawskij und seine Kollegen vom Geheimdienst beobachteten mit wachsender Besorgnis, wie das Stimmungsbarometer im »Arbeiter- und Bauernparadies« täglich sank. »Diese Unzufriedenheit der Massen mit der Politik ihrer Regierung wurde immer gefährlicher«, erinnert er sich, »das war wie eine Eiterbeule, die früher oder später platzen musste.«

Der »Neue Kurs«

Was sie denn davon hielten, fragte Lawrentij Berija am 27. Mai 1953 fast beiläufig die Mitglieder des sowjetischen Ministerrates, wenn man den Sozialismus in der DDR über Bord werfe? Wie es denn wäre, die Gleise für ein vereinigtes, neutrales und nicht sozialistisches Deutschland zu stellen? Seine Zuhörer glaubten zunächst, sie hätten sich verhört. Außenminister Wjatscheslaw Michajlowitsch Molotow erinnerte sich später, dass Berija sich von den verblüfften Gesichtern um ihn herum nicht hatte beirren lassen, sondern völlig ungerührt weitergeredet habe. »Alles, was wir wollen, ist ein friedliches Deutschland, und dabei spielt es keine Rolle, ob es sozialistisch ist oder nicht.« Seit Stunden schon hatten die Politiker über die alarmierenden Flüchtlingszahlen in der DDR und die prekäre finanzielle Situation des westlichsten Trabanten debattiert. Die meisten plädierten für eine sanfte Kurskorrektur. Aber würde das reichen?

»Den Sozialismus über Bord werfen?« – der sowjetische Geheimdienstchef Lawrentij Berija

Die DDR schlingerte nun schon seit Monaten am wirtschaftlichen Abgrund, und noch immer war keine Besserung in Sicht. Berijas Gedankengang war eigentlich simpel: Wenn der Sozialismus in der DDR tatsächlich nicht durchzusetzen war, man also das halbe Deutschland nicht ganz bekommen konnte, war es dann nicht besser, das ganze Deutschland halb zu haben? Nicht, dass dieser Gedanke gänzlich neu gewesen wäre. Selbst der »weise Vater der Völker« hatte ihn schließlich ein Jahr zuvor mehr oder minder ernsthaft vorgetragen. Während Stalins »Angebot« aber noch mit einer Kette von Bedingungen verknüpft gewesen war, schien Berija den Trabanten jetzt einfach fallen lassen zu wollen. »Die DDR?«, fragte er in die Runde, wie sich der spätere Außenminister Gromyko erinnerte. »Die ist nicht einmal ein richtiger Staat. Sie wird nur durch sowjetische Truppen aufrecht erhalten, auch wenn wir sie Deutsche Demokratische Republik nennen.« Wie recht er damit hatte, würde sich wenige Wochen später zeigen.

Mit dem Frühjahr 1953 hatte das Eis in Moskau zu schmelzen begonnen. Die Fesseln, mit denen der Diktator das Land fast drei Jahrzehnte kujoniert hatte, lockerten sich. So öffneten sich für Häftlinge, die zu weniger als fünf Jahren verurteilt waren, unerwartet die Lagertore. Auch diejenigen, die in den letzten Tagen vor Stalins Tod verhaftet worden waren, kamen frei, dazu Zehntausende politischer Häftlinge. Die Kremlärzte, die Stalin unter dem Vorwurf, sie seien

»Anwärter auf die Nachfolge« – der Vorsitzende des sowjetischen Ministerrats, Georgij Malenkow

für den Tod führender Politiker verantwortlich, hatte einkerkern lassen, wurden rehabilitiert. Das alles waren deutliche Zeichen, dass die neuen Herren im Kreml Schluss machen wollten mit stalinistischer »Säuberung« und willkürlicher Verfolgung im eigenen Land.

Und auch nach außen hin wurde eine andere Gangart eingeschlagen. Trotz aller Querelen wussten Stalins Diadochen, dass der Tod des Diktators sie in eine höchst prekäre Situation manövriert hatte. Sosehr man ihn auch gehasst hatte: Josef Stalins eiserne Hand hatte das riesige Reich zusammengehalten. Auf internationalem Parkett jedoch hatte der Diktator das Land isoliert. Es war an der Zeit, versöhnlichere Töne anzuschlagen, wollte man nicht im Eiskeller des Kalten Krieges erstarren. Und die zarten Versöhnungsfühler, die die Kremlherren nach Westen ausstreckten, wurden von der internationalen Diplomatie sofort registriert.

Als nur wenige Tage nach Stalins Tod, am 12. März 1953, ein britisches Flugzeug in den Luftkorridor über der DDR eindrang und von den Sowjets abgeschossen wurde, hielt der Westen bereits die Luft an. Solche Vorfälle hatten in der Vergangenheit immer wieder zu prekären Situationen geführt. Zu blank lagen die Nerven im Kalten Krieg – ein winziger Funke konnte das Pulverfass hochgehen lassen. Umso überraschender war die Reaktion der Sowjets. In freundlicher Wortwahl wurde angeregt, eine Dreimächtekonferenz über die Fragen der Luftraumsicherheit in Deutschland abzuhalten. War da tatsächlich Tauwetter angesagt? Es sah ganz danach aus.

In den russischen Medien verstummte die gewohnte Propagandafanfare gegen die USA. Georgij Malenkow erinnerte gar an die guten alten Zeiten der »Anti-Hitler-Koalition«. Man solle, so appellierte der sowjetische Regierungschef, die internationalen Querelen auf diplomatischem Wege lösen. Die lang eingeforderten Gebietsansprüche an die Türkei wurden fallen gelassen, und die völlig zum Stillstand gelangten Waffenstillstandsverhandlungen in Korea kamen endlich wieder ins Rollen. Nun war es an den führenden Staatsoberhäuptern des Westens zu antworten.

Doch die Signale, die Moskau aus Washington erhielt, waren zunächst widersprüchlich. Winston Churchill schien durchaus zugänglich. Der letzte noch regierende Vertreter der Kriegsalliierten regte am 20. April sowie noch einmal am 11. Mai im britischen Unterhaus an, eine west-östliche Gipfelkonferenz über alle strittigen Fragen abzuhalten. Der amerikanische Präsident Eisenhower allerdings war gerade erst wenige Wochen im Amt. Sein Außenminister John Foster Dulles hatte sich lautstark das Schlagwort »Rollback«, also die Zurückdrängung des Kommunismus, auf die Fahnen geschrieben. Am 16. April rief der amerikanische Präsident in einer Rede vor der amerikanischen Gesellschaft der Zeitungsverleger den Kreml auf, »handfeste Beweise« vorzulegen, dass man mit Stalins Vermächtnis gebrochen habe. Dulles griff zu härteren Tönen: »Wir tanzen nach keiner russischen Pfeife«, tönte er vollmundig vor der gleichen Versammlung. Amerika – so scheint es – traute den Kremlherren nicht. Zunächst einmal sollten die Geheimdienste ausloten, was denn hinter dem Eisernen Vorhang eigentlich los sei.

Tatsächlich schien alles möglich zu sein in diesen Frühlingswochen des Jahres 1953. Selbst dass die Sowjetunion ihren Schützling DDR würde fallen lassen. Was hinter Berijas erstaunlichem Vorstoß gesteckt hat, darüber lässt sich – vor allem, da substanzielle Dokumente, so sie denn überhaupt vorhanden sind, noch nicht freigegeben wurden – trefflich spekulieren. Fakt ist, dass Lawrentij Berija weit weniger ideologisch festgefahren war als viele seiner Parteigenossen – nicht aus Menschenfreundlichkeit, sondern aus purem Pragmatismus. Stalins Scharfrichter, wie er hinter vorgehaltener Hand genannt wurde, war ein Mann, der im wahrsten Sinne des Wortes über Leichen ging. »Menschen zu opfern, machte ihm nichts aus«, erinnert sich Vitalij Tschernjawskij, »er war perfekt im Spinnen von Intrigen und im Ausnutzen von Seilschaften«. Tschernjawskij weiß aber auch, wo die Stärken Berijas lagen. »Im Gegensatz zu vielen anderen Ministern verstand Berija sein Handwerk.«

Sein Handwerk – das waren in erste Linie Informationen, die ihm von seinen Spitzeln laufend zugetragen wurden. Er dürfte 1953 wohl zu denjenigen gehört haben, die am besten wussten, wie kritisch die Situation in Ostdeutschland tatsächlich war. Die DDR, das propagandistische Aushängeschild, das sichtbarste Zeichen des Sieges im »Großen vaterländischen Krieg«, hatte sich als schwerer Klotz am Bein entpuppt. »Schon Ende April hatte Berija von ihm besonders geschätzte Agenten aktiviert«, berichtet Valentin Falin. »Sie sollten klären, was die Westmächte und die Bundesrepublik zu zahlen bereit waren, wenn wir ökonomische Abstriche in der DDR machten.« Berija wollte wissen, so Falin, wie lange es noch möglich sein würde, einen Preis für die DDR zu kassieren. »Denn später, das wusste er, würden wir vielleicht gar nichts mehr dafür bekommen.« Vitalij Tschernjawskij, der zu dieser Zeit eine Spezialabteilung im sowjetischen Geheimdienst leitete, gibt Falin Recht: »Wir hatten errechnet, dass wir in den kommenden Jahren 20 Milliarden Dollar würden hinblättern müssen, um die DDR am Laufen zu halten. Das waren ungeheuerliche Summen.« Tschernjawskij war nach eigener Aussage selbst dabei, als Berija die Frage in den Raum stellte, was man den Deutschen bieten müsse, damit sie den Weg in die Neutralität gehen würden.

»Berija war ein grausamer Mann. Wenn ihm beispielweise Stalin befahl, Uranvorkommen ausfindig zu machen, so hat Berija die besten Geologen verhaftet und sie auf die Suche geschickt mit den Worten: ›Wenn Sie Uran finden, werden Sie die reichsten Männer der Sowjetunion. Wenn Sie aber versagen und nichts finden, schicke ich Sie in den Staub der Lager.‹«
Valentin Falin, sowjetisches Außenministerium

Berija handelte wie ein Agent des Imperialismus. Nichts hätte dem westlichen Imperialismus einen größeren Dienst erwiesen, als wenn Berijas ablehnende Haltung gegenüber dem Sozialismus in der DDR erfolgreich gewesen wäre.
Aus den Erinnerungen des damaligen sowjetischen Außenministers Wjatscheslaw Molotow

Lawrentij Berija war sicher kein früher Gorbatschow. Ob hinter seinem Vorstoß tatsächlich ein bis ins Letzte durchdachter Plan steckte, darf nach allem, was wir heute wissen, bezweifelt werden. Aber Berija hatte, im Gegensatz zu vielen seiner Parteigenossen im sowjetischen ZK, erkannt, dass die Entwicklung in der DDR in eine Richtung lief, die für die anderen Satellitenstaaten und vielleicht sogar für die Sowjetunion selbst fatal sein konnte. Wie weit seine Aktivitäten tatsächlich gingen, ist aus der Rückschau kaum noch zu beurteilen, denn seine Rivalen, die den Geheimdienstchef kurz nach dem 17. Juni stürzten, haben das Bild nach Kräften verwischt.

In ihrem Bestreben, Berija »konterrevolutionäres Verhalten« nachzuweisen, wurden auch seine deutschlandpolitischen Initiativen von der Sowjetführung kräftig aufgebauscht, da sie hervorragendes Beweismaterial für Berijas vermeintliche »Schuld« darstellten. Der wahre Kern ist dahinter fast zur Unkenntlichkeit verschwunden, aber Tatsache bleibt: Die Stimmung in Moskau war eine andere geworden nach Stalins Tod. Der unbedingte Rückhalt, den Ostberlin in Moskau gehabt hatte, war unsicher geworden.

Bereits nach seiner Rückkehr von Stalins Beerdigung war Walter Ulbricht auffallend still gewesen. Die Erben des Diktators hatten ihm und seinen Kollegen an der Parteispitze mitgeteilt, dass mit Wirtschaftshilfen von UdSSR-Seite nicht mehr zu rechnen sei. Der stellvertretende Leiter der sowjetischen Wirtschaftsplanungskommision hatte die charmante Formulierung gewählt, dass man »alle verfügbaren Ressourcen brauche, um den Lebensstandard der eigenen Bevölkerung zu heben.« Das hieß im Klartext: Moskau war ebenso blank wie Ostberlin. Verwirrender aber waren »Weisungen« des großen Bruders, die darauf schließen ließen, dass der Kreml den stalinistischen Wirtschaftskurs der DDR nicht mehr goutierte. Und auch der Ausbau der innerdeutschen Grenze sollte plötzlich nicht mehr im Interesse der Sowjetunion sein? Ulbricht verstand die Welt nicht mehr.

Der Generalsekretär schien nicht begreifen zu wollen, dass die Zeiten sich änderten. In zwei Artikeln, die Mitte April im »Neuen Deutschland« erschienen, propagierte Ulbricht wie in alten Zeiten den Sozialismus als das höchste aller erreichbaren Ziele und den einzigen Weg zu Frieden und Einheit. Wie in den unseligen Zeiten Stalins setzte sich die Verfolgung innerparteilicher »Saboteure« und »Verräter« fort. Die Frühjahrsanalyse der SED kündigte unverhohlen eine neue »Säuberungswelle« an: »Gegenwärtig erfolgt eine strenge Überprüfung der Parteimitglieder und ihrer Funktionen«, hieß es da drohend, »besonders derjenigen, die sich in westlicher Emigration befanden, Aufenthalt in Amerika oder Mexiko hatten und mit Trotzkisten in enger Verbindung standen. Dabei wird die Methode der Komplexüberprüfung durchgeführt, um der Gefahr, daß sich verdächtige Elemente absetzen, konsequent zu begegnen.« Mitte Mai gipfelte die innerparteiliche Hexenjagd in der Ausschaltung Franz Dahlems, Ulbrichts einzig nennenswerten Rivalen an der Parteispitze. Nur eine Institution würde den Generalsekretär stoppen können: die bislang so schützende Hand des Großen Bruders selbst.

Anfang Juni war es so weit. Die Genossen zitierten die Chefs der SED nach Moskau zum Rapport. Walter Ulbricht, Otto Grotewohl und Fred Oelßner, Chefideologe der SED und in diesem Fall auch Dolmetscher, folgten prompt der »Einladung«. Was blieb auch anderes übrig? Dass man sie nicht zu einer Belobigung einbestellt hatte, war den Reisenden nach den atmosphärischen Störungen der letzten Wochen klar, aber mit einer Standpauke, wie sie nun erfolgte, hatte keiner von ihnen gerechnet.

Lawrentij Berija präsentierte ein Papier mit dem harmlosen Titel: »Über die Maßnahmen zur Gesundung der politischen Lage in der Deutschen Demokratischen Republik«. Der Inhalt der Ausarbeitung ließ es aber an Deutlichkeit nicht fehlen. »Infolge der Durchführung einer fehlerhaften politischen Linie ist in der Deutschen Demokratischen Republik eine äußerst unbefriedigende politische und wirtschaftliche Lage entstanden«, hieß es da. Die DDR-Führer hätten »fälschlicherweise« mit dem Aufbau des Sozialismus in der DDR begonnen, ohne für ausreichende innen- und außenpolitische Voraussetzungen gesorgt zu haben. Von »ernster Unzufriedenheit« unter der Bevölkerung war da die Rede und von einer »Gefahr für die politische Beständigkeit der DDR«. Fatal sei es gewesen, die Bauern in landwirtschaftliche Produktionsgenossenschaften zu zwingen und die kleineren Privatbetriebe zu enteignen, die Kirchen zu kujonieren und die Bürgerrechte einzuengen. Das alles werde nun rückgängig gemacht!

Die Deutschen waren vollkommen verdutzt. Das war mehr als eine Ohrfeige, das war ein glatter Schlag ins Gesicht. Man habe schüchtern widersprochen, berichtete Fred Oelßner später. Die russische Gegenseite aber war nicht gewillt, den Deutschen auch nur einen Zentimeter entgegenzukommen. Ultimativ forderten Berija und seine Genossen Ulbricht und Grotewohl auf, in der DDR einen Kurswechsel um 180 Grad vorzubereiten und schriftlich zu der sowjetischen Anklageschrift Stellung zu beziehen. Nach Oelßners Schilderung machten sich die DDR-Führer wie geprügelte Hunde an die Ausarbeitung der Stellungnahme.

Allerdings fiel niemandem etwas Gescheites ein. Betroffen stierten die Delegationsmitglieder auf das blanke Papier vor ihnen. Erst nach langem Hin und Her notierten sie ein paar halbherzige Sätze. Entsprechend reagierten die Sowjet-

»Wird er Ulbricht unterstützen?« – Nikita Sergejewitsch Chruschtschow

Moskaus Statthalter – der sowjetische Hohe Kommissar Wladimir Semjonow

führer. Berija echauffierte sich dermaßen, dass er Ulbricht das missglückte Pamphlet über den Tisch hinweg zurückwarf. »Das ist ein schlechter Aufguss unseres Dokumentes«, zischte er. Nikita Chruschtschow berichtete später, dass es ihm peinlich gewesen sei, wie sehr Berija Ulbricht zusammengestaucht habe. Kleinlaut sicherten die Deutschen zu, ein neues Papier zu verfassen, und wurden düpiert wieder nach Ostberlin zurückgeschickt.

Um ganz sicher zu gehen, dass die SED-Genossen diesmal auch ihre Hausaufgaben machten, stellte man ihnen gleich einen Aufpasser zur Seite. Wladimir Semjonow war bis zum 22. April als politischer Berater der Sowjetischen Kontrollkommission in Ostberlin stationiert gewesen. Überraschend hatte man ihn nach Moskau abberufen und schickte ihn nun als Leiter einer »Hohen Kommission« nach Ostberlin zurück. Das seltsame Spiel war offenbar mehr als eine banale Namensänderung. Semjonow galt als Parteigänger Berijas. Würde er nun für frischen Wind in Ostberlin sorgen?

Zunächst einmal sah es ganz danach aus. Der frisch gebackene Hohe Kommissar kehrte am 5. Juni nach Berlin zurück und redete Klartext. »Wir möchten dem Genossen Ulbricht raten, seinen sechzigsten Geburtstag so zu feiern, wie der Genosse Lenin seinen fünfzigsten«, ließ er die unsicheren Zuhörer wissen und ergänzte süffisant: »Genosse Lenin lud zum Abend ein paar Gäste ein.« Der eitle Generalsekretär war wie vor den Kopf gestoßen – aber wie ein folgsamer Musterschüler widersprach er mit keinem Wort.

»Wenn wir schreiten, Seit' an Seit'« – der sowjetische Hohe Kommissar Semjonow, Walter Ulbricht und Wilhelm Pieck

»Aufhängen oder an die Wand stellen?« – Kritik am Personenkult um Ulbricht

Einen Tag später trat das SED-Politbüro zum ersten Mal seit der peinlichen Moskaureise seiner Führung zusammen. Was dort vorgefallen war, pfiffen die Spatzen längst von den Dächern. Aber was bedeutete es für die Parteiarbeit? Was die KPdSU als »Neuen Kurs« verordnete, stellte alles in Frage, was die SED seit einem Jahr verfolgt hatte. Das Wort »Sozialismus« solle aus allen Schriften und von den Plakaten verschwinden, munkelte man, alles werde umgekrempelt. Einige Mitglieder waren ob dieser Entwicklung wie elektrisiert. Heinz Brandt erinnerte sich in seinen Memoiren, dass selbst der sonst so nüchterne Politbürokollege Hans Jendretzky völlig aus dem Häuschen war. »Ich habe die beste Nachricht der Welt«, habe er enthusiastisch gerufen, »es ist geschafft, wir fangen ganz neu an.« Auch Brandt selbst verstieg sich in Träumereien. »Jetzt sollte alles anders werden. Die Bahn schien frei für eine friedliche, demokratische Umwälzung in der DDR.«
Als sich das Politbüro zusammensetzte, konnten alle Anwesenden spüren, dass etwas Besonderes in der Luft lag. »Ich habe Verantwortung zu tragen und werde meine Arbeit ändern«, teilte der Parteivorsitzende seinen staunenden Genossen mit. Doch was Ulbricht vermutlich als äußerstes Maß an Selbstkritik angesehen hatte, eröffnete nun eine tatsächliche Aussprache, in der die Politbüromitglieder mit ihrer Kritik nicht hinterm Berg hielten. Fred Oelßner begann seine Ausführungen fulminant: »Zwei Jahre habe ich geschwiegen, jetzt werde ich reden.« Was folgte, war eine Generalabrechnung mit der Arbeit des

»Dem Volk entrückt« –
das Politbüro der SED 1950

Sekretariats des Zentralkomitees. Er sprach von Liebedienerei, von Furcht und von Diktatur. Alle nachfolgenden Redner unterstützten seine Kritik.
Plötzlich war er da, der Mut der Genossen, den selbstgefälligen Parteichef in ihrer Mitte aus seinem Kokon von Schmeicheleien und Lobhudelei herauszuholen. Otto Grotewohl notierte getreulich die Äußerungen der mutigen Genossen mit. »Sekretariat muß man verbessern. W(alter) muß prüfen. Jub(iläum) = bescheiden. Große Feiern sind falsch. Keine Zitate. Arbeit im Pol(it)büro – kollektiv.« Auch die fragwürdige Tätigkeit Lotte Ulbrichts als Organisatorin des Festkomitees für den Geburtstag ihres Mannes kam zur Sprache. »Frauen von verantw(ortlichen) Genossen nicht im Apparat des Mannes beschäftigen«, kritzelte Grotewohl.
Inhaltlich entsprachen die Beschlüsse der Tagung den »Anregungen« aus Moskau. Ab sofort werde in der DDR der »Neue Kurs« eingeschlagen, so das Politbüro. Und konkreter: Die Schwerindustrie werde zugunsten der Konsumgüterindustrie zurücktreten müssen, alle Maßnahmen gegen widerspenstige

Bauern, private Kleinunternehmer oder Kirchenmitglieder sollten eingestellt werden. Die komplette Politik seit der II. Parteikonferenz war damit für null und nichtig erklärt. Eine Beratung durch das Zentralkomitee werde nicht mehr benötigt, verfügten die Politbüromitglieder, die Sache sei damit beschlossen. Der »Hohe Kommissar« Wladimir Semjonow war von der Entwicklung der Sitzung ebenso überrascht wie der verdatterte Generalsekretär selbst. Der Russe reagierte souverän. »Nun, Genosse Ulbricht, meiner Meinung nach ist es jetzt an Ihnen, aus dieser sehr fundierten Kritik des Politbüros ernste Folgen zu ziehen.« Damit war die Sitzung geschlossen.

Rudolf Herrnstadt, der Herausgeber des Parteiorgans »Neues Deutschland«, erhielt den Auftrag, die Beschlüsse so schnell wie möglich in eine öffentliche Form zu bringen. Herrnstadt war entgeistert. Wie um Himmels willen sollte er eine derart rabiate Wendung so in Worte verpacken, dass es plausibel klang und nicht wie eine komplette Kapitulationserklärung? In seinen Memoiren erinnerte sich der Chefredakteur des »Neuen Deutschland« später, er habe den Hohen Kommissar Semjonow inständig gebeten, sich die Sache noch einmal durch den Kopf gehen zu lassen. »Geben Sie uns vierzehn Tage, und wir können den Kurswechsel so überzeugend und mitreißend begründen, dass wir mit ihm in die Offensive gehen und nicht der Gegner«, habe er dem Russen gesagt. Genosse Semjonow habe aber sehr scharf und von oben herab geantwortet: »In vierzehn Tagen werden Sie vielleicht schon keinen Staat mehr haben.«

Rudolf Herrnstadt tat, wie ihm geheißen. Am 11. Juni erschien im »Neuen Deutschland« unter der Überschrift »Kommuniqué des Politbüros des Zentralkomitees der SED vom 9. Juni 1953« ein Text, der getreulich an die Öffentlichkeit weiterleitete, was in der brisanten Sitzung zwei Tage zuvor beschlossen worden war. »Das Politbüro ging davon aus«, war dort zu lesen, »daß seitens der SED und der Regierung der DDR in der Vergangenheit eine Reihe von Fehlern begangen wurden, die ihren Ausdruck in Verordnungen und Anordnungen gefunden haben, wie z. B. der Versorgung über die Neuregelung der Lebensmittelkartenversorgung, über die Übernahme devastierter landwirtschaftlicher Betriebe, in außerordentlichen Maßnahmen der Erfassung, in verschärften Methoden der Steueranhebung usw.« Doch damit war des Büßergangs noch nicht Genüge getan. Das Politbüro bekannte, die Interessen der Einzelbauern, der Einzelhändler, der Handwerker und der Intelligenz »vernachlässigt« zu haben. Man habe »ernste Fehler« bei der Durchführung der erwähnten Anordnungen begangen. Als Folge hätten »zahlreiche Personen« die Republik verlassen.

Der Artikel bekannte damit offen, dass der »Aufbau des Sozialismus« eine Sackgasse gewesen war. Im Namen des Politbüros gelobte das »Kommuniqué«

»Während einer Pause charakterisierte der Minister für Außenhandel Gregor die Stimmung der Politbürositzung mit den Worten: ›Dies ist kein Politbüro, dies ist eine Irrenanstalt.‹«
Aus dem sowjetischen Bericht über die SED-Politbürositzung vom 5.–9. Juni 1953

»Er hätte es in der Hand gehabt« – der Herausgeber des Parteiorgans »Neues Deutschland«, Rudolf Herrnstadt, galt als Reformer.

KOMMUNIQUÉ

des Politbüros des Zentralkomitees der SED vom 9. Juni 1953

Das Politbüro des Zentralkomitees der SED hat in seiner Sitzung vom 9. Juni 1953 beschlossen, der Regierung der Deutschen Demokratischen Republik die Durchführung einer Reihe von Maßnahmen zu empfehlen, die der entschiedenen Verbesserung der Lebenshaltung aller Teile der Bevölkerung und der Stärkung der Rechtssicherheit in der Deutschen Demokratischen Republik dienen. Das Politbüro des ZK der SED ging davon aus, daß seitens der SED und der Regierung der DDR in der Vergangenheit eine Reihe von Fehlern begangen wurden, die ihren Ausdruck in Verordnungen und Anordnungen gefunden haben, wie z. B. der Verordnung über die Neuregelung der Lebensmittelkartenversorgung, über die Übernahme devastierter landwirtschaftlicher Betriebe, in außerordentlichen Maßnahmen der Erfassung, in verschärften Methoden der Steuererhebung usw. Die Interessen solcher Bevölkerungsteile wie der Einzelbauern, der Einzelhändler, der Handwerker, der Intelligenz wurden vernachlässigt. Bei der Durchführung der erwähnten Verordnungen und Anordnungen sind außerdem ernste Fehler in den Bezirken, Kreisen und Orten begangen worden. Eine Folge war, daß zahlreiche Personen die Republik verlassen haben.

Das Politbüro hat bei seinen Beschlüssen das große Ziel der Herstellung der Einheit Deutschlands im Auge, welches von beiden Seiten Maßnahmen erfordert, die die Annäherung der beiden Teile Deutschlands konkret erleichtern.

Aus diesen Gründen hält das Politbüro des ZK der SED für nötig, daß in nächster Zeit im Zusammenhang mit Korrekturen des Planes der Schwerindustrie eine Reihe von Maßnahmen durchgeführt werden, die die begangenen Fehler korrigieren und die Lebenshaltung der Arbeiter, Bauern, der Intelligenz, der Handwerker und der übrigen Schichten des Mittelstandes verbessern. Auf der Sitzung am 9. Juni hat das Politbüro Maßnahmen auf dem Gebiet des Handels und der Versorgung, auf landwirtschaftlichem Gebiet und auch hinsichtlich der Erleichterung des Verkehrs zwischen der DDR und Westdeutschland festgelegt.

Um die Erzeugung von Waren des Massenbedarfs zu vergrößern, die von kleinen und mittleren Privatbetrieben hergestellt werden, und um das Handelsnetz zu erweitern, wird vorgeschlagen, den Handwerkern, Einzel- und Großhändlern, privaten Industrie-, Bau- und Verkehrsbetrieben in ausreichendem Umfange kurzfristig Kredite zu gewähren. Die Zwangsmaßnahmen zur Beitreibung von Rückständen an Steuern und Sozialversicherungsbeiträgen, die bis zum Ende des Jahres 1951 entstanden sind, sollen für Klein-, Mittel- und Großbauern, Handwerker, Einzel- und Groß- … private Indu… …betriebe, d. h.

Wenn Geschäftseigentümer, die in letzter Zeit ihre Geschäfte geschlossen oder abgegeben haben, den Wunsch äußern, diese wieder zu eröffnen, so ist diesem Wunsche unverzüglich Rechnung zu tragen. Außerdem soll die HO zur besseren Versorgung der Bevölkerung sofort Agenturverträge mit dem privaten Einzelhandel abschließen.

Das Politbüro schlägt ferner vor, daß die Verordnungen über die Übernahme devastierter landwirtschaftlicher Betriebe aufgehoben werden und die Einsetzung von Treuhändern wegen Nichterfüllung der Ablieferungspflichten oder wegen Steuerrückständen untersagt wird. Die Bauern, die im Zusammenhang mit Schwierigkeiten in der Weiterführung ihrer Wirtschaft ihre Höfe verlassen haben und nach Westberlin oder nach Westdeutschland geflüchtet sind (Kleinbauern, Mittelbauern, Großbauern), sollen die Möglichkeit erhalten, auf ihre Bauernhöfe zurückzukehren. Ist das in Ausnahmefällen nicht möglich, so sollen sie vollwertigen Ersatz erhalten. Es soll ihnen mit Krediten und landwirtschaftlichem Inventar geholfen werden, ihre Bauernwirtschaften zu entwickeln. Strafen, die wegen Nichterfüllung von Ablieferungsverpflichtungen oder Steuerverp… tungen ausgesprochen wurden, sollen überprüft werden. Dabei wird vorgeschlagen, den Minister für Land- und Forstwirtschaft zu beauftragen, die erforderlichen Maßnahmen zu treffen, damit die Interessen der Landwirtschaftlichen Produktionsgenossenschaften gewahrt bleiben.

Das Politbüro schlägt weiter vor, daß alle republikflüchtigen Personen, die in das Gebiet der DDR und den demokratischen Sektor von Berlin zurückkehren, das auf Grund der Verordnung vom 17. Juli 1952 zur Sicherung von Vermögenswerten beschlagnahmte Eigentum zurückerhalten. Ist in Einzelfällen die Rückgabe nicht möglich, so soll Ersatz geleistet werden. Zurückkehrenden Republikflüchtigen darf aus der Tatsache der Republikflucht keine Benachteiligung entstehen. Sie sollen durch die zuständigen Organe der Räte der Bezirke und Kreise entsprechend ihrer fachlichen Qualifikation wieder in das wirtschaftliche und gesellschaftliche Leben eingegliedert werden und ihre vollen Bürgerrechte erhalten. (Deutscher Personalausweis, Lebensmittelkarte usw.). Für die Rückkehrer sind Auskunftsstellen einzurichten, die ihnen in allen Fragen Rat und Auskunft erteilen.

Das Politbüro ist ferner der Auffassung, daß die Frage der Aufenthaltsgenehmigungen für Westdeutsche und Westberliner sowie die Frage der Ausstellung von Interzonenpässen im Sinne der Erleichterung des Verkehrs zwischen Ost- und Westdeutschland neu geregelt werden müssen. Bei Westdeutsche und Westberliner sind familiäre Gründe anzuerkennen, ebenso bei Anträgen auf Ausstellung von Interzonenpässen. Insbesondere ist Wissenschaftlern und Künstlern die Teilnahme an Tagungen in Westdeutschland zu ermöglichen, ebenso ist Künstlern aus Westdeutschland die Teilnahme an Tagungen in der DDR zu ermöglichen.

Das Politbüro schlägt ferner vor, daß alle im Zusammenhang mit der Überprüfung der Oberschüler und der Diskussion über die Tätigkeit der Jungen Gemeinde aus den Oberschulen entfernten Schüler sofort wieder zum Unterricht zuzulassen sind und daß ihnen die Möglichkeit gegeben wird, die versäumten Prüfungen nachzuholen. Ebenso sollen die im Zusammenhang mit der Überprüfung der Oberschulen ausgesprochenen Kündigungen und Versetzungen von Lehrern rückgängig gemacht werden. Die in den letzten Monaten ausgesprochenen Exmatrikulationen an Hochschulen und Universitäten sollen sofort überprüft und bis zum 20. Juni 1953 entschieden werden. Bei Immatrikulationen an den Hochschulen und Universitäten dürfen befähigte Jugendliche aus den Mittelschichten nicht benachteiligt werden.

Ferner empfiehlt das Politbüro der Regierung der DDR, die Justizorgane zu beauftragen, diejenigen Verurteilten sofort zu entlassen, die nach dem Gesetz zum Schutz des Volkseigentums zu 1 bis 3 Jahren verurteilt worden sind, mit Ausnahme der Fälle, in denen schwere Folgen eintraten.

Ebenso empfiehlt es, diejenigen Untersuchungshäftlinge sofort zu entlassen, gegen die ein Verfahren nach dem Gesetz zum Schutz des Volkseigentums anhängig gemacht wurde und bei denen keine höheren Strafen als die gesetzlichen Mindeststrafen von 1 bis 3 Jahren zu erwarten sind.

Das Politbüro hat schließlich beschlossen, der Regierung der DDR zu empfehlen, daß ab 1. Juli 1953 wieder an alle Bürger der DDR und des demokratischen Sektors von Groß-Berlin Lebensmittelkarten entsprechend den gesetzlich festgelegten Tätigkeitsmerkmalen ausgegeben werden. Es wird weiter vorgeschlagen, die im April 1953 durchgeführten Preiserhöhungen für Marmelade, Kunsthonig und andere Süß- und Backwaren mit Wirkung vom 15. Juni 1953 rückgängig zu machen, die Fahrpreisermäßigungen in Höhe von 50 Prozent ab 1. Juli 1953 bei Arbeiterrückfahrkarten auf alle berechtigten Personen ohne Rücksicht auf die Höhe ihres Einkommens auszudehnen, die Fahrpreisermäßigungen für Schüler und Lehrlinge und auch bestimmte Schichten der Arbeiter wiederherzustellen und auch die Fahrpreisermäßigungen für Schwerbeschädigte, Klein… so- wie die Erstattung …

Der »Neue Kurs« – das »Neue Deutschland« gibt am 11. Juni 1953 die Beschlüsse des Politbüros der SED bekannt.

Besserung in allen Punkten, es bekannte, belobigte und versprach – allein: Das Rad ließ sich nicht mehr zurückdrehen. Der Druck im Kessel war bereits zu groß geworden, als dass es ausgereicht hätte, lediglich ein Ventil zu öffnen.

Der Artikel im »Neuen Deutschland« schlug ein wie eine Bombe, aber es war nicht unbedingt so, dass er überall bejubelt wurde. Walter Ulbricht hatte es kommen sehen. »Ulbricht hat sich nicht grundsätzlich gegen einen ›Neuen Kurs‹ gewehrt«, berichtet Fritz Schenk. »Was die Vorbereitungen betraf, war er sogar mit großem Eifer dabei.« Erst als klar wurde, dass bei der Kurskorrektur von »Fehlern« der Partei die Rede sein sollte, habe sich der Generalsekretär quer gestellt. »Offiziell galt die Partei als die Verkörperung der kollektiven Weisheit, und Ulbricht sagte natürlich, dass eine solche kollektiv verkörperte Weisheit keine Fehler machen kann«, erinnert sich Fritz Schenk.

Tatsächlich gaben die Reaktionen auf die abrupte Kehrtwende dem starrsinnigen Generalsekretär Recht. Besonders treue SED-Funktionäre witterten Verrat oder RIAS-Propaganda, waren sie es doch längst gewohnt, überall dunkle Machenschaften des »Klassenfeindes« zu vermuten. Bizarre Anweisungen, wie die des Sekretärs für Agitation, Hermann Axen, man solle binnen kürzester Frist »unauffällig« alle Schriften, Plakate und Schilder verschwinden lassen, die das Wort »Sozialismus« enthielten, trugen zu zusätzlicher Verunsicherung bei. Denn wie, um Himmels willen, sollte man so etwas denn »unauffällig« machen?

Wenn »Sozialismus« nun nicht mehr richtig war, was war denn dann der Weg des Staates DDR? Seit Jahren waren die mittleren und unteren Funktionärsebenen immer mehr entmündigt worden, kaum einer machte sich noch die Mühe, sich selbst Gedanken zu machen. Man bekam doch alles vorgekaut, wozu noch engagieren. Jetzt aber gab es plötzlich keine Antworten mehr – es gab nur noch Fragen.

Gerüchte gingen um, Walter Ulbricht sei bereits entmachtet, anders seien die seltsamen Entwicklungen doch gar nicht erklärbar. Gerade das Eingeständnis von »Fehlern« führte zu massiver Verunsicherung unter den Parteifunktionären der unteren Ebenen. Sie waren es, die den verwunderten Bürgern Rede und Antwort stehen mussten und oftmals keine Antworten wussten. So überhastet wie das Wendemanöver erfolgt war, gab es keinerlei Strategieanweisungen für die Funktionäre. Die dürren Worte des »Kommuniqués« allein empfand niemand als ausreichend. Nicht wenige SED-Mitglieder verstanden den »Neuen Kurs« als Kapitulationserklärung an alle bisher vertretenen Ideale und wussten mit dem Wechsel der Partei von der Allwissenheit ins Büßergewand nichts anzufangen. »Zum ersten Mal, solange ich Mitglied der SED war, gab die Parteiführung zu, dass sie etwas falsch gemacht hatte«, stellte der damalige SED-Mann Wolfgang Hartmann erstaunt fest.

Nur wenige Genossen folgten den ungewohnten Anweisungen so brav wie die Mitarbeiter des staatlichen Rundfunks der DDR. »Natürlich verstanden auch bei uns einige nicht, warum jetzt plötzlich nicht mehr von Sozialismus die Rede sein durfte«, erinnert sich Erich Selbmann. Aber der damalige Chefredakteur des Ostberliner »Deutschlandsenders« hatte seinen Laden gut im Griff, wie er sich stolz erinnert: »Wenn ich gesagt habe, der Himmel ist blau, dann war der Himmel blau. Wenn ich gesagt habe, der Himmel ist grün, dann war er für alle grün. Da wurde nicht lange diskutiert.« SED-Funktionär Heinz Brandt hatte große Hoffnungen in den »Neuen Kurs« gesetzt. Nun erkannte er entsetzt, dass die »altstalinistische« Art und Weise, mit der er der Bevölkerung erklärungslos aufgezwungen wurde, eine Katastrophe heraufbeschwor. »Die hektische Eile, die amputierte Form, in welcher der ›Neue Kurs‹ verwirklicht wurde, machten ihn von vornherein unglaubwürdig«, erinnerte er sich in seinen Memoiren. »So war der ›Neue Kurs‹ eine hässliche Missgeburt, die als Symbol der Schwäche und Fäulnis der SED ins Leben trat.«

Der »Neue Kurs« annullierte alle scharfen Maßnahmen des vergangenen Halbjahres: die Zwangskollektivierungen, die Kirchenverfolgungen, der Entzug von Lebensmittelmarken und die willkürliche Rechtsprechung. »Republikflüchtige« wurden ausdrücklich zur Rückkehr aufgefordert mit dem Verspre-

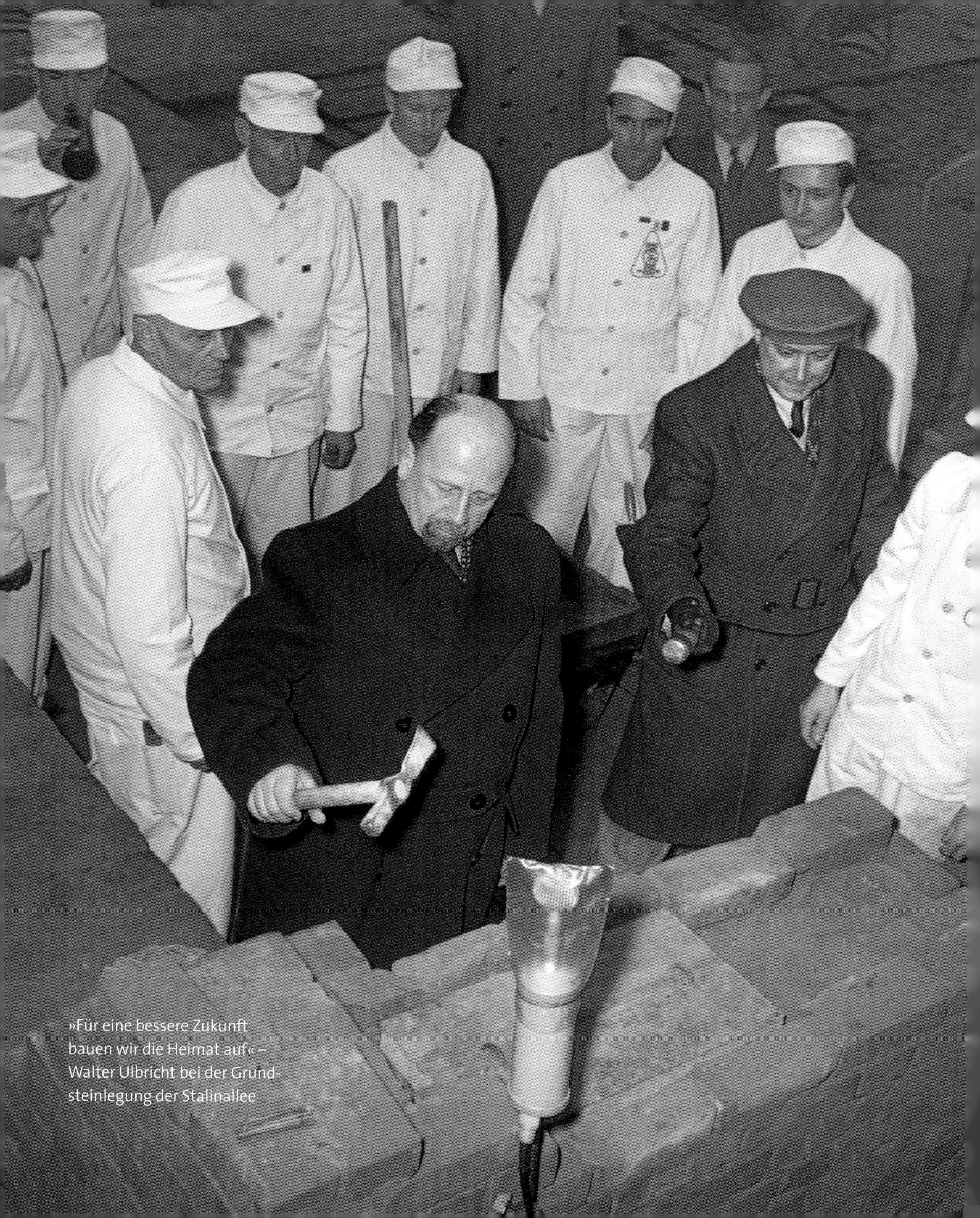

»Für eine bessere Zukunft bauen wir die Heimat auf« – Walter Ulbricht bei der Grundsteinlegung der Stalinallee

chen der vollständigen Rehabilitation. Die in Aussicht gestellte Steigerung der Konsumgüterindustrie würde ihr Übriges tun, um die erhitzten Gemüter zu beruhigen. Nahezu verheißungsvoll gesellte sich die Ankündigung von »Maßnahmen, die die Annäherung der beiden Teile Deutschlands erleichtern« hinzu. Eines jedoch fehlte: die Rücknahme der Normenerhöhungen für die Arbeiter!
Die größte – und wohl auch erzürnteste – Gruppe der vom »Aufbau des Sozialismus« Betroffenen war bei der Rücknahme einfach ausgespart worden. Valentin Falin ist sich sicher, dass es sich dabei nicht um ein bewusstes Vorgehen, sondern um einen banalen Fehler gehandelt hat. »Ich glaube, das war schlicht Schlamperei«, sagt er. »Es hätte doch praktisch kaum etwas verändert, wenn man auch die Rücknahme der Arbeitsnormen mit in die Liste aufgenommen hätte.« Für Heinz Pahl, den Putzer von Block 40, war es letztlich egal, wie diese erstaunliche Entscheidung zustande gekommen war. Er hatte die Sache blitzschnell durchschaut: »Der ›Neue Kurs‹ bedeutete, dass alles zurückgenommen wurde. Aber wir mussten einfach weiterarbeiten wie vorher!«
Die ausgebliebene Rücknahme der Normenerhöhung war das fehlende Glied in der Kette zum 17. Juni. Die Lunte, die das Pulverfass zur Explosion brachte, zündete die SED selbst.

Der Countdown läuft

Die Einladung zum Betriebsauflug war hochwillkommen. Im kargen Arbeitsalltag des Jahres 1953 freuten sich die Bauleute immer über Abwechslung. Am 13. Juni hatte der VEB-Industriebau zu einer Schifffahrt auf dem Müggelsee im Südosten Berlins gebeten; anschließend werde man in der Ausflugsgaststätte »Rübezahl« einkehren, hieß es in der Ankündigung. Die Arbeiter von den Baustellen Krankenhaus Friedrichshain, Stalinallee Block 40 und viele ihrer Kollegen hatten ihre Frauen mitgebracht und wollten einen der ersten schönen Sommertage in diesem Jahr genießen. Auf zwei Schiffen, der »Seid Bereit« und der »Triumph«, startete eine Fahrt, die einige Weichen für die kommende Erhebung stellen sollte. Auch Bernhard Adamski war dabei, als die Schiffe ablegten. »Das war eine ganz wunderbare Atmosphäre«, erinnert er sich. »Die Musik spielte, und wir freuten uns auf den Müggelsee.«

»Um 19 Uhr stieg Alfred Metzdorf auf einen Kneipentisch und rief: ›Kollegen, wir gehen am Montag um sieben Uhr nicht aus den Baubuden. Wir streiken.‹ Durch die umstehenden Kollegen wurde Metzdorf sofort vom Tisch gezogen und am Weiterreden gehindert. Ebenso ertönten Zurufe der Empörung über das Verhalten des Metzdorf. Wer die Kollegen waren, die den Metzdorf zur Ordnung riefen, weiß ich nicht. Andere Anzeichen wie das Vorbenannte sind mir nicht aufgefallen, die zum Streik aufgerufen hätten.«
Auszug aus einem Vernehmungsprotokoll der Stasi

Der Jungbrigadier Kurt Bluhm genehmigte sich ein Bier am Ausschank der »Triumph«. Es lag etwas in der Luft bei diesem Ausflug, doch was genau das war, konnte Bluhm zunächst noch nicht ausmachen. »Es war ja schon seit vierzehn Tagen immer wieder das eine oder andere gemunkelt worden«, erinnert er sich. »Aber als junger Mensch glaubt man so was ja nicht unbedingt.« Auch der Staatssicherheit war nicht verborgen geblieben, dass an diesem Ausflug einige »suspekte Personen« teilnahmen. Ein anonymer Informant war mit an Bord, um die Sache im Auge zu behalten. Er sollte viele Einzelheiten der Dampferfahrt getreulich an das MfS weiterleiten. Heute liegt sein Bericht in der Gauck-Behörde und vermittelt ein beklemmend detailliertes Bild der Geschehnisse.

Die Ausflügler ahnten nichts vom Spitzel in den eigenen Reihen. Ganz im Gegenteil, viele fühlten sich unbeobachteter als auf den Baustellen und sprachen offen aus, was sie sich sonst nicht getraut hatten. Den Anführer gab ein gewichtiger Brigadier von der Stalinallee, an den sich die meisten Teilnehmer der Dampferfahrt noch gut erinnern können. Alfred Metzdorf war 45 Jahre alt und Brigadeleiter für Transportarbeiten. Der Stasi war er bereits seit längerem verdächtig. Er habe »Schlägerkolonnen« um sich versammelt, wurde ihm später zur Last gelegt. Tatsächlich hatte Metzdorf seine Brigade sehr bewusst zusammengestellt. Er nahm nur Leute, denen er politisch vertrauen konnte. Immer wieder hatte sich seine Truppe aktiv in die Diskussionen um die Normenerhöhungen eingeschaltet. Einige Bauleute hatten noch im Ohr, wie der selbstbewusste Brigadeleiter am Abend zuvor auf der Baustelle Krankenhaus

Friedrichshain mit scharfen Worten gegen die Regierungspolitik gewettert hatte. Auch heute sollte er es wieder sein, der die mutigsten Worte fand.

Als die Schiffe gegen Nachmittag bei der Gaststätte »Rübezahl« anlegten, waren die Ausflügler nach dem ein oder anderen Bier schon ausgesprochen guter Stimmung. Alfred Metzdorf, der bereits leicht angeheitert schien, wurde begeistert begrüßt, als er zu einer Rede ansetzte. In gewohnter Weise nahm er kein Blatt vor den Mund. »Und dann hieß es, das können wir uns nicht gefallen lassen«, erinnert sich Bernhard Adamski. »Wenn sie das nicht zurücknehmen, dann werden wir streiken. Es war das erste Mal, dass dieses Wort fiel!« Mit Metzdorfs Rede schien der Bann gebrochen. Aus dem Sommerausflug war mit einem Mal eine politische Versammlung geworden. »An den Tischen wurde diskutiert«, berichtet Adamski. »Eigentlich waren sich alle einig, dass was geschehen musste.«

Je mehr getrunken wurde, umso lauter wurde es. Einige getreue Parteigenossen versuchten, die Kollegen zu beschwichtigen. Vergeblich, denn der Stein war bereits ins Rollen gekommen. Am Montag werde gestreikt – basta! Bauleute von »Block 40« verabredeten sich mit den Männern anderer Baustellen. »Aktion Dampferfahrt« sollte das Losungswort heißen. Gerhard Zock, Feinmechaniker aus Ostberlin, kann sich noch an eine weitere Einzelheit erinnern. »Auf der Rückfahrt des Dampfers bekam die Sache dann einen anderen Anstrich. Plötzlich war da von Wiedervereinigung die Rede. Und es hieß: Wir sind alle Deutsche.«

Das auf die Dampferfahrt folgende Wochenende brachte keine Beruhigung, ganz im Gegenteil. Unter der Schlagzeile: »Es wird Zeit, den Holzhammer beiseite zu legen«, goss das Parteiorgan »Neues Deutschland« noch einmal kräftig Öl ins Feuer. »Die Normenbearbeiter vom VEB Wohnungsbau haben jede Verbindung mit ihren Kollegen auf dem Bau verloren«, war da zu lesen. Und weiter: »Sie behandeln sie hochnäsig und wundern sich, wenn ihnen die Bauarbeiter mißtrauisch gegenüberstehen. Wenn die Normenbearbeiter annehmen, daß sie sich mit ihren gefährlichen Tricks bei der Betriebsleitung einen guten Namen verschaffen könnten, so irren sie sich. Denn sie haben die Bauarbeiter gegen sich, ohne die der Betrieb niemals reibungslos arbeiten kann.« Weiter drohte der Artikel unverhohlen: »Die Normenabteilung soll nicht glauben, daß es ihr sehr lange gelingen kann, ungestraft gegen die Interessen der Arbeiter zu handeln!« Namentlich prangerten die Autoren Parteifunktionäre an, die sich durch besonders rücksichtsloses Verhalten auf den Baustellen diskreditiert hatten. »Er glaubt, er handelt richtig«, hieß es da über einen Normenbearbeiter, »wenn er an die Stelle der Überzeugungsarbeit den Holz-

»Mein Bruder kam von der Dampferfahrt nach Hause und sagte: ›Am Montag streiken wir!‹ Er erzählte, dass es auf der Rückfahrt richtig Ärger gegeben hatte. Ein ziemlich angetrunkener Brigadier namens Metzdorf habe den Funktionären mit Streik gedroht, wenn die Normen nicht sofort zurückgenommen würden. Die Funktionäre wurden als ›Taugenichtse‹ und ›Ausbeuter‹ beschimpft. Es soll dann sogar eine Schlägerei gegeben haben.«

Gerhard Zock, Feinmechaniker, Ostberlin

»Sozialistische Prunkmeile« – Spaziergänger auf der Stalinallee

hammer setzt, denn noch nie wurde er deswegen von seiner Parteiorganisation kritisiert.« Abschließend wurden Forderungen formuliert, die den genervten Bauarbeitern aus der Seele sprachen: »Schluß mit dem Kuhhandel und der Normenschaukelei, Schluß mit den diktatorisch und administrativ durchgeführten Beschlüssen, Schluß mit der Schönfärberei.«

Viele Leser glaubten zunächst, ihren Augen nicht zu trauen. War das wirklich möglich? Ausgerechnet das »Neue Deutschland«, der Partei getreues Sprachrohr, formulierte derart treffend und offen, was die Bauarbeiter bewegte? Da schien tatsächlich etwas in Bewegung zu kommen. Wie viele Arbeiter den »Holzhammer-Artikel« tatsächlich gelesen haben, lässt sich heute kaum noch rekonstruieren. Allzu viele begeisterte Leser hatte das »Neue Deutschland« unter den Bau- und Industriearbeitern sicherlich nicht. Dennoch verbreitete sich der Inhalt des Artikels per Mundpropaganda schnell. Kulturfunktionär Gustav Just erkannte, was das für die Partei gefährlichste Ergebnis des »Neuen Kurses« war: »Die Leute verloren die Angst«, sagt er heute. »Nach all dem dachten sie: Jetzt kann man.«

Als Otto Pfeng, Bauleiter auf der Stalinallee, sich am Montagmorgen, dem 15. Juni, auf den Weg zur Arbeit machte, war er besorgt. Natürlich war ihm nicht entgangen, dass es unter den Arbeitern während der letzten Tage und Wochen gebrodelt hatte. Doch Pfeng, ein hoch gewachsener, ruhiger Mann, war nicht der Typ, der seine Arbeiter ausspionieren ließ. Er suchte lieber das offene Wort. Für den Morgen hatte er die Brigadiere zu einer Aussprache zusammengerufen, um mit ihnen über Verbesserungen der Bedingungen auf den Baustellen zu sprechen. Er hatte sich überlegt, dass man beispielsweise über die Einführung von Mörtelpumpen diskutieren könnte.

»Als ich gegen zehn Uhr in die Baubaracke kam, waren schon über zweihundert Bauarbeiter da«, erinnert sich der Bauleiter. Aus den Mienen der Männer konnte er unmissverständlich schließen, dass es diesmal sicherlich nicht um Mörtelpumpen gehen würde. »Einer rief etwas von unhaltbaren Zuständen«, berichtet Pfeng, doch die Stimmung war seiner Erinnerung nach nicht aggressiv.

»Hier gibt's heute keine Beratung, lieber Oberbauleiter«, sagte einer der Arbeiter durchaus höflich. »Wir haben die Nase voll und werden deshalb jetzt einen Brief an den Genossen Grotewohl schreiben.« Pfeng gab sofort nach. »Was hätte ich denn dagegen haben sollen?«, fragt er heute. »Ich hielt einen solchen Brief für genau das Richtige. Wir wollten doch über Verbesserungen reden und nicht einfach wie üblich sagen, wir verpflichten uns zu Normenerhöhungen.«

Die Forderungen waren schnell formuliert, alles lief ganz sachlich ab. Im Kern beinhaltete das Schreiben nichts anderes als die Forderung, die zehn Prozent Normenerhöhung wieder zurückzunehmen. Ansonsten werde gestreikt. »Wir haben da ganz bewusst nichts Politisches reingeschrieben«, erinnert sich Putzer Heinz Pahl, der unter den Arbeitern war, »denn dann hätte man ja rechtlich gegen uns vorgehen können. Aber eine Aufhebung der Normenerhöhung, das war doch eine rein gewerkschaftliche Forderung.«

Irgendjemand lief hinüber ins Büro und bat die Bauleitungssekretärin Hildegard Nikodemski, den handschriftlichen Zettel abzutippen. Die Forderung sollte schließlich ordentlich und lesbar ihren Adressaten erreichen. »Das war schon eine Hektik«, erinnert sich Hildegard Nikodemski. »Wenn Bauarbeiter richtig in Fahrt sind, dann sind sie halt kaum noch zu stoppen.« Sie war sich an diesem 15. Juni in keiner Weise bewusst, welch brisantes Schreiben sie da eigentlich verfasste. »Da kamen doch immer Schriftstücke zum Tippen rein, so von einer Brigade zur anderen. Also hab ich auch dieses da abgeschrieben. Warum denn nicht? Da hab ich mir absolut nichts dabei gedacht.«

Kaum hatte Hildegard Nikodemski das fertige Blatt aus der Maschine gezogen, machten sich Alfred Metzdorf und zwei weitere Mitstreiter auf den Weg. Ihr

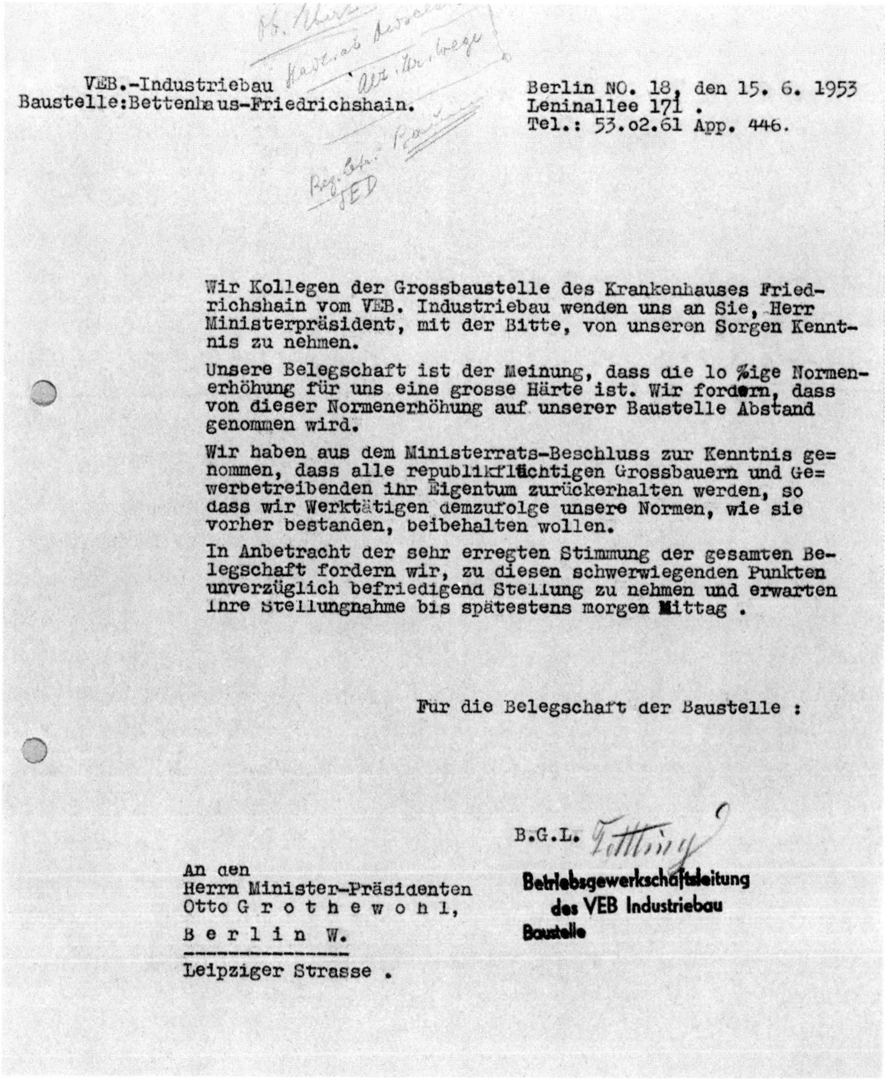

VEB.-Industriebau
Baustelle:Bettenhaus-Friedrichshain.

Berlin NO. 18, den 15. 6. 1953
Leninallee 171 .
Tel.: 53.o2.61 App. 446.

Wir Kollegen der Grossbaustelle des Krankenhauses Friedrichshain vom VEB. Industriebau wenden uns an Sie, Herr Ministerpräsident, mit der Bitte, von unseren Sorgen Kenntnis zu nehmen.

Unsere Belegschaft ist der Meinung, dass die 1o %ige Normenerhöhung für uns eine grosse Härte ist. Wir fordern, dass von dieser Normenerhöhung auf unserer Baustelle Abstand genommen wird.

Wir haben aus dem Ministerrats-Beschluss zur Kenntnis genommen, dass alle republikflüchtigen Grossbauern und Gewerbetreibenden ihr Eigentum zurückerhalten werden, so dass wir Werktätigen demzufolge unsere Normen, wie sie vorher bestanden, beibehalten wollen.

In Anbetracht der sehr erregten Stimmung der gesamten Belegschaft fordern wir, zu diesen schwerwiegenden Punkten unverzüglich befriedigend Stellung zu nehmen und erwarten Ihre Stellungnahme bis spätestens morgen Mittag .

Für die Belegschaft der Baustelle :

B.G.L.

Betriebsgewerkschaftsleitung
des VEB Industriebau
Baustelle

An den
Herrn Minister-Präsidenten
Otto G r o t h e w o h l,

B e r l i n W.

Leipziger Strasse .

»Keine politischen Forderungen« – das Schreiben der Bauarbeiter an Ministerpräsident Otto Grotewohl vom 15. Juni 1953

Ziel war das Haus der Ministerien in der Wilhelmstraße. Der Pförtner, der sie am Eingang aufhielt, war etwas verwundert über den Auftritt der stämmigen Männer in Arbeiterkluft. Bestimmt trug Metzdorf seine Forderung vor: Man habe da einen Brief der Baustelle Bettenhaus Friedrichshain, VEB Industriebau, gerichtet an den Genossen Ministerpräsidenten Grotewohl, den man persönlich übergeben wolle. Mit dem »Genossen Ministerpräsident« könne er leider nicht dienen, teilte der durchaus hilfsbereite Pförtner mit, Grotewohls Referent aber stehe ihnen zur Verfügung.

»Genosse Referent« hörte sich das Anliegen der Delegation an und sagte zu, den Brief weiterzuleiten. Mehr könne er bedauerlicherweise im Moment nicht tun. Metzdorf und seinen Begleitern blieb nichts anderes übrig, als unverrichteter Dinge wieder abzuziehen. Sie hatten ihre Mission eigentlich erfüllt. Aber würde Grotewohl das Schreiben überhaupt zugestellt bekommen, und selbst wenn – würde er es lesen?

Otto Grotewohl hat den Brief von Block 40 tatsächlich gelesen, und er nahm ihn auch durchaus ernst. Der damalige SED-Funktionär Heinz Brandt erinnerte sich später, Grotewohl habe am Spätnachmittag des 15. Juni bei der Bezirksleitung der Berliner SED nachgefragt, was auf den Baustellen los sei. Man habe ihm den Rat gegeben: »Auf keinen Fall klein beigeben.« Er solle keine Sorge haben, falls die Delegation noch einmal vorspreche. Die würden schon zahm werden, wenn sie über die roten Teppiche in Grotewohls Amtssitz gehen.

Auch im Westteil der Stadt erreichten an diesem 15. Juni Botschaften von den Baustellen ihr Ziel. Immer wieder sprachen Ostberliner beim RIAS vor, da sei etwas im Gange, auf den Baustellen würde es regelrecht brodeln. Die Stimmung im Ostteil der Stadt werde stündlich schlechter. Der Radiosender in der Kufsteiner Straße war vielen Ostberlinern bestens bekannt, auch wenn der Empfang strengstens untersagt war. »Natürlich haben wir zu Hause immer RIAS gehört«, erinnert sich Edith Reglin vom DDR-Funk, »im Sommer musste man dann immer aufpassen, dass die Fenster nicht auf waren, weil die Gefahr bestand, dass einen irgendjemand gemeldet hätte.« John McCloy nannte den Sender »Gift für die Kommunisten« – was aus dem Mund des ersten amerikanischen Hochkommissars als großes Lob gemeint war. Die »freie Stimme der freien Welt«, wie sich der RIAS – der »Rundfunk im amerikanischen Sektor« – dem Zuhörer stets ankündigte, stand unter amerikanischer Leitung, wurde aber von deutschen Redakteuren und Reportern betrieben.

Einige prominente deutsche Nachkriegskarrieren nahmen in den Redaktionsräumen des RIAS ihren Anfang. 1953 hieß der Chefredakteur Egon Bahr. Der spätere Bundesminister unter Willy Brandt und Architekt der Ostpolitik war damals gerade 31 Jahre alt. Auch der spätere Regierungssprecher Helmut Schmidts, Klaus Bölling, hatte beim RIAS als Redakteur angeheuert. »Mit der Feder«, so erinnert sich Bölling heute, »wollte ich etwas gegen den stalinistischen Kommunismus ausrichten. Deshalb bin ich zum RIAS gegangen.« Wie Bölling ging es vielen RIAS-Redakteuren. Hanns Peter Herz hatte 1952 die Leitung des Jugendfunks übernommen. »Ich habe aus dieser Redaktion eine politische gemacht«, berichtet er, »die Jugend in der sowjetischen Besatzungszone

»In Ostberlin kam es heute auf drei Baustellen des VEB Industriebau zu Proteststreiks gegen die von der Regierung angeordnete Normenerhöhung um zehn Prozent. Auf der Baustelle Krankenhaus Friedrichshain wurde – wie RIAS erfährt – um neun Uhr die Arbeit niedergelegt, während die Arbeiter auf den Baustellen Stalinallee Block 40 und Volkspolizeiinspektion Friedrichshain ab 14 und 15 Uhr in den Ausstand traten. In Protestresolutionen an die Zonenregierung wurde die Zurückziehung der Anordnung über die Erhöhung der Normen gefordert.«
Erste RIAS-Meldung zu Demonstrationen Ostberliner Bauarbeiter am 15. Juni 1953, 19 Uhr 30

wurde zunehmend polarisiert. Wir mussten dagegensteuern und ihnen Wege empfehlen, wie sie auch außerhalb der politischen Organisationen der DDR durchkommen konnten.«
Hanns Peter Herz hörte sich an diesem 15. Juni gespannt an, was die Besucher aus dem Osten berichteten. »Wir wussten, da entwickelt sich etwas«, erinnert er sich. Noch aber konnten die meisten Redakteure die Vorgänge nicht richtig einordnen. »Wir Mitarbeiter des RIAS waren doch auch Kinder dieser Nation, die ja auch Produkte des deutschen Obrigkeitsstaates waren. Der Gedanke, dass man sich unter Einsatz von Leib und Leben gegen die Obrigkeit auflehnen könnte, der war uns eigentlich fremd.« Sein Kollege Peter Schultze sieht das genauso: »Wir gehörten doch zum größten Teil zur Hitlerjugend-Generation. Wir waren doch nur Disziplin und Unterordnung gegenüber dem Staat gewohnt.«
In den Abendnachrichten sendete der RIAS den ersten kleinen Bericht über die Arbeitsniederlegungen auf Baustellen der Stalinallee. Die Meldung, dass in einer »Protestresolution an die Zonenregierung die Zurückziehung der Anordnung über die Erhöhung der Normen« gefordert worden sei, wurde um 22 Uhr und um Mitternacht noch einmal wiederholt. Die Reaktion allerdings war gleich Null. Keine der großen Nachrichtenagenturen nahm die Nachricht auf. »Es hat offenbar keiner geglaubt«, sucht RIAS-Redakteur Hans Christoph Knebusch heute nach Erklärungen, »vielleicht war es Desinteresse, vielleicht war es zu weit weg, vielleicht aber war es auch einfach der Unglaube, dass es so etwas wie einen Streik in einer Diktatur überhaupt geben kann.«

Otto Pfeng hatte den Streik erwartet. Seine Arbeiter waren derart geladen gewesen, dass es ihn nicht überraschte, als am Dienstagmorgen, dem 16. Juni, nur rund die Hälfte zur Arbeit erschienen war. Und von denjenigen, die gekommen waren, arbeiteten die meisten nur mit der Geschwindigkeit von Bummelzügen. In der Frühstückspause begannen dann erneut erregte Debatten. Jemand hatte die »Tribüne«, die Zeitung des »Freien Deutschen Gewerkschaftsbundes« – FDGB – mitgebracht. Die vom »Neuen Kurs« in Aussicht gestellten Verbesserungen der Lebensbedingungen in der DDR könnten nur »auf Grundlage fortgesetzten Anwachsens der Arbeitsproduktivität« erreicht werden, hieß es da. Die Erhöhungen der Normen seien daher »in vollem Umfang richtig«. Es gelte, »den Beschluss des Ministerrates über die Erhöhung der Arbeitsnormen um durchschnittlich 10 Prozent bis zum 30. Juni 1953 mit aller Kraft durchzuführen«.
Für die Arbeiter war das eine glatte Ohrfeige. Mehrere Ausgaben der »Tribüne« gingen von Hand zu Hand, und immer, wenn jemand eine besonders provozie-

rende Passage vorlas, wurden die Bauleute noch wütender. Wenn das die Antwort auf ihre doch durchaus moderat vorgetragenen Vorschläge und Bitten war: Man konnte auch anders. Auf dieser Baustelle würde keiner mehr rausgehen und arbeiten. Otto Pfeng wusste, dass es in diesem Stadium keinen Sinn mehr hatte, die Leute überreden zu wollen. Auch zwei herbeigeeilte Gewerkschaftsfunktionäre kamen mit ihren salbungsvollen Worten nicht mehr weit. Parteichinesisch war nicht die Sprache, die die aufgebrachten Bauarbeiter noch hören wollten. »Die wollten uns einreden, es sei gut für den Staat, wenn wir zehn Prozent weniger kriegen, und was gut für den Staat ist, das sei auch gut für uns«, schimpft Heinz Pahl, »die haben wir natürlich ausgepfiffen und rausgeworfen.«

Nachdem die Funktionäre unverrichteter Dinge wieder abgezogen waren, standen die Bauleute ein wenig unschlüssig herum. Was sollte jetzt eigentlich passieren? Kaum einer von ihnen hatte je gestreikt. Nur die Älteren konnten sich dunkel an Weimarer Zeiten erinnern, in denen Streiks zum politischen Alltag gehört hatten. Was machte man eigentlich, wenn man nicht arbeitete?

Wenige Minuten später war die Unschlüssigkeit wie weggeblasen. Ein Fahrradbote brachte die Nachricht, die Kollegen auf der Baustelle »Bettenhaus Friedrichshain« seien von der Staatssicherheit eingesperrt worden. »Das war wie eine Initialzündung«, berichtet Heinz Pahl. »Es hieß sofort, da müssen wir hin, denen müssen wir helfen.« Auch seine Kollegen waren Feuer und Flamme. Die

»Und dann sind wir einfach losmarschiert« – Beginn der Protestmärsche am 16. Juni 1953

Brigade Block 40 war zahlenmäßig größer als die auf der Baustelle Bettenhaus. Gemeinsam würde man es sicher schaffen, gegen die Stasi vorzugehen.
Von nun an ging alles ganz schnell. Innerhalb weniger Minuten waren die Männer umgezogen, manche warfen sich nur eine Jacke über, viele behielten auch die Arbeitskluft an. Einige Bauarbeiter hatten Schaufeln geschultert, als sie sich auf den Weg machten. Zwei Bauarbeiter pinselten in aller Eile auf ein Plakat: »Wir fordern Herabsetzung der Normen«. Auf der Rückseite war noch ein alter Text von der letzten, parteilich verordneten, Demonstration zu lesen: »Aus Anlass des 1. Mai hat Block 40 freiwillig die Normen um 10 Prozent erhöht«. Binnen weniger Minuten hatten sich der Truppe von Block 40 Gruppen von den Baustellen »C-Süd« und »G-Süd« angeschlossen. Kurze Zeit darauf waren auch »F-Süd« und »E-Nord« unter den Marschierenden. Insgesamt etwa zweitausend Mann schoben sich die Stalinallee hinunter. Die Lawine war ins Rollen gekommen.
Kaum zehn Minuten später waren die »Befreier« an der Baustelle Bettenhaus Friedrichshain angekommen. »Von den Stasi-Leuten war schon keiner mehr zu sehen. Die hatten sich alle verpisst vor lauter Angst, dass sie Keile kriegen«, erzählt Heinz Pahl stolz. Ob die Arbeiter tatsächlich eingesperrt worden waren, ist bis heute unklar. Bernhard Adamski, damals Betonierer auf der Baustelle Bettenhaus, betont, das fragliche Tor sei in der Regel immer abgeschlossen gewesen und nur geöffnet worden, wenn ein Fahrzeug passieren musste. Die Kollegen von Block 40 jedenfalls fanden ein verschlossenes Tor vor, und für sie

»Kollegen, reiht euch ein« – die Stalinallee am 16. Juni 1953

»Wir sind Arbeiter und keine Sklaven« – Fahrradboten verbreiten die Parolen.

hieß das: Handeln! »Wir saßen gerade in der Baubude und machten Frühstück«, erinnert sich Bernhard Adamski. »Da kamen zwei Mann von der Stalinallee über den Zaun geklettert und haben gesagt: Wir streiken, macht ihr mit?« Adamski und seine Kollegen fackelten nicht lange. Die ganze Sache war ja auf der Dampferfahrt schon besprochen worden, jetzt war es also so weit.
»Wir haben uns ihnen einfach angeschlossen«, sagt der Betonierer. In Kolonnen ging es jetzt die Stalinallee hinunter. Am Strausberger Platz vereinigten sie sich mit anderen Marschierern von Block 40, und weiter ging's. Zunächst einmal wollten die Männer ihre Kumpel auf den anderen Baustellen überzeugen. Geschlossen zogen sie von Rohbau zu Rohbau und forderten die Arbeiter auf, ihre Werkzeuge liegen zu lassen. Die meisten folgten der Aufforderung, auch wenn einigen doch etwas flau im Magen war. »Alle sind nicht mitgegangen«, erinnert sich Heinz Pahl, »man musste doch einiges an Mut aufbringen und sich überwinden. Denn alle kannten das Risiko, dass man eingesperrt werden konnte.« Nach und nach gesellten sich jetzt auch Passanten zu den Bauleuten.

»Vom Demonstrationszug am 16. existieren nur wenige Fotos. Wenn Passanten von der Straße fotografierten, sind zwei Mann rausgerannt, haben den Fotoapparat abgenommen und den Film herausgezogen. Wir hatten Angst, dass wir später Ärger kriegen würden, weil wir auf Bildern zu sehen sind.«
Heinz Pahl, Putzer auf »Block 40«, Stalinallee

Bernhard Adamski war beeindruckt. »Die kamen aus allen Richtungen, erinnert er sich, »das waren ja bald Hunderte.«
Immer wieder formierten sich Sprechchöre, die selbst gereimte Parolen skandierten. »Nieder mit HO – seitdem sind wir k.o.!« Über Radfahrer, die zwischen den verschiedenen Kolonnen hin- und herflitzten, wurden die Parolen auch an andere Marschierer weitergegeben, so dass in vielen Straßen ähnliche Rufe zu hören waren. Im Gleichschritt ging es immer weiter Richtung Innenstadt. Begeistert riefen die Demonstranten den Kollegen auf den Baustellen zu: »Kollegen, reiht euch ein! Wir wollen freie Menschen sein!«
Für viele, die sich in den Zug einreihten, hat sich die Frage, wohin genau der Zug eigentlich steuerte, gar nicht gestellt. Vielfach hing das mit der Tatsache zusammen, dass den meisten das Phänomen »Demonstration« überhaupt nicht mehr bekannt war. Die Deutsche Demokratische Republik kannte lediglich organisierte »Zustimmungsparaden«. Am Marx-Engels-Platz teilte sich der Hauptzug in mehrere Demonstrationsströme auf, die sich sternförmig verteilten. Niemand machte Anstalten, sie zu stoppen – ganz im Gegenteil. Sobald die Spitze einer Kolonne eine Straßenkreuzung erreichte, schalteten freundliche Verkehrspolizistinnen die Ampeln auf Grün, um den Zug ungehindert passieren zu lassen. Eine nicht genehmigte Demonstration erschien der Ostberliner Polizeiführung so unwahrscheinlich, dass sie gleichsam automatisch davon aus-

»Der Regen wird sie wieder vertreiben« – kurzer Sommerschauer am 16. Juni 1953

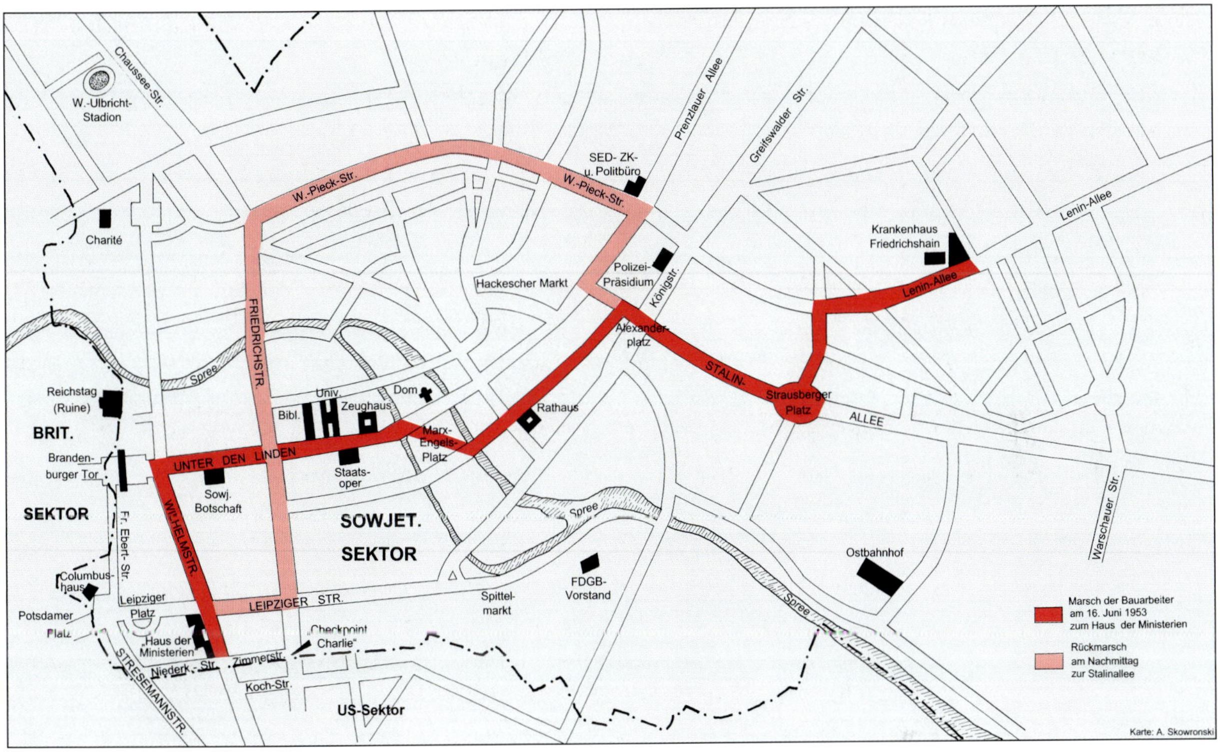

ging: Dieser Zug musste von offizieller Seite abgesegnet sein! Und so hatte sie, als die ersten Nachrichten vom Zug der Bauleute in den Wachen eingingen, eiligst die »weißen Mäuse« losgeschickt, wie die Verkehrspolizistinnen wegen ihrer weißen Kappen genannt wurden.

Gerhard Gleich, Verkehrpolizist in der »Inspektion Mitte«, war als Verstärkung mitgeschickt worden. »Da gab es natürlich auch Belästigungen von Mädchen, ist doch klar, wenn da so viele Männer vorbeimarschieren und Faxen machen«, erinnert er sich. Die Demonstration selbst empfand er gar nicht als sonderlich spektakulär. »Wir wollten denen einfach ermöglichen, heil durch den Berufsverkehr zu kommen«, sagt er. »Die marschierten doch ganz friedlich. Von Unruhen war da am 16. Juni noch nichts zu merken.«

Dr. Klaus Konitzer begegnete den Demonstranten gegen zehn Uhr. Er war auf dem Weg zu seinem Arbeitsplatz in der Berliner Charité. Als Assistenzarzt im größten Krankenhaus der DDR hatte er es für sein Alter schon relativ weit gebracht. Wenige Wochen zuvor war ihm sogar die Leitung eines Labors übertragen worden. Eigentlich war er etwas spät dran, da er vor Dienstbeginn im Krankenhaus noch Reagenzgläser in der Bernauer Straße besorgen wollte, aber

Der politische Widerstand formiert sich – Bauarbeiter fordern freie Wahlen.

dieser Zug faszinierte ihn. »Eigentlich schaltete man als DDR-Bürger schon ab, wenn man so eine Demonstration sah. Das waren immer die üblichen Aufmärsche zu irgendeinem Jahrestag oder zu irgendjemandes Ehren. Das kam uns doch alles schon zu den Ohren raus.« Diese Demo aber hatte einen ganz anderen Klang, das hörte Konitzer sofort. »Die schrien regelrecht stakkato. Immer wieder ›Nieder mit der Normenschinderei, nieder mit der Normenschinderei!‹«
Ungläubig lief der Assistenzarzt ein paar Meter mit dem Zug mit und fragte den einen oder anderen, was dieser seltsame Aufzug bedeutete. »Wir sollen immer mehr schuften, und unser Leben bessert sich nicht«, war die knappe Antwort der Bauarbeiter. Konitzer dachte nicht lange nach. »Ich habe alles andere verschoben«, erinnert er sich noch heute genau, »ich sagte mir, das ist historisch. Ich möchte es ruhig so übertrieben ausdrücken: Ich fühlte den Pulsschlag der Geschichte. Deshalb wollte ich dabei sein und bin dann auch bis zum bitteren Ende dabeigeblieben.«
Schlosser Heinz Kliem war schon von Beginn an im Zug. Er war begeistert, als

er sah, welch unglaublichen Zulauf die Demonstration binnen kürzester Frist hatte. »Als ich mich umdrehte und diese vielen Menschen sah, da hab ich nur gedacht: Wahnsinn!« Wie ein Schwamm sog der Zug die Passanten auf. Die Marschierenden in den vorderen Reihen hakten sich ein und gaben das Tempo vor. Eiligst von der SED entsandte »Agitatoren«, die die Demonstranten beruhigen sollten, redeten gegen den Wind. »Wir wussten, dass das völlig sinnlos war«, erinnert sich Gustav Just, »es war, als hätte man uns den Auftrag gegeben, mit einem Teelöffel den Schermützelsee auszuschöpfen.«
Zügig passierten die Demonstranten Straßen und Kreuzungen und näherten sich dem Brandenburger Tor. In Sprechchören forderten sie immer wieder die Rücknahme der Normenerhöhung. Zunehmend mischte sich aber auch ein anderer Tenor in die Sprüche und Parolen. »Es hat keinen Zweck, der Spitzbart muss weg«, riefen viele. Oder aber: »Ulbricht, Pieck und Grotewohl, wir haben von euch die Schnauze voll.« Und wer noch mutiger war, ergänzte die Namen der Staatsführung um ein schlichtes: »Dass euch drei der Teufel hol!«
An einer Straßenecke reihte sich auch Erika Sarre in den Zug ein. Die junge Frau trug an diesem wie auch an fast jedem anderen Tag die blaue Jacke der FDJ. Eigentlich war die Siebzehnjährige mit ihren Gedanken ganz woanders. Im Frühjahr ’53 versuchte sie gerade, ihren ersten großen Liebeskummer zu verkraften. Sie hatte sich unsterblich in einen Einundzwanzigjährigen verliebt, der ihr bald darauf eröffnet hatte, dass er verheiratet war. Von Pankow, wo sie als Hilfsarbeiterin auf dem Bau gejobbt hatte, ließ sich Erika in die Innenstadt

»Wir wollen freie Menschen sein« – der Zug der Demonstranten vergrößert sich schnell.

auf die Stalinallee versetzen. Sie brauchte ein wenig Abstand, um wieder mit sich ins Reine zu kommen. Trotz der Tatsache, dass ihr Arbeitsplatz inmitten eines schon seit Wochen gärenden Unruheherds lag, hatte sie von den Diskussionen auf der Baustelle kaum etwas mitbekommen. Sie war zu sehr mit ihren Herzensangelegenheiten beschäftigt. »Mein Gott, ich war ein junges Mädchen«, schmunzelt Erika heute, »ich träumte von schönen Kleidern, von Nylons, von Schuhen mit hohen Absätzen und einem Mann, der mich liebt und in den Arm nimmt.«

Als sie nun aber die Demonstranten die Straße hinunterkommen sah, zögerte sie nicht lange. »Ich fand irgendwie, dass ich dazugehörte. Die sagten, wir kriegen zu wenig Geld, und ich fand auch, dass ich zu wenig Geld bekam, und da bin ich dann mitgelaufen.«

In regelmäßigen Abständen passierte ein Lautsprecherwagen den Demonstrationszug. Er war im Auftrag der Regierung unterwegs. Monoton dröhnte es aus den Lautsprechern, man solle nach Hause gehen und am nächsten Morgen bei der Arbeit erscheinen. Auch Maurerlehrling Werner Hofmann hörte den Aufruf. Er befand sich noch auf seiner Baustelle in der Stalinallee. Die Kollegen hatten sich noch nicht durchringen können, ebenfalls den Hammer fallen zu lassen. Aus freien Stücken hätte sich Hofmann das auch nicht getraut, denn er gehörte mit gerade einmal 16 Jahren zu den jüngsten in der Brigade. Als der Lautsprecherwagen dann allerdings zum wiederholten Mal die Baustelle passierte, war der Brigadier mit seiner Geduld am Ende und gab das Signal, die Arbeit einzustellen. Erstaunt beobachtete Hofmann, wie seine Kollegen ihre Werkzeuge schnappten und mit entschlossenen Mienen in Richtung des Lautsprecherwagens marschierten.

»Genosse Ministerpräsident« – von Otto Grotewohl erhofften sich die Bauarbeiter Verständnis für ihre missliche Lage.

»Der Erste, der losgelegt hat, war der Brigadier«, berichtet der damalige Lehrling, »der hat die Windschutzscheibe von dem Wagen eingeworfen, und da sind gleich zwei Mann rausgesprungen und haben den Wagen stehen lassen.« Im Nu war das Fahrzeug von den Bauarbeitern gekapert, und sie machten sich auf den Weg die Stalinallee hinunter. Werner Hofmann wurde hinten platziert, wo der Lautsprecherwagen mit einem Plattenspieler ausgerüstet war. »Ich habe dann ab uns zu mal eine Platte aufgelegt, damit die am Lautsprecher mal ein bisschen Luft holen konnten«, erinnert er sich. »Ich weiß gar nicht, wo die das herhatten, es liegt mir heute noch in den Ohren. Von da an riefen wir: ›Morgen, sieben Uhr, Strausberger Platz!‹«

Statt die Diskussion mit den Leuten auf der Straße zu suchen, schloss sich das Politbüro im Ostberliner »Haus der Einheit« ein und tagte auch an diesem

16. Juni, als handle es sich um einen ganz gewöhnlichen Dienstag. Der Gedanke, man könne sich den Beschwerden der Bauleute persönlich stellen, wurde überhaupt nicht ernsthaft erwogen. Fred Stempel, Grotewohls damaliger Referent, lässt auch heute noch nichts auf seinen damaligen Chef kommen. »Grotewohl wollte den Bauarbeitern gegenübertreten. Man hatte ihm davon allerdings abgeraten, da es zu gefährlich gewesen wäre.« Selbst wenn es so war – Walter Ulbricht, den die Demonstranten wieder und wieder zu sehen forderten, dachte nicht im Traum daran, einen Fuß vor die Tür zu setzen.

Es existieren widersprüchliche Aussagen darüber, wie detailliert die Mitglieder des Politbüros über die Vorgänge auf den Straßen informiert waren. Immer wieder wehrten Sekretärinnen warnende Anrufe, beispielsweise aus dem Haus der Ministerien, ab. »Der Genosse ist nicht zu sprechen«, hieß es, »das Politbüro tagt.« Erst gegen Mittag wurde die Sitzung unterbrochen. Ulbricht reagierte auf die zunehmend aufgeregteren Anrufe betont gelassen. Der Regen werde die Demonstranten schon wieder nach Hause treiben, soll er sogar gespottet haben.

Vielen anderen in der SED-Führung aber schwante, dass da Ungutes heranrollte. In der Mittagspause eilte Erich Honecker, 1953 Chef der »Freien Deutschen Jugend«, ins Haus des FDJ-Zentralrates, um das Gebäude verbarrikadieren zu lassen. »Es wird ernst«, schwor er die Genossen, die sich im Haus verschanzten, ein. »Wir werden das Haus im Notfall verteidigen, Waffen liegen bereit. Das Wichtigste ist, dass wir als Kaderreserve der Partei einig und fest um den Genossen Ulbricht zusammenstehen …«

Der getreue Erich gehörte zu diesem Zeitpunkt bereits zu jener verschwindenden Minderheit, die sich in ihrer Nibelungentreue zum starrsinnigen Generalsekretär nicht erschüttern ließen. Aber auch der Musterschüler war Realist. »Es steht schlecht um Walter«, raunte er einem Mitarbeiter zu. Als das Politbüro am Nachmittag wieder zusammentrat, nahmen viele Genossen kein Blatt mehr vor den Mund. Gegen Ulbrichts anfänglichen Protest wurde beschlossen, die Normenerhöhungen zurückzunehmen. Die Erfüllung ihrer Hauptforderung werde die Massen schon wieder von den Straßen verschwinden lassen, hofften die Funktionäre. Doch es war längst zu spät. Die Uhr ließ sich nicht mehr zurückdrehen.

»Der Demonstrationszug der Bauarbeiter befindet sich gegenwärtig Unter den Linden und bewegt sich in Richtung Leipziger Straße auf die zentralen Regierungsgebäude zu. Die Protestrufe und Sprechchöre sind vielfältiger und aggressiver geworden. Es sollen Einzelrufe laut geworden sein wie: ›Nieder mit der Arbeiterregierung!‹ Genosse Staatssekretär Hafrang bittet sofort um Anweisung, wie er sich gegenüber einer Delegation von Bauarbeitern verhalten soll.«
Notiz an Ministerpräsident Otto Grotewohl, 16. Juni 1953

Gegen Mittag erreichte die Spitze des Demonstrationszuges das Haus der Ministerien in der Leipziger Straße. Der protzige Bau hatte im »Dritten Reich« Hermann Görings Luftfahrtministerium beherbergt. Nun tagte hier die Regierung der DDR. Kaum dass die ersten Demonstranten um die Ecke gebogen waren, ließen die Volkspolizisten die Scherengitter vor dem Eingang herunterrasseln und verschanzten sich hinter der Absperrung. Von Minute zu Minute schwoll die Menge an. Schätzungsweise 10 000 Menschen waren es schließlich, die auf dem Vorplatz versammelt waren.

»Wir wollen Grotewohl!« und »Der Spitzbart muss her«, schallte es aus der Menge. Den Eingeschlossenen im Haus der Ministerien war klar, dass etwas geschehen musste. Nur – wer sollte handeln? Eine Frau war es, die den ersten Schritt wagte. »Ich bin die Staatssekretärin Walter«, rief sie mutig in die Menge. Die letzten beiden Worte gingen bereits in einem Pfeifkonzert unter. »Wir wollen den Spitzbart und nicht seine Sekretärin«, schrie einer der vorne Stehenden. Ohne das Missverständnis aufzuklären, kehrte die Staatssekretärin in das Gebäude zurück. Hier machte sich erneut Ratlosigkeit breit. Je länger die Türen des Ministeriums verschlossen blieben, umso mehr steigerte sich der Tumult auf dem Vorplatz.

»Demonstranten vor der Tür« – Volkspolizisten sollen das Haus der Ministerien vor Eindringlingen schützen.

»Weil die Regierung nicht reagierte, wurden freie Wahlen gefordert. Wir wollten sie aus der Reserve locken. Aber da war die Lawine losgetreten, die war nicht mehr aufzuhalten.«

Heinz Pahl, Putzer auf »Block 40«, Stalinallee

»Wir wollen Grotewohl! Der Spitzbart muss her!« – Tausende Demonstranten fordern das Erscheinen der Staatsführung.

Lebender Schutzschild – Volkspolizisten bilden die vordersten Linien der Sperrketten gegen die Demonstranten.

Fritz Schenk, dessen Büro sich im Haus der Ministerien befand, erinnert sich, dass den Eingeschlossenen langsam mulmig wurde. »Mir wurde plötzlich klar, dass in dieser Situation kein Mensch gefragt hätte, wie man eigentlich wirklich zum System steht. Jeder, der sich im Gebäude befand, war für die ein Funktionär. Ich muss sagen – und ich glaube, da ging es vielen anderen im Haus der Ministerien genauso –, ich hatte wirklich Angst um mein Leben.«

Fritz Selbmann, der Minister für Schwerindustrie, nahm sich schließlich ein Herz und trat vor die Menge. Die meisten Bauleute unter den Demonstrierenden kannten ihn nicht und verlangten lautstark nach einem prominenteren Vertreter der SED-Führung. Selbmann stieg auf einen Tisch, in der Hoffnung, sich auf diese Weise besser Gehör verschaffen zu können. »Es war so laut, dass man kaum etwas verstehen konnte«, erinnert sich Claus Mohr, Lehrlingsausbilder auf der Stalinallee, der sich nach vorne durchgedrängelt hatte. »Aber ich sehe ihn heute noch da stehen, wie er sagt: ›Seht meine Hände …‹!«

In der Hoffnung, die Arbeiter so auf seine Seite bringen zu können, hielt der Minister den Demonstranten seine Hände entgegen und rief ihnen zu: »Ich war selbst Bergarbeiter, ich bin einer von euch!« Einen Moment zumindest konnte er damit die Aufmerksamkeit der Demonstranten auf sich ziehen. Dann aber gingen seine Worte wieder im Lärm unter. »Ich kann euch mitteilen, dass das Politbüro soeben Folgendes beschlossen hat«, schrie der Minister. »Es wird vorgeschlagen …« – da war er bereits wieder vom Gegröle übertönt worden – »es wird vorgeschlagen«, setzte er noch einmal an, »die von den Ministerien angeordnete obligatorische Erhöhung der Arbeitsnormen als unrichtig aufzuheben. Der Beschluss der Regierung vom 28. Mai 1953 ist gemeinsam mit den Gewerkschaften zu überprüfen.«

»Seht meine Hände« – Schwerindustrieminister Fritz Selbmann wagt sich als Einziger aus der SED-Führung zu den Demonstranten.

Kaum jemand hörte ihm zu. Heinz Pahl machte der durchaus engagierte Auftritt des Politikers nur noch wütender. Für ihn war das alles nichts als Parteichinesisch. »Die hätten konkret werden müssen«, sagt er. »Die hätten sagen sollen: Männer, die zehn Prozent sind nicht richtig, wir werden versuchen, sie euch zurückzugeben!« Wie Heinz Pahl registrierten die meisten Demonstranten nicht, dass Selbmann eben genau dies verkündet hatte.

Als der Minister sein Podest wieder verließ, hatte sich die Menge um keinen Deut beruhigt. Fritz Schenk hatte von der Tür des Hauses der Ministerien Selbmanns Auftritt verfolgen können. »Wir standen da alle für den Fall, dass ihm etwas passiert und wir eingreifen müssen«, berichtet er. Nachdem der Minister vom Tisch heruntergestiegen war, hatten Schenk und seine Kollegen alle Hände voll zu tun, die Tür hinter ihm wieder zuzudrücken. Der Stimmungspegel der Demonstranten stieg. Mit diesem Minister war man doch eigentlich ganz gut

fertig geworden. Jetzt aber sollten endlich Leute erscheinen, die wirklich etwas zu sagen hatten!

Auch Erika Sarre war mit den Demonstranten vor das Haus der Ministerien gezogen. Sie wusste noch immer nicht so recht, warum sie eigentlich mitgelaufen war. Etwas unsicher stand sie abseits, als ihr ein junger Mann auf die Schulter tippte. Erika kannte ihn flüchtig von FDJ-Abenden. Zunächst war sie erleichtert, denn ein bisschen Angst hatte sie doch gehabt, als FDJlerin bei einer Demonstration gegen die Regierung mitzumarschieren. »Ich dachte, wenn der auch dabei ist, kann das hier ja nicht verkehrt sein«, erinnert sie sich. Die vermeintliche Rückendeckung entpuppte sich jedoch als Trugschluss. Ob sie jemanden von den Leuten hier kenne, fragte der Bekannte. Als Erika nicht so recht wusste, was sie antworten sollte, wurde er konkreter. »Schreib nachher die Namen auf und bring sie ins FDJ-Büro«, wies er sie an. »Wir müssen wissen, wer die Rädelsführer sind. Das sind alles vom Westen gesteuerte Agitatoren.«

Erika Sarre ist sich heute noch sicher, dass dieser Moment ihr Leben entschei-

»Mit Schlagstöcken gegen die Unordnung« – Volkspolizisten gehen gegen die Demonstranten vor.

dend verändert hat. »Da ist etwas in mir kaputt gegangen«, berichtet sie. »Meine ganze Zugehörigkeit zur FDJ und zur DDR war dahin, ich musste mich einfach davon distanzieren.« Entschlossen drängelte sich die junge Frau nach vorn und kletterte auf den Tisch, auf dem wenige Minuten zuvor Fritz Selbmann vergeblich um Gehör gerungen hatte. »Ich war empört bis unter die Hutkrempe«, sagt Erika Sarre. »Ich musste die Leute einfach warnen.«

Die Umstehenden aber verstanden ihren Auftritt zunächst einmal gänzlich falsch. In ihrer braven FDJ-Jacke hielten sie Erika für eine weitere Parteirednerin, die ihnen ihre Absichten ausreden wollte. »FDJ weg, hat keinen Zweck!«, schrie einer, und in dem Moment riss sich Erika die Jacke herunter und schleuderte sie unter dem begeisterten Johlen der Bauarbeiter in die Menge. »Schaut euch die Leute genau an, neben denen ihr steht«, rief sie laut. »Unter euch sind Spitzel. Ich bin gerade aufgefordert worden, Namen zu nennen. Ich mache das nicht. Lasst euch auch nicht als Denunzianten missbrauchen!« Als sie wieder vom Tisch heruntersprang, konnte sie selbst kaum glauben, was sie da gerade getan hatte. »Diesen Augenblick werde ich nie vergessen«, sagt sie heute. »Ich war zutiefst erschüttert, weil alles, an das ich bis dahin geglaubt hatte, zerstört war.« Die Menge der Umstehenden nahm sie freundlich auf, jemand gab ihr die Jacke zurück, die sie zuvor weggeworfen hatte. Doch trotz der lobenden Worte wurde Erika jetzt klar, dass sie sich selbst in eine durchaus gefährliche Situation manövriert hatte. »Es waren doch nur ein paar Sätze gewesen, und die haben einen solchen Tumult ausgelöst.« Noch schützte sie die Menge, aber Erika wusste, dass sie dem Spitzel, den sie gerade bloßgestellt hatte, jederzeit wieder in die Arme laufen konnte.

»Ein paar Leute schnappten sich einen und sagten, das sei ein Spitzel. Den haben sie dann furchtbar zusammengeschlagen und ihn von der Brücke ins Wasser geschmissen.«
Erika Sarre, FDJ-Instrukteurin, Stalinallee

Nach Erikas beherztem Auftritt machte sich ein wenig Ratlosigkeit in der Menge breit. Ulbricht, Grotewohl oder andere namhafte Regierungsvertreter ließen sich nach wie vor nicht blicken. Was sollte man jetzt tun? Die ersten Demonstranten verliefen sich bereits wieder in den umliegenden Straßen. Immer wieder stieg jemand auf den Tisch und rief halbherzig etwas in die Menge. Meist war es die mittlerweile bekannte Forderung: »Ulbricht weg!« Aber so recht kam man damit nicht weiter. Horst Schlaffke, ein vierundzwanzigjähriger Bauarbeiter von der Stalinallee, war es schließlich, der auf dem Tisch die erlösenden Worte sprach: »Wenn Ulbricht oder Grotewohl nicht binnen einer halben Stunde hier sind, dann marschieren wir durch die Straßen und rufen zum Generalstreik auf!« Die Menge jubelte begeistert. »Das war das Stichwort«, erinnert sich Heinz Pahl.

Erika Sarre konnte mit dem klingenden Wort zunächst einmal gar nichts anfangen. »Ich hab den Schlaffke noch gefragt, was denn ein Generalstreik

eigentlich sei«, schmunzelt sie heute. »Da sagte er: ›Da gehen wir morgen nicht zur Arbeit‹, und mein erster Gedanke war, dann kriege ich auch kein Geld.«
Gegen 16 Uhr löste sich die Versammlung vor dem Haus der Ministerien langsam auf. Einige blieben noch stehen und diskutierten in kleineren Gruppen weiter. Die meisten aber machten sich langsam auf den Heimweg. Es war ja ohnehin bald Feierabendzeit. Erika Sarre war nach ihrem fulminanten Auftritt vor der Menge noch reichlich durcheinander. In einer Art Übersprungshandlung, wie sie heute erzählt, ging sie erst einmal Seife kaufen. Als sie das Geschäft verließ, warteten dort bereits zwei Männer, die sie nie zuvor gesehen hatte. Höflich, aber bestimmt baten sie um Erikas Ausweis. Verdutzt kam sie der Forderung nach, doch wenig später wurde ihr klar, dass sie sich in einer prekären Lage befand. Das Haus der Ministerien lag in unmittelbarer Nähe zur Sektorengrenze. Und Erika war nach der Begegnung mit den Stasi-Männern in den Westteil der Stadt gelaufen. Wie sollte sie ohne Ausweis in den sowjetischen Sektor zurückkommen? »Sie können Ihren Ausweis morgen bei uns auf dem Revier wieder abholen«, hatte einer der beiden Männer knapp gesagt. Hilflos blieb Erika zurück, während die Demonstranten um sie herum in Scharen gen Osten strömten. Auf dem Heimweg begegneten viele noch einem Lautsprecherwagen, der die Parole für den nächsten Tag kundtat: »Morgen, sieben Uhr, Strausberger Platz!«

Im RIAS verfolgten die Redakteure gespannt, was sich im Ostteil der Stadt tat. Viele waren ausgeschwärmt, um sich selbst ein Bild von der Lage zu machen. Selbst in den sowjetischen Sektor zu fahren, empfahl sich für die Redakteure allerdings nicht, da viele bereits unangenehmen Kontakt mit der Stasi gehabt hatten. Hanns Peter Herz etwa galt den östlichen Geheimdiensten als »Hetzer«, weil er mit seiner Jugendsendung einen riesigen Zuhörerkreis erreichte und somit einen nicht unerheblichen Einfluss ausübte. Erst vor wenigen Wochen hatte er eine bizarre Einladung in den Ost-Sektor erhalten, hinter der er einen Entführungsplan vermutete. Gerade an einem so brisanten Tag war der sowjetische Sektor vermintes Gelände für RIAS-Leute, nicht nur für Hanns Peter Herz.
So postierten sich die Redakteure an der Bernauer Straße oder am Potsdamer Platz, wo man mit einem Fernglas einen guten Einblick in den sowjetischen Sektor hatte. Hier strömten auch andere Schaulustige aus den Westteilen der Stadt zusammen. Die meisten blieben zögernd stehen, einige aber schlossen sich den Demonstrationen an. Das hier ging schließlich die ganze Stadt an, und wenn eine Chance auf den Sturz der Regierung bestand, wollte man dabei sein. Mitglieder der »Kampfgruppe gegen Unmenschlichkeit« verteilten Flugblätter

»Ich wusste, dass ein Aufstand ohne Vorbereitung und ohne Infrastruktur keine Chance hat.« – Egon Bahr, Chefredakteur, RIAS

mit der Losung: »Das SED-Regime ist pleite«. Unverblümt wurde hier die Absetzung Ulbrichts und Grotewohls, die Freilassung der politischen Gefangenen und die Auflösung der »verbrecherischen Organisation des Staatssicherheitsdienstes« gefordert. Hanns Peter Herz und seine Kollegen registrierten viele Einzelheiten des Geschehens an der Sektorengrenze, wirklich ins Geschehen eintauchen, wie sie es ansonsten gewohnt waren, konnten sie allerdings nicht. »Wirklich journalistisch war das wohl kaum«, erzählt Hanns Peter Herz »aber man spürte auch da an der Grenze die Stimmung.« Auch von hier aus waren die Parolen der Demonstranten zu hören und die Plakate zu lesen.

Am frühen Morgen, so registrierten die Beobachter, hatten die Leute vor allem gegen die Normenerhöhungen gewettert. »Runter mit den Normen« oder »Wir sind keine Sklaven« waren die Parolen. Mittlerweile jedoch waren auch andere Stimmen zu hören. Nun ging es gegen die Partei, gegen Grotewohl und wieder und wieder gegen Walter Ulbricht. Wirtschaftliche und politische Forderungen waren vielfach zwei Seiten derselben Medaille. Die Regierenden sollten politische Konsequenzen ziehen, da sie in den Augen der Regierten eine vollkommen verfehlte Wirtschafts- und Sozialpolitik betrieben hatten. Dennoch ließ sich beobachten, dass sich die Gewichtungen verschoben. Je offensichtlicher die Ohnmacht und Handlungsunfähigkeit der Regierung wurde, umso stärker sahen die Protestierenden die Chance zu einem tatsächlichen Umsturz.

Egon Bahr, der ständig von seinen Redakteuren auf dem Laufenden gehalten wurde, verstand jetzt, dass sich hier etwas entwickelte, mit dem er nie gerechnet hatte. »Es war eine revolutionäre Situation, wie sie exakt von Lenin beschrieben worden war. Es beginnt mit wirtschaftlichen Forderungen, es endet bei politischen. Das war am Abend des 16. Juni der Fall. Der berühmte 17. Juni begann somit bereits am 16.« Die Forderungen zielten ins Herz des Regimes. »Freie Wahlen«, riefen die Demonstranten oder einfach das Wort, mit dem sich alle anderen Parolen zusammenfassen ließen: »Freiheit«.

Am Spätnachmittag des 16. Juni klopfte ein Mitarbeiter aufgeregt an Egon Bahrs Bürotür. Es sei eine Delegation aus dem Osten eingetroffen, die ihn sprechen wolle. Bis heute konnte nicht geklärt werden, wer diese Ostberliner waren und wer sie geschickt hatte. Viele Redakteure können sich noch erinnern, dass zwei von ihnen weiße Mörtelanzüge, die Kluft der Bauarbeiter, trugen. Die dritte Person scheint eine Frau gewesen zu sein. Bahr und seine Kollegen fragten nicht lange nach Namen oder Herkunft. Alle wollten wissen, was die Leute zu berichten hatten. »Das war ein ungeheures Gedränge«, erinnert sich Redakteur Peter Schultze, »alle Reporter wollten mit den Leuten aus Ostberlin ins Gespräch kommen.« Aufgeregt sprudelte es aus den Dreien heraus, was sie auf

»Der RIAS würde die Forderungen verbreiten« – RIAS-Redakteure helfen den Aufständischen, ihre Forderungen zu formulieren.

den Straßen erlebt hatten. Schultze erinnert sich, dass einige Sekretärinnen in Tränen ausbrachen, so sehr bewegte sie die dramatische Schilderung. Man wollte doch nur, dass man ihnen zuhöre, sagte einer der Ostberliner. Ulbricht und Grotewohl hätten sich verweigert, deshalb wende man sich jetzt an den RIAS. Der Sender solle zum Generalstreik aufrufen. So werde man die Menschen in der gesamten DDR erreichen.

In diesem Moment wusste Egon Bahr bereits, dass er die tapferen Abgesandten würde enttäuschen müssen. »Ich sehe sie noch vor meinem Schreibtisch stehen, mit dem Leuchten des revolutionären Feuers in den Augen«, berichtet er. »Ich fragte, ob es irgendwelche Vorbereitungen gäbe, irgendwelche Verbindungen zu anderen Städten, irgendeine Organisation.« Die drei Abgesandten schüttelten den Kopf. Das spiele aber auch keine Rolle, beharrten sie, die Massen würden dem Aufruf Folge leisten, da seien sie ganz sicher. Der Chefredakteur des RIAS sah die Lage nüchterner: »Ich wusste, dass ein Aufstand ohne Vorbereitung und ohne Infrastruktur keine Chance hat.«

Vielleicht aber würde man den Aufständischen doch helfen können. Was denn konkret die Forderungen seien, die die Menschen in der DDR bewegten, fragten die RIAS-Redakteure. Schnell waren Zettel und Stift zur Hand, und die Ostberliner diktierten, was ihrer Meinung nach die wichtigsten Punkte waren. An erster Stelle stand die Forderung, mit der die Unruhen ihren Anfang genommen hatten: die Rücknahme der Normenerhöhung. Als Zweites verlangten sie

»Feindsender« – der amerikanisch kontrollierte Sender RIAS in Westberlin berichtet als Erster über den Aufstand im sowjetischen Sektor.

»Katalysator für den Aufstand« – die im RIAS verlesenen Forderungen werden in der ganzen DDR übernommen.

eine Preissenkung für Lebensmittel. Die dritte Forderung lautete: Freie Wahlen in der DDR. Und als Viertes verlangten sie – im sicheren Bewusstsein, dass ihnen ihre Aktivität schon am nächsten Tag teuer zu stehen kommen konnte –, dass keiner der Streikenden und Streikführer von der Regierung bestraft werden dürfe.

»Es war alles sehr diffus«, erinnert sich Klaus Bölling, »wir spürten, dass die Aktionen der einzelnen Betriebe nicht miteinander koordiniert worden waren.« Es handelte sich hier um keine offizielle Abordnung, die die Meinung einer organisierten Menge hinter sich wusste. Der Funke war offenbar einfach von einem Werk zum nächsten übergesprungen. »Es war wie bei einem Vulkan, der aus vielen Kratern explodiert«, sagt Klaus Bölling. Aber dennoch – der RIAS würde die Forderungen verbreiten. Das sei im Moment alles, was man tun könne, teilte man der Delegation mit, die daraufhin das Feld wieder räumte. Egon Bahr stellte in der Rückschau nicht ohne Stolz fest, dass die Formulierungen, die man gefunden hatte, fast wortgleich in vielen Städten der DDR auftauchten. »Ohne es zu wollen und sogar ohne es zu wissen, hat der RIAS als Katalysator für den Aufstand am 17. Juni gedient. Es war atemberaubend.«

»Wollt ihr den Dritten Weltkrieg auslösen?« – der stellvertretende RIAS-Direktor Gordon Ewing verbietet die weitere Sendung der Arbeiterforderungen.

Auch RIAS-Programmdirektor Eberhard Schütz griff die Forderungen der Delegation in einem Kommentar auf, der kurz nach 20 Uhr ausgestrahlt wurde. »Es ist heute Ihre Aufgabe«, appellierte Schütz an die Zuhörer im Osten, »den sowjetrussischen und den sowjetdeutschen Machthabern klar zu machen, dass Sie und wir (…) einen Gesinnungswechsel erwarten, der sich nicht beschränkt auf die Zurückziehung einer generellen zehnprozentigen Normenerhöhung, sondern einen Gesinnungswechsel, der Voraussetzungen schafft für freie Entscheidungen, die weit hinausgehen über die so genannte Freiwilligkeit von Normenerhöhungen.« Und Schütz ging sogar erheblich über die auf den Straßen vorgebrachte Kritik hinaus: »Die sowjetischen Machthaber sind letzten Endes die Mandatsverwalter des Kreml, und es ist der Kreml, der bestimmt, ob die Bauarbeiter der Stalinallee demonstrieren dürfen, ohne dass die Volkspolizei einschreitet!« Das war kein Kommentar mehr, das war ein politisches Pamphlet. »Jeder Einzelne unserer Hörer muss für sich selbst wissen, ob die Umstände seiner persönlichen Situation in seinem Betrieb es ihm erlauben, den Widerstandswillen der Bevölkerung in der Zone auszudrücken«, rief Schütz in das Mikrophon, »jeder Einzelne muss wissen, wie weit er gehen kann.«

Etwa um diese Zeit flog im Büro von Egon Bahr in der Kufsteiner Straße die Tür auf. Erstaunt blickte der Chefredakteur in das aufgebrachte Gesicht seines Chefs, des stellvertretenden RIAS-Direktors Gordon Ewing. »Der platzte einfach so rein«, erinnert sich Egon Bahr. Im ersten Moment habe er gar nicht gewusst, wie er reagieren sollte. Wenn der Amerikaner etwas mit ihm zu besprechen hatte, meldete er sich ansonsten höflich an oder bat den Chefredakteur zu sich ins Büro. Auch Bahrs Kollegen hatten den Direktor noch nie wirklich aufgebracht oder in Rage erlebt. »Er machte nichts auf die brachiale Tour«, erinnert sich Hanns Peter Herz, »er versuchte immer zu überzeugen.«

Der zweiundvierzigjährige Amerikaner aber war nun augenscheinlich außer sich, sein Kinn zitterte vor Aufregung. Mit deutlichen Worten wies er Egon Bahr an, die Ausstrahlung der Forderungen der Ostberliner sofort einzustellen! Bevor der Chefredakteur noch antworten konnte, fuhr ihm Ewing über den Mund. Keine Diskussion! Es handele sich um eine ausdrückliche Anordnung des amerikanischen Hochkommissars James B. Conant. Der habe nämlich aus Bonn angerufen und gefragt, ob der RIAS den Dritten Weltkrieg auslösen wolle.

»Durch ihren Streik und ihre Demonstrationen haben die Arbeiter bewiesen, dass sie den Staat zur Bewilligung ihrer berechtigten Forderungen veranlassen können. Wir werden von unseren Möglichkeiten jederzeit wieder Gebrauch machen, wenn nicht die Organe des Staates und der SED unverzüglich folgende Maßnahmen einleiten:

1. Auszahlung der Löhne bei der nächsten Lohnzahlung bereits wieder nach den alten Normen.

2. Sofortige Senkung der Lebenshaltungskosten.

3. Freie und geheime Wahlen.

4. Keine Maßregelungen von Streikenden und Streiksprechern.«

Resolution Ostberliner Arbeiter, verlesen im RIAS

Im Ostberliner Friedrichstadt-Palast schloss die SED an diesem Abend die Türen hinter sich und sperrte die Realität aus. Dreitausend Leute drängten sich im Saal. Nicht alle waren aus freien Stücken gekommen. Polizist Gerhard Gleich, der den ganzen Tag brav die Demonstranten durch den Straßenverkehr geleitet hatte, war als SED-Mitglied angewiesen worden, nach Dienstschluss noch an der Kundgebung im Friedrichstadt-Palast teilzunehmen. So fand er sich am Abend dieses seltsamen Tages in der zweiten Reihe, als das Politbüro

»Friede, Freude, Eierkuchen« – SED-Parteiaktivsitzung im Friedrichstadt-Palast am Vorabend des 17. Juni

gegen 20 Uhr die Bühne betrat. Als Erster ergriff Ministerpräsident Otto Grotewohl das Wort. Auf der Hinfahrt in seinem Dienstwagen hatte er gesehen, was auf den Straßen Berlins los war. Sein Referent Fred Stempel berichtet, Grotewohl sei zutiefst bewegt gewesen, als er die Demonstranten sah. »Grotewohl fühlte sich persönlich verantwortlich«, so Stempel.

Seiner Rede merkte man davon allerdings zunächst nicht viel an. In staatstragendem Duktus lobte er zunächst einmal die »lebhafte Aufwärtsentwicklung der Wirtschaft und die Erfolge von Partei und Regierung«. Die Zuhörer im Saal bereiteten sich geistig auf eine dieser Standardreden vor, die sie von den Politbüromitgliedern zur Genüge kannten. »Friede, Freude, Eierkuchen, das war es doch, was die immer redeten«, sagt Gerhard Gleich, der schon viele dieser Versammlungen hatte über sich ergehen lassen.

Wenig später aber merkten die Zuhörer auf, als Grotewohl einige »Fehler« ansprach, die in den vergangenen Wochen gemacht worden seien. Er ging sogar so weit, die »Methode des Administrierens, der polizeilichen Eingriffe« und die »Schärfe der Justiz« zu rügen. Wenn man wollte, hätte man auch einige Anspielungen auf die Ereignisse der vergangenen zwei Tage in die Rede hineininterpretieren können. Für den gediegenen Ministerpräsidenten ging das schon recht weit. »Wir sind Blut vom Blute der Arbeiterklasse und Fleisch vom Fleische unseres Volkes«, verkündete Grotewohl theatralisch. Das Politbüro werde sich der vollen Verantwortung stellen und kritisch Bilanz ziehen. Dann solle das Zentralkomitee seine Entscheidung treffen. Für die Funktionäre im Saal war klar, an wen sich diese Kritik richtete, denn ebendieses Zentralkomitee war durch den Mann zurückgedrängt worden, dessen Absetzung die Demonstranten so lautstark gefordert hatten.

Die Spannung im Saal stieg. Jetzt war Ulbricht gefordert. Die Genossen kannten und fürchteten die vorgestanzten Reden des Parteivorsitzenden. Und auch heute schien er sich nicht davon wegzubewegen.

Wie Grotewohl sprach auch er vage von »Fehlern« und leierte ansonsten in gewohntem Jargon strohtrocken die »Fragen« herunter, die angeblich aus der Partei heraus gestellt worden waren, um sie selbstredend umgehend zu beantworten. Nur einmal wich er offenbar vom vorbereiteten Manuskript ab, nämlich dort, wo er die Ereignisse des Tages Westberliner »Provokateuren« zuschob. »Es soll niemand glauben, dass die Partei des werktätigen Volkes durch solche Geschichten die Nerven verliert«, piepste er aufgeregt in die Menge. Donnernder Beifall der braven Genossen belohnte ihn. Derart angestachelt, jubilierte er in seinem markanten sächsischen Tonfall: »Und wenn die Gegner sich dafür interessierten, wie (…) Beschlüsse bei uns zustande kommen, so antworten wir ihnen. Das ist eine innere Frage der Partei, das geht ihnen (sic) einen Dreck an.« Das Protokoll vermerkte Beifall – und sogar ein paar vereinzelte Bravo-Rufe waren zu hören.

In gehobener Stimmung verließen die Zuhörer den Saal, und einige formierten sich gleich »spontan« zu einem Demonstrationszug für die Leistungen von Partei und Staat. »Rein zufällig« waren auch gleich Fahnen zur Hand, und unter Absingen von Kampfliedern ging es Unter den Linden entlang. Gerhard Gleich, der noch wenige Stunden zuvor die Demonstration gegen die Regierung geschützt hatte, hatte alle Hände voll zu tun, nun die regierungstreuen Marschierer heil über die Straße zu bringen.

Und während die Genossen nach Kräften das Lob der Partei durch die Gassen brüllten, kritzelten eilige Parteisekretäre einige Zeilen auf Papier, die als Entwurf für Flugblätter dienen sollten. Denn Ulbricht hatte zwar durch seine Rede weitgehend von der Kritik um seine Person ablenken können, doch war ihm nicht die demütigende Aufgabe erspart geblieben, auch die Rücknahme der Normenerhöhungen bekannt zu geben. Noch in der gleichen Nacht – so die Aufforderung – sollte der Beschluss in den Betrieben bekannt gemacht werden.

» Friedrichstadt-Palast. Parteitag hat um 20.00 Uhr begonnen. Anwesend u. a. Ministerpräsident Otto Grotewohl, Walter Ulbricht und Angehörige des ZK. Einsatzkräfte in der Stalinallee nicht zum Einsatz gekommen, weil zuviel Kinder dabei waren. Randalierende Jugendliche vor dem Friedrichstadt-Palast wurden durch starke FDJ-Gruppen und Partei verstreut. «
Protokoll der Volkspolizei, 16. Juni 1953, 20.20 Uhr

» Aus der Lektion, die wir heute bekommen haben, müssen wir die richtigen Schlussfolgerungen ziehen: Wir gehen über zur Mobilisierung der gesamten Partei bis zum letzten Mitglied. Alle Parteimitglieder sollen in den Betrieben morgen früh beizeiten ihre Arbeit beginnen und aufpassen: Wo sind die Westberliner Provokateure? «
Rede Walter Ulbrichts vor dem Parteiaktivtag, 16. Juni 1953

» **Das Schlusswort bei der Tagung im Friedrichstadt-Palast hatte der SED-Bezirksvorsitzende von Berlin, Hans Jendretzky. Er sagte, dass die Partei die Lage fest in der Hand hätte; dass wieder Ruhe eintreten würde und Berlin fest und treu zu Partei und Staatsführung stehen würde.** «

Erich Selbmann, Chefredakteur von Berlin 1, DDR-Rundfunk

Per Flugblatt sollten am kommenden Morgen alle anderen Arbeiter über die Rücknahme informiert werden, Parteifunktionäre sollten mit den Protestwilligen diskutierten. So werde man die Unruhen sicherlich wieder in den Griff bekommen, glaubte die SED – ein fataler Fehler, wie sich in den folgenden Stunden zeigte.

Egon Bahr und seinen Kollegen im RIAS waren nach Ewings Ausbruch weitgehend die Hände gebunden. Die Meldung »Strausberger Platz« war abgesetzt. Hanns Peter Herz erinnert sich noch genau an das Gefühl der Hilflosigkeit, das ihn an diesem Tag bewegte. »Wir wollten etwas tun, aber mehr als das, was wir ohnehin taten, war nicht möglich. Es kribbelte regelrecht in den Händen und im Kopf.« Sein damaliger Kollege Klaus Bölling gibt ihm Recht: »Wir waren für einige Stunden in einer hoch euphorischen Stimmung und glaubten, die Gesetze der Weltpolitik für kurze Zeit übersehen oder ignorieren zu können. So lange, bis das politische Nachdenken begann und Eberhard Schütz und Egon Bahr sagten: Verlangt das Mögliche!«
Das Mögliche war eben nicht viel mehr, als abzuwarten. Einer der amerikanischen Offiziere fuhr mit seinem Jeep in den Ost-Sektor, um die Lage zu peilen. Als er wieder zurückkam, fragte ihn Egon Bahr aufgeregt, wie denn die Lage sei. »Es summt«, sagte der Offizier knapp.

Bedeutsame Tagung des Berliner Parteiaktivs

Otto Grotewohl und Walter Ulbricht erläutern die Beschlüsse des Politbüros vom 9. Juni 1953

Berlin (Eig. Ber.). Zu einer mächtigen Kundgebung der Kampfentschlossenheit und der Treue der Partei zu ihrer Führung und zur Regierung der DDR gestaltete sich die außerordentliche Parteiaktivtagung der Berliner Parteiorganisation am Dienstagabend im Friedrichstadt-Palast. Schon lange vor Beginn hielten Genossen aus allen Teilen Berlins die Ränge dicht besetzt und auf dem Schiffbauerdamm erlebten die vielen Tausende, die keinen Einlaß mehr gefunden hatten, den Verlauf der Kundgebung durch die Lautsprecher. Als wenige Minuten vor 20 Uhr das Politbüro der SED mit den Genossen Otto Grotewohl und Walter Ulbricht an der Spitze die mit dem Porträt Wilhelm Piecks geschmückte Bühne des Friedrichstadt-Palastes betraten, brauste ein Beifallsorkan durch das weite Oval. D[illegible] weit über 3000 stimmten begeisterte Hochrufe auf das ZK und die Regierung an.

Dann ergriff, von minutenlangen Ovationen begrüßt, der Genosse Otto Grotewohl das Wort. Er verwies auf die außerordentliche Bedeutung des Kommuniqués des Politbüros vom 9. Juni. Volk und Regierung gehören, wie stets, zusammen. Das Politbüro der Partei und die Regierung denken nicht daran, der ernsthaften Aussprache mit unserem Volk aus dem Wege zu gehen. Genosse Grotewohl erklärte, es gibt Menschen, die sagen, warum hat die Regierung nicht auf uns gehört. Natürlich, so fuhr er fort, haben wir auf die Stimmen des Volkes gehört, und gerade weil wir das getan haben, sind wir zu jenen Vorschlägen und Maßnahmen gekommen, um die es heute geht. Gerade darin zeigt sich das Wesen einer Regierung, deren oberstes Bestreben es ist, eng mit dem Volk zusammenzuleben und zu arbeiten. Unsere Partei und unsere Regierung macht keine Manöver und keine Winkelzüge. Sind Fehler gemacht und erkannt, so ist es im Interesse des Volkes, sie schnell und gründlich zu korrigieren. Eben das wollen wir, und das tun wir. Genosse Grotewohl unterstrich, daß die gemachten Fehler entstanden sind in der aufrichtigen Absicht, die Hebung der Lebenshaltung für das ganze Volk zu beschleunigen. Er zeichnete vor der Partei den Weg des Aufstiegs bis zum Jahre 1952 auf, bei dem sich die Lebenshaltung der Werktätigen durch die Erfüllung und Übererfüllung der Pläne ständig gebessert habe. Seit dem Sommer 1952 aber sei diese Bewegung rückläufig geworden, weil das Tempo unzulässig beschleunigt wurde. Die forcierte Entwicklung der Schwerindustrie führte zur Einschränkung der kapitalistischen K[illegible] Anwachsen der Unzufriedenheit in der Arbeiterschaft über verschiedene Maßnahmen in der Sozialversicherung, bei der Abschaffung von Fahrpreisermäßigungen usw.

Genosse Grotewohl unterstrich, daß die Auswirkung dieser Politik zur Verbreiterung der Kluft zwischen den Menschen im Westen und im Osten Deutschlands führen mußte. Das ist, so erklärte Genosse Grotewohl, ein unerträglicher Fehler und Zustand, denn er berührt das zentrale Problem der ganzen deutschen Nation. Die Einheit Deutschlands ist das feste Fundament für eine bessere Zukunft und für einen Zustand des Friedens in Deutschland und Europa. Wenn sich Menschen von uns abwenden, wenn neben der staatlichen und wirtschaftlichen Spaltung noch die menschlichen Beziehungen zwischen den Deutschen zerrissen werden, dann ist diese Politik eben falsch.

Genosse Grotewohl führte weiter aus, daß man unerschrocken und entschieden alle Schlußfolgerungen ziehen muß. Genosse Grotewohl stellte fest, daß die Vorhut der deutschen Arbeiterklasse durch diese Maßnahmen in Gefahr kam, sich von den Massen zu lösen. Stürmischer minutenlanger Beifall erfüllte den Friedrichstadt-Palast, als Genosse Grotewohl erklärte, daß es die Aufgabe der Partei ist, die Vorhut der deutschen Arbeiterklasse fest mit den breitesten Massen zu vereinigen und die notwendige und unaufschiebbare Wendung in der erforderlichen Ordnung und Disziplin zu vollziehen. „Der Gegner spricht von Zusammenbruch und Katastrophe". (Brausendes Gelächter.) „Das eine wie das andere ist gleich lächerlich. Partei [illegible] Regierung vollziehen eine [illegible] weil sie zur [illegible]

Genosse Grotewohl schloß seine immer wieder von Beifall unterbrochene Rede mit der Feststellung, daß das Zentralkomitee der Partei eine umfassende Darstellung aller Fehler und aller Maßnahmen erhalten wird. Das Zentralkomitee wird dann seine Entscheidung treffen.

Genosse Walter Ulbricht, der nach Genossen Grotewohl das Wort nahm, wurde mit langanhaltendem, stürmischen Beifall begrüßt. Er beantwortete in seinen Ausführungen eine Reihe von Fragen, die von der Bevölkerung gestellt werden.

Die Frage, worin die Wendung in unserer Politik besteht, beantwortete Walter Ulbricht dahin, daß die Partei einen als falsch erkannten Kurs verläßt und den richtigen einschlägt. Die Partei erkannte zu spät, daß die nationale Situation Deutschlands das eingeschlagene Tempo nicht erlaubt. Auch die internationale Lage unserer Republik erfordere nicht ein solches Tempo, besonders der Entwicklung der Schwerindustrie, weil die wirtschaftlichen Fragen unserer Republik, solange die Spaltung Deutschlands noch besteht, infolge der wirtschaftlichen Stärke der Sowjetunion und des Bestehens des demokratischen Weltmarktes sehr wohl gelöst werden können. Walter Ulbricht stellte fest, daß wir jetzt die Fehler korrigieren und die bisherige Politik der Einschränkung der kapitalistischen Kräfte aufgeben.

Auf die Frage, was von unseren Beschlüssen bestehen bleibt, antwortete Walter Ulbricht, es sei nach wie vor unerläßlich, die Arbeitsproduktivität zu erhöhen, aber es sei falsch, Normenerhöhungen auf [illegible] Wege zu verfügen.

Auf die Frage, wer von der Entwicklung der privaten Klein- und Mittelindustrie und des privaten Handels den Vorteil hat, antwortete Walter Ulbricht, den Vorteil habe die Arbeiterschaft ebenso wie alle Kreise der Bevölkerung. Denn durch die Entwicklung der Privatinitiative werden mehr Waren für den Kauf zur Verfügung stehen. Es werde sich auf dem Gebiete der Leichtindustrie ein gesunder Wettbewerb zwischen volkseigenen und privaten Betrieben entwickeln, ebenso wie zwischen staatlichem, genossenschaftlichem und privatem Handel.

Zu der Frage, welche Maßnahmen im Partei- und Staatsapparat ergriffen werden, um die Durchführung der neuen Linie zu gewährleisten, antwortete Walter Ulbricht, daß das Grundübel darin besteht, daß bei uns bisher mit der Methode des Administrierens gearbeitet wurde, statt die Beschlüsse so zu formulieren, daß jeder Mensch sie versteht, so daß die Initiative der Bevölkerung für die Durchführung der Beschlüsse entfaltet werden kann. Es kommt also jetzt darauf an, die Initiative und das Verantwortungsbewußtsein der werktätigen Massen zu heben. Das ist nur möglich, wenn die Selbstkritik und die Kritik von unten entfaltet wird. Bisher wurde meist nur Kritik von oben nach unten geübt. Aber es sei das Recht und die Pflicht der Parteimitglieder, auch Kritik an den führenden Genossen zu üben. Deshalb sei es von entscheidender Bedeutung, daß vor allem in der Partei die volle Verantwortung der gewählten Leitungen hergestellt wird. Parteiaktivtagungen dürfen nicht den Charakter eines Befehlsempfangs haben, sonder[illegible]

Die Produktionsaufgaben im Volkswirtschaftsplan 1953, fuhr Walter Ulbricht fort, werden in dem Sinne umgestellt, daß die Erzeugung von Waren des Massenverbrauchs bedeutend erhöht wird. Die Einschränkungen der Investitionen für die Schwerindustrie wird es ermöglichen, mehr Mittel für die Instandsetzung und den Neubau von Wohnungen zur Verfügung zu stellen.

Schließlich beantwortete Walter Ulbricht die wichtige Frage, worin die Bedeutung der neuen politischen Linie unserer Partei für den Kampf um ein einiges demokratisches Deutschland besteht. Die Schaffung einer vorbildlichen demokratischen Ordnung, der Aufbau einer Friedenswirtschaft, die zu einem höheren Lebensstandard führt, als er in Westdeutschland besteht, wird von größter Bedeutung für die friedliche Lösung der deutschen Frage sein. Während auch in Westdeutschland die Mehrheit der Bevölkerung eine Viermächtekonferenz zur Herbeiführung eines Friedensvertrages mit Deutschland und zur Wiederherstellung der Einheit Deutschlands sehnlichst herbeiwünscht, erweist sich die Bonner Regierung — unter der Führung des amerikanischen Kanzlers Adenauer — als der Hauptstörenfried. Unter diesen Bedingungen werden die Beschlüsse unserer Partei den friedliebenden Kräften in Westdeutschland neue Kraft und neuen Mut geben, ihre A[illegible]rengungen für den Zusammenschluß aller patriotischen Kräfte zu verstärken. Wir wollen und werden durch die patriotische Initiative in unserer Bevölkerung erreichen, daß unsere Heimat durch soziale Gerechtigkeit, durch den [illegible]

Mit der Rücknahme der Normenerhöhungen hoffte man, die Unruhen wieder in den Griff zu kriegen. – »Neues Deutschland« vom 17. Juni 1953

Kaum einer der Redakteure ging an diesem Abend nach Hause. Der eine oder andere legte sich für ein kurzes Nickerchen hin. Das musste reichen. »Zu viel getrunken haben wir, uns nicht rasiert, wir waren doch viel zu gespannt, was passieren würde«, lacht Egon Bahr.
Noch immer war es keinem der Reporter gelungen, Näheres über die Reaktion der bundesdeutschen Regierung zu erfahren. War denn das nicht die große Chance, auf die man seit der doppelten Staatsgründung gewartet hatte? Das DDR-Regime wankte in seinen Grundfesten. Wenn man die DDR-Bürger jetzt nicht unterstützte, wann dann? Zeitfunk-Redakteur Hans Christoph Knebusch hatte sich im Verlauf des Tages die Finger wund telefoniert bei dem Versuch, in Bonn das Ministerium für Gesamtdeutsche Fragen zu erreichen. Zwar drang er bis ins Vorzimmer Jakob Kaisers vor, dort aber war Schluss. »Es war einfach unmöglich«, ereifert er sich noch heute, »sie sagten mir, man sei mit Haushaltsproblemen beschäftigt.«
Erst in der Nacht gelang es dem RIAS, eine Stellungnahme Kaisers auf den Sender zu bringen. Um 22.50 Uhr klang die Stimme aus dem Radio, auf die viele Berliner bereits den ganzen Tag gewartet hatten. Nach zweieinhalb Minuten war das Ganze vorbei, und wer zuhörte, war zumeist tief enttäuscht. Der Berliner CDU-Chef und Bundesminister für Gesamtdeutsche Fragen mahnte zur Besonnenheit. »Niemand soll sich selbst und seine Umgebung in Gefahr bringen. Die grundlegende Änderung eures Daseins kann und wird nur durch die Wiederherstellung der deutschen Einheit und Freiheit erreicht werden.« Das war's.

»Trotzdem richte ich an jeden Bewohner der Sowjetzone die Mahnung, sich weder durch Not noch durch Provokation zu unbedachten Handlungen hinreißen zu lassen. Niemand soll sich selbst und seine Umgebung in Gefahr bringen. Die grundlegende Änderung eures Daseins kann und wird nur durch die Wiederherstellung der deutschen Einheit und Freiheit erreicht werden.«
Erklärung des Ministers für Gesamtdeutsche Fragen, Jakob Kaiser, am 16. Juni 1953

In den Straßen der Hauptstadt war es nach Feierabend zunächst merklich ruhiger geworden. Als Fritz Schenk sich vom Haus der Ministerien aus auf den Heimweg machte, setzte leichter Regen ein. Die Stadt machte auf den SED-Referenten einen relativ friedlichen Eindruck, nur am Ostbahnhof beobachtete er einige junge Leute, die dabei waren, Parolen an die Wände zu malen. »Sie schrieben ›Freie Wahlen‹, ›Nieder mit der Regierung‹ und immer wieder ›Generalstreik, Generalstreik, Generalstreik‹.«
Erst am Abend wurden an einigen Orten gewaltsame Auseinandersetzungen gemeldet. Gegen 19 Uhr ging in der Funkleitstelle der Ostberliner Polizei die Meldung ein, am Grenzübergang Oberbaumbrücke seien die Sektorenschilder umgerissen worden. In der Friedrichstraße brach eine Massenschlägerei aus, als ein Protestzug auf eine Demonstration der FDJ stieß, die ihre Solidarität mit dem im Friedrichstadt-Palast tagenden »SED-Parteiaktiv« zum Ausdruck bringen wollte. Und immer wieder gingen in der Funkleitstelle Meldungen über die

»Mit Klebe gegen die Partei« – noch in der Nacht zum 17. Juni werden in ganz Ostberlin Plakate geklebt, die die Einheit Deutschlands fordern.

erneute Bildung von Demonstrationszügen ein. So forderten vor dem »Café Warschau« im Bezirk Friedrichshain fünfhundert Jugendliche: »Nieder mit den HO-Preisen«, und an der Ecke Lebuser Straße/Stalinallee war der Slogan »Nieder mit der SED« zu hören. Gegen halb zehn kam dann die Nachricht, die Vorhalle des S-Bahnhofes Alexanderplatz werde demoliert.

Dr. Klaus Konitzer, der junge Assistenzarzt aus der Charité, war noch auf den Beinen. Ihn hatten die Ereignisse des Tages derart aufgewühlt, dass er unruhig durch die abendlichen Straßen lief. Vor der Sparkassenfiliale an der Ecke Friedrichstraße/Unter den Linden stutzte er: Hier tat sich Seltsames. Hinter einem heruntergelassenen Gitter hatten sich einige Parteigenossen verschanzt und trauten sich offensichtlich nicht heraus, solange noch Demonstranten auf der Straße waren. Wenige Meter weiter war in einem glasbedeckten Buchstand die übliche sozialistische Erbauungsliteratur ausgestellt. »Ein bisschen Lenin, ein bisschen Stalin und ›Der Sozialismus siegt‹ oder so etwas«, berichtet Konitzer. Plötzlich klirrten die Scheiben, und wenige Sekunden darauf stand der Buchstand in Flammen. »Aber Kollegen, lasst das doch, das ist doch Volkseigentum«, hörte er jemanden hinter sich sagen. »Ich dachte noch, du Rindvieh, wie kannst du das jetzt sagen?«, erzählt Konitzer. Und wirklich, kaum, dass er sich umgedreht hatte, wurde der Sprecher von einigen kräftigen Demonstranten zusammengeschlagen. Konitzer besann sich auf seine Pflichten als Mediziner und schrie laut, er sei Arzt, man solle ihn sofort durchlassen. Er packte den Verletzten am Kragen und zerrte ihn in Richtung der Sparkasse. Schon im Laufen brüllte er den verschanzten Genossen zu, sie sollten das Gitter hochziehen. Hinter sich spürte er Pflastersteine aufschlagen. Buchstäblich in letzter Sekunde zogen die Leute das Gitter etwa auf Kniehöhe, zerrten die beiden Flüchtenden darunter hindurch und knallten die Absperrung wieder in ihre Schiene.

Konitzer untersuchte den Verletzten und erkannte schnell, dass der Mann einen Krankenwagen brauchte. Nachdem sich wenig später ein Rettungsteam durch die Hinterhöfe zu den Eingeschlossenen vorgearbeitet hatte und der Patient in guten Händen war, machte sich Konitzer auf den Heimweg. Um einen klaren Kopf zu bekommen, ging er einen Umweg Unter den Linden entlang. Die weite, leere Straße wirkte beruhigend. Am Brandenburger Tor blieb er stehen und blickt durch die Säulen des Tores auf die Lichter von Westberlin. Erst jetzt begriff er, was sich im Verlauf des Tages alles ereignet hatte. Die Demonstranten, die ihn an der Sparkasse zusammengeschlagen hatten, waren keine Schlägertypen gewesen, das waren ganz normale, robuste Arbeiter. Und trotzdem hatten sie innerhalb von Momenten ein derartiges Gewaltpotenzial entwickelt.

»Wie wir später erfuhren, ist die Äußerung Kaisers von vielen Menschen der DDR mit Riesenenttäuschung aufgenommen worden. Die hatten natürlich etwas anderes erwartet, einen nahegehenden Appell, dass sie losmarschieren sollten, oder so etwas. In der Rede spürte man die Distanz. Zwar immer wieder die verbale Nähe, die Rede von den Brüdern und Schwestern. Aber eine unmittelbare Betroffenheit über die Ereignisse konnte ich nicht heraushören.«

Hans Christoph Knebusch, Redakteur beim RIAS

»Natürlich hat mich der Aufruf Scharnowskis beim RIAS aufgebracht. Aber das war uns schon klar. Solange die Grenzen offen waren, waren auch die Möglichkeiten, auf die andere Seite einzuwirken, sehr groß. Ich wusste aber nicht, wie stark das Echo auf diesen Aufruf sein würde.«

Erich Selbmann, Chefredakteur von Berlin 1, DDR-Rundfunk

Der Arzt wusste, dass er in dieser Nacht keinen Schlaf finden würde. »Ich habe nur gedacht, um Gottes willen, wenn das hier so weitergeht …«

Erika Sarre war nach den Aufregungen des Tages froh, als sie endlich in ihrem Zimmer in Bernau angekommen war. Sie hatte sich, da ja ihr Ausweis konfisziert worden war, über einen kleinen Trampelpfad und einige Bahngleise zurück in den Ost-Sektor geschummelt. Jetzt hörte sie leise den RIAS. Schließlich wollte sie wissen, ob das, was sie erlebt hatte, eine Einzelaktion gewesen war. Nach wenigen Sekunden drehte sie das Radio ungläubig ein wenig lauter. Was hörte sie da? »Eine FDJlerin in FDJ-Bluse stellte sich neben Selbmann. ›Kollegen‹, rief sie. Ein Protestschrei war die Antwort. Da zog sie ihre FDJ-Jacke aus. Ein Arbeiter beruhigte die Menge. ›Die gehört zu uns.‹« Erika war zu Tode erschrocken. Konnte es wirklich sein, dass da im »Feindsender« von ihrem Auftritt vor dem Haus der Ministerien die Rede war? »Und dann sagte sie«, fuhr die Radiostimme fort, »›Kollegen, Partei und FDJ haben uns Spitzel auf den Hals geschickt. Weg mit den Spitzeln! FDJler, lasst euch nicht als Denunzianten missbrauchen. Kämpft zusammen mit den Arbeitern!‹« Jetzt bestand für die junge Frau kein Zweifel mehr: Ihre spontane Aktion hatte sie schlagartig zu einer Berühmtheit gemacht, und das konnte sehr gefährlich werden. »Ich hab

EXTRA-BLATT Kostenlos!

Der Abend

EINE ZEITUNG FÜR BERLIN

DIENSTAG, 16. JUNI 1953

Ostberliner Arbeiter rufen zum Generalstreik gegen ihre Unterdrücker auf

Riesendemonstration vor dem Regierungssitz – „Minister" Selbmann niedergeschrien

BERLIN, 16. Juni (AP/DPA)

Fünftausend am Bauprojekt Stalinallee beschäftigte Arbeiter protestierten heute mittag in einem Demonstrationszug zum Alexanderplatz gegen die von der SED und der Sowjetzonenregierung angeordnete Erhöhung der Arbeitsnormen. Die Volkspolizei griff nicht ein. Anfangs nahm man an, daß es sich um eine genehmigte Aktion im Rahmen des allgemeinen Eingeständnisses begangener „Fehler" handelt.

„wir fordern freie geheime Wahlen". Auf Beschwichtigungsversuche des Sowjetzonen-Ministers für Erzbergbau und Hüttenwesen, Fritz Selbmann (SED), rief die Menge immer wieder „Wir sind nicht nur gegen die Normen-Erhöhungen, wir wollen frei sein."

Die Vopo schritt nicht ein

Westberliner Zeitungen halten ihre Leser auf dem Laufenden.

erst einmal das Licht ausgemacht«, erinnert sich Erika Sarre. »Wenn es dunkel ist, merkt vielleicht keiner, dass ich zu Hause bin.«
Fieberhaft habe sie nachgedacht, wie sie sich aus dieser prekären Situation wieder herausmanövrieren könne. »Ich hätte am liebsten gar nicht mehr geatmet, damit mich nur keiner finden kann.« Im Dunkeln tastete sie sich die Treppe hinunter und achtete peinlich genau darauf, nicht auf die Stufen zu treten, von denen sie wusste, dass sie knarrten. Ihr Nachbar fragte zu ihrer Erleichterung nicht lange nach, als sie bei ihm klopfte und ihre missliche Lage andeutete. Kaum war sie in Sicherheit, klingelte es bereits an der Haustür. Erika war klar, dass die beiden Männer an der Tür, die ihr Nachbar von seinem Fenster aus sehen konnte, nur von der Staatssicherheit sein konnten. »Die hatten ja meinen Ausweis, und nun kamen sie, um mich abzuholen.«

In Westberlin klingelte das Telefon bei Ernst Scharnowski, dem Vorsitzenden des Deutschen Gewerkschaftsbundes. Am Apparat war Egon Bahr, der ihn aufforderte, in den Sender zu kommen und einen Kommentar zu sprechen. Scharnowski war sofort Feuer und Flamme. Zumal ihn Bahr unverhohlen bat, in seiner Ansprache den Treffpunkt »Strausberger Platz« zu erwähnen. »Der RIAS durfte das nicht, aber der DGB-Vorsitzende schon«, schmunzelt Egon Bahr noch heute, »das ist die Freiheit des Nachrichtengeschäfts.« Generalstreik aber war ein Wort, das der DGB-Chef tunlichst unterlassen sollte. Bahr hatte den Ausbruch Gordon Ewings noch allzu deutlich im Ohr. Es fiel Scharnowski sichtlich schwer, sich zurückzuhalten. »Er hätte liebend gern viel aggressiver zum Generalstreik aufgerufen«, erinnert sich Hanns Peter Herz. »Scharnowski war ein Mann, der scharf polemisieren konnte«, bestätigt auch Peter Schultze, »er war ein Mann der Initiative.«
Inständig appellierten die Redakteure an den DGB-Vorsitzenden, sich doch zurückzuhalten, um keine Menschen in Gefahr zu bringen. »Sagen Sie ihnen höchstens, was Streiks im Westen bedeuten und dass Streiks ein legitimes Mittel sind«, so Herz. Was der DGB-Vorsitzende dann schließlich sagte, war eine verbal raffinierte Umschreibung dessen, was er eigentlich sagen wollte, ohne dass das verbotene Wort Generalstreik fiel. »Lasst sie nicht allein«, appellierte Scharnowski leidenschaftlich, »sie alle kämpfen nicht nur für die sozialen Rechte der Arbeitnehmer, sondern für die allgemeinen Menschenrechte der gesamten Ostberliner und ostzonalen Bevölkerung. Tretet darum der Bewegung der Ostberliner Bauarbeiter, BVGler und Eisenbahner bei und sucht eure Strausberger Plätze überall auf. Je größer die Beteiligung ist, desto machtvoller und disziplinierter wird die Bewegung für euch mit gutem Erfolg verlaufen.«

»Die Maßnahmen, die ihr als Ostberliner Bauarbeiter in voller eigener Verantwortung und ohne fremde Einmischung selbst beschlossen habt, erfüllten uns mit Bewunderung und Genugtuung. Ihr könnt diese Forderungen gestützt auf die in der sowjetischen Besatzungszone geltenden menschlichen Grundrechte der Verfassung mit vollem Recht verlangen. Tretet darum der Bewegung der Ostberliner Bauarbeiter, BVGler und Eisenbahner bei und sucht eure Strausberger Plätze überall auf.«
RIAS-Aufruf des DGB-Vorsitzenden Ernst Scharnowski, erstmals gesendet am 17. Juni 1953

»Das Wiederholen dieses Aufrufs war enorm wichtig für die Entwicklung des 17. Juni. Ohne das Wiederholen wäre es womöglich kein Flächenbrand geworden, der die ganze DDR ergriff.«
Erich Loest, DDR-Schriftstellerverband

Um 5.36 Uhr wurde Scharnowskis Rede zum ersten Mal ausgestrahlt. Gerade rechtzeitig, um die Arbeiter zu erreichen, die sich zu ihren Baustellen aufmachten oder aber zum Strausberger Platz.

Es lag etwas in der Luft in dieser Nacht zum 17. Juni 1953. Immer wieder fegten Sturmböen um die Hausecken. Gewitter und schwere Regengüsse raubten bis in die frühen Morgenstunden vielen Berlinern den Schlaf. Auch in der »Hauptverwaltung Deutsche Volkspolizei« beobachteten die Mitarbeiter unruhig, wie sich die Nacht entwickelte. Ihnen blieb noch viel zu tun bis zum Morgengrauen. Alle Berliner Volkspolizeikreisämter, alle Bezirksdirektionen in der DDR mussten alarmiert werden. Besonders der Schauplatz »Strausberger Platz« bereitete den Verantwortlichen Kopfzerbrechen. Der Platz, der den ganzen Nachmittag als Treffpunkt für den nächsten Morgen ausgerufen worden war, würde sich zum neuralgischen Punkt entwickeln, daran konnte kein Zweifel bestehen. Das Areal rund um den Platz wurde vorsorglich in vier Abschnitte unterteilt, die von jeweils hundert Mann bewacht werden sollten. Von einem Großeinsatz aber konnte noch keine Rede sein. Wäre es nach dem Polizeipräsidenten von Ostberlin, Waldemar Schmidt, gegangen, hätte die Vorbereitung ganz andere Ausmaße gehabt. Schon am Vormittag des 16. Juni hatte er bei den Sowjets in Karlshorst vorgesprochen, um gegen die streikenden Bauarbeiter vorgehen zu können. Die Sowjets aber hatten abgelehnt. Für den Folgetag allerdings gaben sie die Erlaubnis, Einheiten der Kasernierten Volkspolizei aus umliegenden Ortschaften nach Berlin zu verlegen. Zur Sicherung der Sektorengrenze, hieß es. Tatsächlich setzten sich noch vor dem Morgengrauen Verbände in Oranienburg und Potsdam in Bewegung.
Helmut Mücka, der Hilfsarbeiter von der Stalinallee, erinnert sich, dass er in dieser Nacht noch etwas anderes bemerkte: »Ich habe gehört, dass es rumorte. Es war eine Art Rollen wie auf Kopfsteinpflaster.« Auch Gerhard Gleich hörte das Rumoren. Ihm war allerdings gleich klar, um was es sich da handelte. »Dieses Geräusch kannten wir Karlshorster zur Genüge. Das war mindestens alle zwei Monate zu hören, wenn eine Verlegung stattfand. Dann wackelten die Wände. Das war das Geräusch von Panzerketten.«

Steine gegen Panzer

Ralph Schoenhofer wusste, wie man da hinaufkam, denn er war ein Wiederholungstäter. Sieben Jahre zuvor, als der Zwangszusammenschluss von KPD und SPD zur SED verfügt worden war, hatte er es schon einmal gemacht. Da war der junge Westberliner Autoschlosser aus Protest auf das Brandenburger Tor geklettert und hatte die rote Fahne der Sowjetunion heruntergerissen. Nun war er wieder auf dem Weg nach oben.

Eigentlich war alles ganz schnell gegangen. Er hatte frei gehabt an diesem 17. Juni 1953 und wie so viele andere Berliner im RIAS gehört, was im Ostteil der Stadt vor sich ging. Schoenhofer war immer politisch interessiert gewesen. Als Vorsitzender der »Jungen Organisation der Falken«, des Jugendverbandes der SPD, hatte er viele Kontakte im Osten der Stadt. Solange es noch möglich war, veranstalteten die »Jungen Falken« gemeinsame Freizeitaktivitäten mit ihrem ostdeutschen Pendant, der »Freien Deutschen Jugend« FDJ. Deren Vorsitzenden Erich Honecker kannte Schoenhofer sogar persönlich. Vom Botanischen Garten, wo er bei seiner Mutter wohnte, fuhr der Einundzwanzigjährige am Morgen des 17. Juni mit der S-Bahn an den Potsdamer Platz.

Als er aus der Bahn stieg, war der Platz bereits hoffnungslos überfüllt. »Da war die Milch am Überkochen«, erinnert sich Schoenhofer. Ein Zeitungskiosk stand in Flammen, lose Blätter wehten über den Asphalt. Irgendjemand hatte sie aus einem Fenster geworfen. Schoenhofer ließ sich von der Menge in Richtung Brandenburger Tor mitziehen. Es war etwa zwölf Uhr mittags, als er vom Tor aus Einblick in die Straße Unter den Linden hatte. Auch dort stauten sich die Menschen. Auf der Westseite des Tores, so erinnert sich der Autoschlosser heute, hätten ein paar schwarze Funkwagen gestanden. »Irgendeiner rief: ›Das Symbol der Sowjetmacht muss runter!‹ Ich kannte mich da ja aus und hab sofort gerufen, dass ich da raufgehe und die Fahne runterhole.« Zwei junge Männer schlossen sich ihm begeistert an. Horst Ballentin, ein zweiundzwanzigjähriger Lastwagenfahrer, und Wolfgang Panzer, der etwas jünger war als die beiden anderen.

Acht Jahre nach dem Krieg war das Brandenburger Tor noch immer schwer beschädigt. Schoenhofer wusste, dass die Türen der beidseitigen Anbauten nie wirklich repariert worden waren. Mit ein paar Handgriffen hatten er und seine beiden Begleiter die eiserne Tür aufgedrückt. Noch etwas verblüfft über ihren schnellen Erfolg standen sie in einem kleinen Innenraum. Eine Treppe führte

»Heiße Luft« – die Propagandakioske der Nationalen Front sind mit das Erste, was am 17. Juni in Flammen aufgeht.

»Lust auf Rabatz« – es sind vor allem junge Männer, die am 17. Juni in Ostberlin randalieren.

Rechte Seite:
»Als Helden gefeiert« – die drei Fahnenstürmer vom Brandenburger Tor: Ralph Schoenhofer, getragen von Horst Ballentin, Wolfgang Panzer mit einem Blumenstrauß

zu einer Luke in etwa drei Metern Höhe. Binnen weniger Sekunden standen die drei auf dem Dach des Anbaus. Von hier aus waren es noch immer etliche Meter bis zum Ziel. Eilig zeigte Schoenhofer den anderen, wie es weitergehen sollte. Eine Säule des Brandenburger Tores hatte eine eiserne Klappe. Schnell waren die Verschlüsse aufgehebelt. Im Innern führte eine Eisenstiege in die Höhe. Eine weitere Tür noch, und die drei standen im Freien. Von hier aus war es ein Leichtes, die kaskadenartigen Absätze bis auf den höchsten Punkt des Tores zu laufen. Dort, wo einst die Quadriga gestanden hatte, steckte nun nur noch ein karger Fahnenmast. Kaum ein Wort war auf dem Weg nach oben zwischen den dreien gefallen. Sie hatten sich nur auf ihr Ziel konzentriert.
Horst Ballentin machte sich nun am etwa acht Meter hohen Fahnenmast zu schaffen. Es war mühsam, die Kurbel mit der starren Seilrolle zu drehen. Schon kurz vorher waren zwei andere Männer auf dem Tor gewesen und hatten vergeblich an der Fahne gezerrt. Schoenhofer und seine Begleiter wollten auf keinen Fall unverrichteter Dinge wieder hinunter. Bis Brusthöhe ließ sich die Fahne

»Die rote Fahne muss runter« – kurz nach elf Uhr bejubeln Tausende den Fall der sowjetischen Flagge. In der Mitte Ralph Schoenhofer auf den Schultern von Horst Ballentin

»Als die jungen Männer auf das Tor kletterten, dachte ich nur: Das schaffen die nie, die Jungs werden abgeknallt. Die Soldaten waren ja grausam genug. Als die Fahne dann fiel – das hatte schon etwas Befreiendes. Die Menge vor dem Tor fing wie wahnsinnig an zu jubeln. Ein ganz großes Erlebnis.«

Erika Sarre, FDJ-Instrukteurin, Stalinallee

»Jeder wollte einen Fetzen haben.«

herunterziehen, dann fraß sich das Seil fest. Ballentin fackelte nicht lange, zog ein Messer aus der Tasche, schnitt die rote Fahne ab und warf sie hinunter. An einem der Treppenpodeste blieb sie noch einmal hängen, bis einer der drei Kletterer hinterherstieg, sie mit dem Fuß löste und das Symbol der russischen Besatzer hinuntersegelte. Als die Fahne unten ankam, donnerte der Jubel der Menge hinauf zu den drei kleinen Gestalten auf dem Dach des Tores. »Das war ein wahnsinniger Schrei«, erinnert sich Erika Sarre, die die Szene von unten beobachtete, »es war wie eine Befreiung.«

Auf dem gleichen Weg, auf dem sie gekommen waren, kletterten die drei Torstürmer nach unten, wo sie begeistert empfangen wurden. Horst Ballentin hob Schoenhofer auf die Schultern, und auch Wolfgang Panzer sah sich plötzlich hochgehoben. Irgendjemand drückte ihm einen Blumenstrauß in die Hand. »Das war schon ein heroisches Gefühl«, ist Schoenhofer noch heute ergriffen, »es war auch eine richtige Genugtuung, dass wir etwas gemacht hatten, was Tausende Menschen insgeheim erhofft hatten.«

Jetzt beschlossen die drei, auch noch dafür zu sorgen, dass eine andere Flagge auf dem symbolträchtigen Tor gehisst wurde. Nur – welche sollte man nehmen? Die schwarz-rot-goldene kam nicht in Frage. Das waren die Farben der BRD, aber eben auch der DDR. Die Berliner Bärenfahne erschien da schon passender. Die nächste sei an der Siegessäule angebracht, kam es einem der Umstehenden in den Sinn. Begeistert machten sich die drei Kletterer auf den Weg. Doch das

»Als die Fahne vom Brandenburger Tor geholt wurde, das war für mich wie eine Befreiung. Es war damit ja nichts geschafft. Aber es war ein Zeichen. Jetzt hatten wir es den Iwans mal gezeigt! Das war ein starkes Gefühl.«
Dietrich Hundert, Oberschüler, Westberlin

»Das hatte etwas Befreiendes« – das Symbol der Unterdrückung geht in Flammen auf.

Rechte Seite: »Faschistische Agenten aus Westberlin« – laut DDR-Führung waren die vielen »chromblitzenden« Fahrräder ein »Beweis« für die Lenkung der Unruhen durch die Westmächte.

Vorhaben verzögerte sich, da sich der Pförtner der Siegessäule schlichtweg weigerte, das symbolische Stoffstück herauszurücken. Erst bei den Berliner Verkehrsbetrieben hatten die drei Erfolg. Bis zu ihrer Rückkehr sollte es jedoch Viertel vor zwei werden und die Situation am Brandenburger Tor eine ganz andere sein.

Der 17. Juni hatte begonnen, wie der 16. geendet hatte. Es regnete noch immer, als die ersten Demonstranten um kurz nach sechs Uhr morgens am Strausberger Platz eintrafen. Heinz Pahl hatte auf »Block 40« nur kurz ein paar Kollegen begrüßt. Heute würden sie nicht arbeiten, sondern sofort weiter zum Strausberger Platz marschieren. »Da war schon alles auf den Beinen, als wir da ankamen«, erinnert sich der Bauarbeiter. »Wir wussten, dass das ein ganz heißer Tag werden würde.« Um halb sieben traf auch der einundzwanzigjährige Betonierer Joseph Graczynski am Treffpunkt ein. Vor lauter Aufregung hatte er die ganze Nacht kaum ein Auge zugetan. Seine Vermieterin in Weißensee hatte ihn am Vorabend an ihrem Radio mithören lassen, so dass er über die Vorfälle des 16. Juni bestens informiert war. Es war für ihn eine Selbstverständlichkeit, sich am Streik zu beteiligen und sich pünktlich am verabredeten Treffpunkt einzufinden.
»Block 40« und »Krankenhaus Friedrichshain«, jene beiden Baustellen, die den Demonstrationszug des Vortages getragen hatten, waren bereits gegen halb sieben reichlich auf dem Strausberger Platz vertreten. Aber auch Baustellen und Betriebe, in denen es am Vortag noch völlig ruhig gewesen war, traten jetzt in den Ausstand. Die Protokolle der Staatssicherheit belegen minutiös, wie sich die Arbeitsniederlegungen in diesen frühen Morgenstunden ausbreiteten: »7.05 Uhr: Knorrbremse Zweigwerk Rummelsdorf. Arbeiter verlassen das Werk. 7.15 Uhr: Siemens Plania. 200 Arbeiter verlassen aus der Kleinbrennerei das Werk. Ein Teil kehrt zurück, um die anderen zu holen. 7.20 Uhr: Bergmann Borsig. 200 Arbeiter verlassen das Werk. 7.38 Uhr: Fortschrittswerk II. Streikt alles.« Ein Industriebetrieb nach dem anderen, so hielten die Beobachter fest, erklärte sich mit den streikenden Bauarbeitern solidarisch.
Im VEB-Glühlampenwerk nahe der U-Bahn-Station Warschauer Straße versuchte die Betriebsleitung, die Arbeiter daran zu hindern, das Werk zu verlassen. »Wir waren doch keine kleinen Kinder«, ist Erika Schallock noch heute erbost. Die Arbeiterin und ihre Kolleginnen waren schon seit Tagen sauer. Acht Stunden pro Tag waren sie extremer Hitze ausgesetzt, da sie vor den Schweißflammen kaum geschützt wurden. Der Lohn war ohnehin karg, und jetzt sollte die Norm schon wieder erhöht werden. Erika hatte die Nase voll, denn das hieß,

> **»Die Chefs merkten, dass was in der Luft lag. Sie schlossen die ganze Abteilung ein, damit keiner rauskam. Wenn man auf die Toilette wollte, wurde man von einem Soldaten oder Polizisten mit Karabiner begleitet.«**
> ***Erika Schallock, Arbeiterin, Ostberlin***

dass die Frauen Sonderschichten einlegen mussten, um auf ihr altes Gehalt zu kommen. »Die meisten von uns hatten doch Kinder zu Hause«, schimpft Frau Schallock.

Erstaunt stellte sie fest, dass viele ihrer männlichen Kollegen offenbar zauderten. »Wir Frauen hatten keine Angst«, sagt sie stolz, »wir wollten aus diesem Hof raus, und da haben wir die Wache gestürmt.« Im Nu hatten die kräftigen Arbeiterinnen den Pförtner überwältigt, strömten auf die Straße und schlossen sich der Menge an, die zum größten Teil eilig auf dem Weg zum Strausberger Platz war. Bereits gegen halb acht war der Treffpunkt überfüllt.

Eine Viertelstunde später setzten sich die Menschen in Bewegung. So selbstverständlich, wie dies aus der Rückschau erscheint, war es aber nicht. Denn in den Aufrufen oder Verabredungen des Vortages war von einem Protestzug keine Rede gewesen. Man hatte lediglich von »Arbeitsniederlegungen« und »Streik« gesprochen. Wer den ersten Schritt tat, weiß heute niemand mehr, aber alle können sich erinnern, dass sie sich begeistert einreihten. Joseph Graczynski suchte sich ganz selbstbewusst einen Platz in der ersten Reihe. »So zu viert oder fünft sind wir dann in einem lockeren Haufen losgezogen«, erinnert er sich.

Ein festes Marschziel hatte der Zug nicht, aber wie von selbst bewegte sich die Kolonne Richtung Westen in die Innenstadt. Die Vorderen hakten sich unter und bildeten so eine geschlossene Front, die die weiter hinten Laufenden hinter sich herzog. Einige sangen »Wenn wir schreiten Seit' an Seit'«, ein altes Lied aus der Arbeiterbewegung. Wieder waren die Slogans zu hören, die die Bauarbeiter schon am Vortag skandiert hatten: »Nieder mit den Normen, weg mit Ulbricht«. Es ging aber auch schlichter. Als die Demonstranten das Gebäude des Freien Deutschen Gewerkschaftsbundes in der Wallstraße passierten, skandierten sie: »Warum habt ihr euch verrammelt? Weil euch die Angst am Arsche bammelt!«

Die Passanten auf den Gehsteigen waren erstaunt. Viele klatschten und riefen den Demonstranten Aufmunterungen zu. Als die Bauarbeiter begannen, die Schaulustigen zum Mitlaufen aufzufordern: »Berliner, reiht euch ein! Wir wollen freie Menschen sein!«, waren viele zunächst einmal unsicher. Doch einer nach dem anderen löste sich vom Straßenrand und mischte sich unter die Protestierer. Günter Birnbaum sagt heute: »Das hatte Sogwirkung. Ich konnte mich dem einfach nicht entziehen.« Wie Birnbaum empfanden es Tausende Berliner. Von Minute zu Minute schwoll der Strom der Demonstranten an. Jugendliche, ältere Menschen und Hausfrauen – heute wollte kaum jemand abseits bleiben. Edith Reglin erinnert sich, dass sie in der Wilhelminenhofstraße beobachtete, wie eine Frau aus einem Frisörgeschäft gelaufen kam und sich dem Demonstrationszug anschloss. »Die hatte noch ihre Lockenwickler im Haar«, schmunzelt die Tontechnikerin.

Viele können heute die Frage, warum sie sich eigentlich dem Zug anschlossen, gar nicht mehr beantworten. Der Hilfsarbeiter Helmut Mücka wollte zunächst »nur mal schauen«. Ihn interessierte vor allem, ob der alte Lohn wieder durchgesetzt werden könnte. »Wir sind bloß gelaufen und gelaufen«, erzählt Harry Krause, der als Bürobote beim Werk Siemens Plania arbeitete. »Es hat keiner sagen können, wo es eigentlich hingeht. Diese Frage hat sich wahrscheinlich auch gar keiner gestellt.«

Die menschliche Walze ignorierte Ampeln und Absperrungen, die Masse ergoss sich über Treppen und Plätze. Um 9.40 Uhr vermerkt das Protokoll der Westberliner Polizei: »Melder Potsdamer Straße: Ca. 60 000 Personen über Potsdamer Platz in die Leipziger Straße marschiert und befinden sich z. Zt. in der Leipziger Straße (…) Aus Richtung Stresemannstr. marschiert augenblicklich eine Kolonne von ca. 20 000 Demonstranten auf den Potsdamer Platz zu.«

»Anfang des demokratischen Sektors von Groß-Berlin« – die Sektorenschilder – Zeichen für die Teilung Deutschlands – fallen schnell.

Mutiger Marsch – ein Arbeiter hat ein symbolträchtiges Schild geschultert.

Selbstverständlich handelte es sich hier lediglich um Schätzungen, doch ist nach Auswertung aller vorhandenen Akten davon auszugehen, dass es bereits in den Morgenstunden mindestens 100 000 Menschen waren, die sich auf den Ostberliner Straßen bewegten. Im Laufe des Tages sollten es noch mehr werden.

Der Anblick der Marschierenden war imposant, wie viele Augenzeugen berichten. Es waren vor allem Arbeiter, die das Bild prägten. Viele von ihnen trugen Mörtelanzüge oder Blaumänner. Ihre Holzpantinen machten auf Kopfsteinpflaster und Asphalt einen trommelnden Lärm. Manche trugen Werkzeuge mit sich. Sie sahen in den Händen der kräftigen Maurer und Zimmerleute durchaus bedrohlich aus. Selbst wenn sich der Zug auf einer außergewöhnlich breiten Straße wie Unter den Linden bewegte, deckte er die gesamte Straße ab. Oft wurde im Gleichschritt marschiert, was die Dynamik noch verstärkte. Wie am Vortag sausten Radfahrer, einzeln oder in ganzen Gruppen, zwischen den verschiedenen Marschkolonnen hin und her und unterrichteten über die jeweils neuesten Entwicklungen.

Gegen elf Uhr erreichte ein Zug der besonderen Art das Walter-Ulbricht-Stadion nahe der Charité. Die Arbeiter kamen aus zwei Großbetrieben im nördlich von Berlin gelegenen Hennigsdorf. Sie wirkten erschöpft, aber stolz. 27 Kilometer hatten sie zurückgelegt, dabei den französischen Sektor Berlins durchquert. Viele von ihnen waren klatschnass, da der Nieselregen mittlerweile in einen regelrechten Guss übergegangen war. Manche trugen Holzschuhe, andere waren barfuß, da sich ihre Schuhe im strömenden Regen offenbar aufgelöst hatten. Im Stadion angekommen, schienen die Strapazen des Marsches schon fast vergessen. Die Demonstranten rissen erst einmal ein Plakat des Namenspatrons herunter. »Die Zicke muss weg, dann sind wir aus dem Dreck«, rief ein Sprechchor. Danach ging es weiter in Richtung Brandenburger Tor.

Rainer Höynck war als RIAS-Reporter am Straßenrand und interviewte die Hennigsdorfer. Gerade heraus und in knappen Worten antworteten die Arbeiter auf seine Fragen.

»Ist irgendwer dageblieben?«

»Nein.«

»Und die Kommunisten im Werk, was haben die gemacht?«

»Kopf hängen lassen. Haben Angst gekriegt.«

»Wie viel Mann werden denn das sein, ungefähr, alles zusammen?«

»Ungefähr 12 000 Mann.«

Höynck war begeistert von der Stimmung unter den Arbeitern. »Das war

»Gemeinsam sind wir stark« – in dichten Reihen marschieren die Demonstranten durch den Ostberliner Lustgarten.

enorm«, sagte er später, »dieses Marschieren hatte etwas richtig Befreiendes, etwas Euphorisierendes.«
Auch Dr. Klaus Konitzer war bereits wieder auf den Beinen. Er begegnete dem Zug in der Max-Reinhardt-Straße und war beeindruckt. »Da waren alte Gesellen und Lehrlinge«, erinnert er sich. »Viele hatten sogar ihre schweren Hämmer und Zangen geschultert. Auch aus Velten, Schildow und anderen Orten der DDR kamen die Arbeiter. Mit S- und U-Bahn strömten zahllose Demonstranten aus den Außenbezirken Berlins in Richtung Innenstadt. Gegen halb zwölf stellte die S-Bahn ihren Betrieb ein. Die Bahndirektion war angewiesen worden, den permanenten Zustrom zu kappen. Viele Demonstranten wussten sich aber zu helfen. Sie stoppten Lkws auf offener Straße und setzen so ihren Weg in die Stadt fort.

»Die Hennigsdorfer waren sehr fröhlich: Jetzt können wir endlich unsere Meinung sagen, jetzt können wir demonstrieren. Sie sahen befreit aus mit ihren Hämmern, Zangen und Kränen.«
Dr. Klaus Konitzer, Assistenzarzt an der Charité, Ostberlin, über die Hennigsdorfer Stahlarbeiter

Erika Sarre hatte in der Wohnung ihres Nachbarn in dieser Nacht kaum ein Auge zugetan. Was sie befürchtet hatte, trat ein: Auch am nächsten Morgen warteten zwei Männer vor ihrem Hauseingang. Erika Sarre nahm den einzig möglichen Weg und schlich sich durch die Hintertür in den Garten hinaus. Erst ein paar Gärten weiter wagte sie es, auf die Straße zu treten. Die Männer hatten offenbar nichts bemerkt und starrten noch immer gebannt auf den Hauseingang. Erika war unendlich erleichtert, als sie in der S-Bahn Richtung Innenstadt saß. In der Anonymität der Masse war sie sicherer, das wusste sie jetzt. Das Bahnabteil war erstaunlich voll für die frühe Tageszeit. Erika fragte eine Gruppe von Leuten, wohin sie denn alle wollten. »In Berlin ist doch die Hölle los«, antwortete einer, »wir wollen alle zum Potsdamer Platz.«
Tatsächlich zog die Mitte des alten Berlin die Demonstrationszüge wie ein Magnet an. Sie kamen die Straße Unter den Linden hinunter, die Leipziger Straße, die Wilhelmstraße. Vor allem das Haus der Ministerien, das bereits am Vortag Ziel der Demonstranten gewesen war, schien sich auch heute zum Dreh- und Angelpunkt der Ereignisse zu entwickeln. Wer es nicht wagte, mitzulaufen, stand staunend am Straßenrand und beobachtete bewundernd oder auch erschreckt, dass sich offenbar ganz Berlin auf den Beinen befand. Nicht alle Beobachter aber waren willkommen.
Joseph Graczynski beobachtete, wie ein Passant den Demonstrationszug am Alexanderplatz fotografierte. Sofort scherte ein Protestierer aus dem Zug aus, schnappte sich den Fotoapparat und riss den Film heraus. »Wir konnten doch nicht wissen, ob das einer von der Stasi war«, berichtet Graczynski. Die an den Sektorengrenzen wartenden Kamerateams der westlichen Medien dagegen wurden in der Regel freundlich begrüßt. Zahlreiche Fotos zeigen lachende

Linke Seite:
Bildersturz – Propagandaplakate von SED-Aktivisten und Parteiführern an der Leipziger Straße werden beseitigt.

Nieder mit Pieck und Konsorten

Gruppen von untergehakten Demonstranten, die fröhlich winken oder ihre Parolenschilder in Richtung der Kameras halten.

Klaus Konitzer hatte sich wie am Vortag den Demonstrationen angeschlossen und war dabei, als eine Gruppe von mehreren Tausend Demonstranten das Ostberliner Polizeipräsidium erreichte. Auch von weiter hinten im Zug konnte er sehen, dass das Gebäude fest verrammelt war. Massive Scherengitter, wie er sie sonst nur von Juweliergeschäften kannte, schützten den Eingang. Wie ein Kraulschwimmer schob sich der Arzt weiter nach vorne. Er wollte wissen, was da vor sich ging. Einige Demonstranten hatten sich in das Gitter verkrallt und begannen, rhythmisch daran zu rütteln. Schon nach kürzester Zeit hob sich das Metall aus der Schiene. Die Stimmung war offensichtlich umgeschlagen.

Konitzer wurde es mulmig, als er sah, dass die Wachpolizisten jenseits des Gitters schwer bewaffnet waren. Jemand teilte ihm mit, dass man auf die Rückkehr einer Delegation warte, die nach oben gegangen sei. Man habe den Verdacht, dass die Männer festgehalten würden. Klaus Konitzer fasste sich ein Herz und forderte die Polizisten auf, die Abordnung wieder herauszugeben. Tatsächlich drehte sich der Wachhabende ganz unspektakulär um und griff zum Telefon. Konitzer war klar, dass das Gitter den Sturm auf das Gebäude kaum mehr verzögern konnte. »Kollegen, beruhigt euch, die kommen doch sofort wieder runter«, versuchte er die aufgebrachte Menge zu beschwichtigen. Doch der Arzt hatte unterschätzt, dass man an seinem Straßenanzug sofort erkennen konnte,

Linke Seite:
»Nieder mit Pieck und Konsorten« – der Zorn der Demonstranten richtet sich vor allem gegen die DDR-Führung.

»In Holzschuhen und Lederschürzen« – Stahlarbeiter aus Hennigsdorf marschieren 27 Kilometer, um an den Demonstrationen teilzunehmen.

»Ein ungeteiltes Berlin« – siegessichere Demonstranten an der Sektorengrenze jubeln in amerikanische Kameras.

»Es wurden stündlich mehr« – noch ist der Ausdruck auf den Gesichtern der Demonstranten voller Zuversicht.

dass er kein Bauarbeiter war. »Was ist das überhaupt für einer«, schrie einer der weiter hinten Stehenden. Ein anderer gab ihm Recht: »Genau, der hat uns vorhin schon so komisch ausgefragt!« Ehe sich Konitzer noch umdrehen konnte, knallte ihm bereits eine Bauarbeiterfaust in die Magengegend, und er klappte vornüber. Nur schemenhaft konnte er noch wahrnehmen, dass ihn zwei Männer unter die Achseln griffen und in eine Seitenstraße schleiften. »Den hängen wir auf«, sagte jemand, eine andere Stimme korrigierte: »Nein, den nehmen wir als Geisel und stecken ihn in so einen Lautsprecherwagen.«
Als Konitzer wieder ein wenig zu sich kam, hörte er eine Stimme, die ihm bekannt vorkam. »Halt, stopp«, sagte ein Mann, »das ist ein Doktor von der Charité, bei dem hab ich mal auf Station gelegen. Lasst den Mann los.« Blitzschnell war Konitzer wieder frei und konnte sich bei seinem Retter, einem Maler, den er einmal wegen Magenproblemen behandelt hatte, bedanken. Der schlug auch gleich ganz gut gelaunt vor, auf den Schreck müsse man doch sicherlich erst einmal einen heben. Nach zwei, drei Schnäpsen in einer nahe gelegenen Kneipe hatte sich Klaus Konitzer beruhigt. Aber erst einmal reichte es ihm. Da er ohnehin viel zu spät war, beeilte er sich, ins Labor zu kommen.

Rechte Seite:
»Jetzt können wir endlich unsere Meinung sagen« – Menschen aus unterschiedlichen Schichten der Ostberliner Bevölkerung beteiligen sich an den Protesten.

Auf den altehrwürdigen Fluren seines Arbeitsplatzes war es eigentümlich still. In der Charité hatte offenbar noch niemand etwas von den Vorgängen auf der Straße mitbekommen. »Das war wie in einer Oase der Normalität und des Friedens«, erinnert sich Konitzer. Als er seine Erlebnisse schilderte, schauten ihn die Kollegen nur ungläubig an. Der junge Arzt ging in sein Laborabteil, gab einige flüchtige Anweisungen und stand bereits wieder auf der Straße. »Ich konnte einfach nicht in der alten Charité sitzen bleiben und Dienst nach Vorschrift machen«, berichtet er, »in mir vibrierte alles.«

Im zweiten Stock des Hauses der Ministerien lief Fritz Schenk aufgeregt auf und ab. Sein Chef, Bruno Leuschner, der oberste Wirtschaftsplaner der DDR, war nicht erschienen. Eine kreidebleiche Sekretärin hatte ihm von einem Anruf berichtet, laut dessen Leuschner und Selbmann den »Oberbefehl über das gesamte Objekt« hätten. Selbmann hätte bereits dreimal hektisch nach Leuschner gefragt. Schenk rechnete nicht damit, dass es der Chef, der auch vielen Leuten auf der Straße bekannt sein konnte, bis ins Gebäude schaffen würde, denn der Vorplatz war schwarz von Menschen. Das Haus der Ministerien in der Wilhelmstraße, das ja bereits am Vortag Ziel der Demonstranten gewesen war, schien die Marschierer auch am 17. Juni magisch anzuziehen.
Bereits gegen acht Uhr war die Menge vor dem Gebäudekomplex auf schätzungsweise 10 000 bis 15 000 Menschen angeschwollen. Noch hatte die Polizei

»Wie lange noch wird die Sperre halten« – während im Haus der Ministerien weitergearbeitet wird, wird die Stimmung vor dem Gebäude immer aggressiver.

die Menge im Griff, wenn auch bereits zahlreiche Fensterscheiben auf der Frontseite des Hauses zu Bruch gegangen waren. Je länger allerdings keine Reaktion aus dem Gebäude erkennbar war, desto ungehaltener wurden die Menschen vor dem Haus der Ministerien. Wieso stellte sich niemand von offizieller Seite den Forderungen? Waren es die Anliegen der Demonstranten nicht einmal wert, dass sich ein Mitglied des Politbüros zeigte und Stellung bezog?

Mehrmals gelang es den rund fünfhundert Uniformierten, teilweise unter Einsatz von Schlagstöcken, den Platz zu räumen. Immer wieder aber durchbrach die stetig größer werdende Menge den Sperrgürtel und flutete erneut in Richtung Eingang. Gegen zehn Uhr etwa erschien die Kasernierte Volkspolizei, ein Wachbataillon aus Berlin-Biesdorf, das dem Ministerium für Staatssicherheit unterstellt war. Die meist sehr jungen Polizisten schlugen nun eine andere Gangart an – und die Demonstranten setzten sich zur Wehr. »Einige Kollegen holten Steine aus einem benachbarten Trümmerberg«, erinnert sich Joseph Graczynski. Und schon flogen die Wurfgeschosse aus den hinteren Reihen in Richtung der Postenkette. Einige Demonstranten entrissen den Uniformierten die Schlagstöcke, Frauen schlugen mit Regenschirmen auf sie ein. Zahlreiche Uniformierte mussten verletzt aus dem Einsatz genommen werden.

Hans-Walter Bendzko, den die FDJ vor das Haus der Ministerien geschickt hatte, um dort zu »agitieren«, wie das im Parteijargon hieß, sah, wie mehrere Polizisten zusammenbrachen und von ihren Kollegen nach hinten aus der Sperrkette

Angst vor dem Volkszorn – gleich mehrere Postenketten sichern am 17. Juni das Haus der Ministerien.

herausgetragen wurden. »Die anderen hakten sich aber sofort wieder unter und schlossen so die Reihen«, berichtet er. Dennoch ist Bendzko nicht der Meinung, dass die Demonstranten übermäßig gewaltbereit waren. »Diese Masse Menschen hätte spielend ausgereicht, um uns zurückzudrängen und das Haus der Ministerien zu stürmen«, ist sich der damalige FDJler sicher, »aber die meisten von ihnen waren sehr diszipliniert.«

Wie lange würden die Posten das Ministerium noch abriegeln können? Schätzungsweise auf 60 000 Menschen war die Menge angewachsen, die gegen zehn Uhr aus der Leipziger Straße auf die Frontseite zudrängte. Auch von der Rückseite, dem Potsdamer Platz, schoben die Massen unaufhaltsam. Einigen Gruppen gelang es, bis ins Gebäude vorzudringen. Mit Feuerwehrschläuchen konnten Hausangestellte sie mühsam wieder hinausdrängen. Die Mitarbeiter der Ministerien in den oberen Stockwerken waren hoffnungslos eingeschlossen. Hier gab es keinen Weg hinaus.

»Ich hatte Verständnis für die Arbeiter, solange es um die Normenfrage ging. Was nicht normal war, das war die extreme Erregtheit, mit der das alles ausgetragen wurde.«
Wolfgang Hartmann, DDR-Staatssekretariat für Hochschulwesen

Gegen zehn Uhr stand plötzlich Bruno Leuschner, der Chef der DDR-Wirtschaftsplanung, vor seinen erstaunten Mitarbeitern. »Ich hab zwischen '33 und '35 illegal in Berlin gelebt«, entgegnete der Minister den erstaunten Blicken seiner Mitarbeiter, »ich weiß, wie man unerkannt bleibt.« Leuschner hatte sich von seinem Fahrer Unter den Linden absetzen lassen und sich dann mit einem Sicherheitsbeamten via Westberlin, durch das Brandenburger Tor und den Tiergarten, vorgearbeitet. Es hatte gereicht, die Krawatte und den Hut abzunehmen, schon hatte niemand mehr in ihm den Funktionär vermutet. »Er war richtig stolz, dass er sich durchgeschlagen hatte und jetzt pünktlich seine Sitzung leiten konnte«, berichtet Fritz Schenk. Der Chef sah jedoch sehr mitgenommen, bleich und zittrig aus. Auf einmal verzog er sein Gesicht und hielt sich mit der rechten Hand die linke Brustseite.

Schenk wusste, dass sein Chef ein schwaches Herz hatte. Erst wenige Tage zuvor hatte er einen ernsten Herzanfall erlitten. Schenk und Leuschners Sekretärin packten den Wirtschaftschef unter den Armen und brachten ihn in sein Büro. Als sie ihn auf ein Sofa betteten, schien sich Leuschner zu erholen. Um ihm ein wenig Frischluft zu verschaffen, riss die Sekretärin die Fenster auf. Von der Straße waren die Parolen der Demonstranten zu hören. Leuschner konnte deutlich verstehen, was die Menschen draußen forderten. Schwer atmend suchte er das Gespräch mit seinem Assistenten. »Schenk, Schenk, Schenk«, seufzte er, »das kann doch alles kein Irrtum gewesen sein. Es muss nach den Gesetzmäßigkeiten des Sozialismus doch stimmen.« Der Minister war augenscheinlich völlig verzweifelt. »Wenn ich mir vorstelle, was ich angerichtet habe, sollten wir uns geirrt haben. Was für Familienschicksale ich zu verantworten habe …«

Linke Seite:
Erste Zusammenstöße – noch werden gegen die Demonstranten nur Knüppel eingesetzt.

»Es kann doch kein Irrtum gewesen sein« – der Leiter der DDR-Planungskommission, Bruno Leuschner, erleidet am 17. Juni im Haus der Ministerien einen Herzanfall.

Fritz Schenk verstand, was sein Chef meinte. Leuschner war Vorsitzender der Kommission, die seit Ende der vierziger Jahre im Namen des Sozialismus die Enteignungen von Landwirten, Grundbesitzern und Unternehmern vorgenommen hatte. In Anbetracht des angeschlagenen Gesundheitszustandes des Ministers wollte Schenk aber nicht über ein so heikles Thema mit Leuschner diskutieren. »Atmen Sie ruhig durch«, bat er seinen Chef, »es hat doch keinen Zweck, sich jetzt darüber den Kopf zu zerbrechen.« Schenk war mittlerweile klar geworden, dass auch er sich in einer kritischen Situation befand. Wenn ihm Leuschner hier unter den Händen wegstarb, würde man ihm mit Sicherheit zum Vorwurf machen, dass er nicht rechtzeitig Hilfe herbeigeholt hatte. Er war erleichtert, als eine Ärztin eintraf, die man über die Rückseite des Ministeriums aus dem Westteil der Stadt hereingeschleust hatte. Nach der Behandlung ging es Leuschner wieder besser.

Als die anberaumte Sitzung schließlich mit einer Stunde Verzögerung begann, hatte er sich fast vollständig erholt. »Das war eine ganz normale Sitzung«, erinnert sich Fritz Schenk. Einer habe nach Kaffee gefragt, man habe sich nach dem Verbleib von diesem oder jenem erkundigt, wie an jedem normalen Sitzungstag auch. Auf der Tagesordnung stand die Veränderung des Volkswirtschaftsplans für das zweite Halbjahr 1953. Immer wieder führte Schenk neue Gruppen von Gesprächspartnern in den Raum. Die Vertreter der Schwerindustrie sollten dem »Neuen Kurs« gemäß darüber Auskunft erteilen, wie schnell sie welche Projekte würden einstellen können. Im Gegenzug sollten die Vertreter der Leicht- und Konsumgüterindustrie Vorschläge unterbreiten, mit welchen Mitteln und welchem Material sie schnellstens für eine Steigerung der Produktion sorgen konnten.

»Die Arbeiter hatten sich sehr geschickt das Partei-Vokabular zu Eigen gemacht. Sie hatten Sprüche drauf wie: ›Ihr wollt Arbeiterfunktionäre sein? Ihr habt ja nicht einmal den Mut, hier rauszukommen!‹ Sie beschimpften Volkspolizisten, vor allem jüngere. Sie sagten: ›Ihr seid doch Arbeiterjungs. Schämt ihr euch nicht, diese feigen Bonzen hier zu verteidigen?‹«
Fritz Schenk, DDR-Planungskommission

»Von draußen hörten wir die Schreie«, erzählt Fritz Schenk, »und wir haben im Sitzungszimmer gesessen und weiter über Tonnen und Mark und Mengen und Planpositionen geredet, als sei nichts gewesen. Es war eine richtig gespenstische Atmosphäre.« Nur Erwin Kerber, ein Funktionär alter Schule, sagte ganz ruhig in den Raum: »Was soll das hier eigentlich? Wir bezeichnen uns doch als Arbeiterregierung, und sind das da draußen nicht alles Arbeiter, die gegen uns demonstrieren, oder sind das alles Kapitalisten?« Die Umsitzenden schwiegen betroffen. Was sollte man darauf schon erwidern. Allen war mittlerweile klar geworden, dass es sich bei diesem 17. Juni um ein Ereignis handelte, das für die Geschichte der DDR einen schweren Einschnitt darstellte. »Wir wussten, dass sich die Deutsche Demokratische Republik von diesem Prestigeverlust so rasch nicht würde erholen können«, erinnert sich Fritz Schenk.

Und auch hinter den dicken Mauern des protzigen Baus konnte man hören, wie die Demonstranten auf dem Vorplatz ein neues Lied anstimmten: »Einigkeit und Recht und Freiheit ...«

Etwa zu der Zeit, da Bruno Leuschner das Haus der Ministerien erreicht hatte, erhielt der RIAS in Westberlin unerwarteten Besuch. Ein leitender Beamter der »United States Information Agency« hatte sich angekündigt. Die Herren Roy Cohn und David Shine hätten da einige Fragen an den stellvertretenden Direktor Gordon Ewing, hieß es.

Ewing war genervt. Kaum etwas konnte er im Moment weniger gebrauchen als »Kommunistenjäger«. Ein wenig Zeit aber musste er sich nehmen, denn immerhin waren die beiden offizielle Vertreter der USA. Joseph McCarthy, Vorsitzender des Senatsausschusses für »unamerikanische Aktivitäten«, trieb bereits seit einigen Jahren eine fanatische Hatz gegen vermeintliche Kommunisten in Regierung, Kunst, Kultur und vielen anderen Bereichen des öffentlichen und privaten Lebens. Sein »Ausschuss« war eine offizielle Bundesbehörde, deren Anforderungen und Fragen umgehend Folge geleistet werden musste.

Zähneknirschend bat Ewing Cohn und Shine in sein Büro. Senator McCarthy mache sich Sorgen, teilten die Inquisitoren Ewing nun unumwunden mit. Es gäbe Gerüchte über »kommunistische Umtriebe« im RIAS. Gehetzt versuchte Ewing den ungebetenen Gästen klar zu machen, dass der Sender an diesem Tag andere Sorgen habe. So leicht aber ließen sich die Officer nicht hinauskomplimentieren. Die peinliche Befragung zog sich hin. Ganz konkret erkundigten sie sich nach einem gewissen »Bölling« und einem »Herrn Schütz«.

»Das war alles absurd«, sagt Klaus Bölling heute, »die meinten wohl, dass der RIAS klammheimlich unter die Kontrolle von Kommunisten geraten war.« Klaus Bölling war tatsächlich Mitglied der KPD gewesen und hatte sogar zwei Jahre lang das Parteibuch der SED besessen. Er leugnete diesen Umstand gar nicht, und die Kollegen wussten größtenteils Bescheid. Sie kannten auch Böllings Beweggründe, die ihn in die »Sozialistische Einheitspartei« geführt hatten. Seine Eltern hatten unter der Verfolgung durch die Nazis gelitten, und Bölling war anfänglich überzeugt gewesen, »dass keine andere Partei so radikal mit dem Nationalsozialismus fertig werden könnte«. Als ihm klar wurde, auf welch fatalen Weg sich der »real existierende Sozialismus« begab, hatte er sich schleunigst von den Genossen distanziert.

Eberhard Schütz hatte gegen Ende der Weimarer Republik einer kommunistischen Studentengruppe angehört und war während seines Exils kurz in Moskau gewesen. Jetzt war er ebenso wie Bölling Ziel des Vorwurfs, ein »kommunistisches U-Boot« im Sender zu sein. Viele Kollegen waren der Meinung, dass

»Am 17. Juni hatten wir beim RIAS Besuch eines der beiden Assistenten des Kommunistenjägers Joseph McCarthy. Er wollte herausfinden, ob es unter uns Kommunisten gab. Ich war das einzige Opfer, weil ich zwischen dem 17. und 19. Lebensjahr bei der SED war. Wegen meiner Tätigkeit als Redakteur der ersten FDJ-Zeitschrift erschien ich als Sicherheitsrisiko und musste den RIAS verlassen.«

Klaus Bölling, als Redakteur beim RIAS entlassen

»Das war schon phantastisch: Auf der einen Seite eine liberale, mit den streikenden Deutschen in der DDR sympathisierende amerikanische Führung des RIAS; auf der anderen Seite ein Sendbote, der in Begleitung zweier Bodyguards im Konferenzraum des RIAS erschien.«

Klaus Bölling

gerade Männer wie Schütz und Bölling besonders geeignet für die Arbeit des RIAS waren, da sie am eigenen Leib Erfahrungen mit dem kommunistischen Machtapparat gemacht hatten. »Die Leute, die aus der Linken kamen, berichteten und kommentierten in ihren Sendungen am treffendsten«, sagt Hanns Peter Herz. »Es war also absoluter und horrender Blödsinn, gerade denen zu unterstellen, dass sie Sympathisanten des Kommunismus seien.«

McCarthys Spürhunde interessierten solche Argumente herzlich wenig. Sie hatten hier einen Job zu erledigen, und das würden sie auch tun. Dem stellvertretenden Programmdirektor blieb nichts anderes übrig, als sich zu fügen und Rede und Antwort zu stehen, während seine Reporter wie aufgescheuchte Hühner die Gänge entlanghetzten und nur wenige hundert Meter entfernt ein komplettes Herrschaftsgefüge ins Wanken geriet.

Immer wieder tauchten Gruppen von Ostberlinern auf, die atemlos von den Vorgängen im sowjetischen Sektor berichteten. Auch der Betonierer Joseph Graczynski hatte sich mit zwei Begleitern zum RIAS aufgemacht.

»Die Menschen in der ganzen DDR sollten hören, wie man mit uns umsprang«, erklärt Graczynski. Gegen halb elf traf die Gruppe beim RIAS ein. Freundliche Mitarbeiter führten sie direkt in ein Tonstudio. »Die haben uns nicht mal nach den Namen gefragt. Für die war nur wichtig, was wir erlebt hatten«, sagt Graczynski. Aufgeregt berichteten die Ostberliner Bauarbeiter in einem Interview, was ihnen im Ostteil der Stadt widerfahren war. Der Betonierer kann sich noch erinnern, dass es anschließend Würstchen und Kartoffelsalat gab, dazu eine Cola. Dann zog es die drei Berichterstatter wieder in den Osten der Stadt.

Kaum eine halbe Stunde später war der Betonierer wieder zurück in der Leipziger Straße. Hier war es innerhalb der letzten Stunde noch enger geworden. Mann an Mann schoben sich die Demonstranten vorwärts. »Wir hatten schon gesehen, dass vorne Volkspolizei stand«, erinnert sich Graczynski, »die haben regelrecht auf uns gewartet.« Die Polizisten bildeten eine Kette gegen die Demonstranten, die sich in immer größerer Menge gegen das Haus der Ministerien stauten. »Ich stand ganz vorne. Hinter mir Hunderte von Menschen, die gedrückt haben. Ich stand Auge in Auge mit den Uniformierten.« Einen Fußbreit nach dem anderen schob die Masse die Polizisten näher an das Haus der Ministerien heran. Immer stärker wurde der Druck.

Graczynski war klar, dass die Kette nicht mehr lange halten würde. In den Gesichtern der Volkspolizisten war zunehmend Panik erkennbar. Was würde geschehen, wenn die Masse hier durchbrach? Auch Erika Schallock, die Arbeiterin aus der Glühlampenfabrik, hatten die Demonstrationszüge vor das Haus der Ministerien geschoben. Sie und ihre Begleiterinnen versuchten, mit den

»Ulbrichtknechte« – Volkspolizisten beim Einsatz gegen Demonstranten

Vopos ins Gespräch zu kommen. Die Männer in Uniform reagierten zunächst auch gar nicht unfreundlich. »Frauen, geht nach Hause, sonst passiert hier noch ein Unglück«, sagte einer. »Wir haben uns von denen aber nicht vertreiben lassen«, sagt Erika Schallock stolz. Als Nächstes konnte sie beobachten, wie ein Demonstrant einem Polizisten die Mütze vom Kopf riss und in die Luft warf. Der Geräuschpegel steigerte sich ins Unerträgliche – bis plötzlich ein anderes Geräusch die Schreie der Demonstranten übertönte.
Klaus Konitzer befand sich zur gleichen Zeit am nicht weit entfernten Marx-Engels-Platz. Er hatte die sowjetischen Panzer bereits einige Minuten früher gesehen. »Der erste T-34 war einfach über den Platz gefahren. Er hatte sich überhaupt nicht um die Demonstranten dort gekümmert«, erinnert er sich. »Dann kam ein zweiter, ein dritter, ein vierter, bis es schließlich sieben oder acht Panzer waren.« Die Panzer rasselten die Straße Unter den Linden hinunter bis zur Kreuzung Friedrichstraße. Von hier aus waren es nur noch wenige Häuserblocks bis zur Leipziger und dem Haus der Ministerien. »Die Panzer stellten sich sternförmig auf, richteten die Rohre nach außen hin, aber nicht unbedingt in die Menge. In der Mitte stand anscheinend der Führungspanzer, denn eine Luke ging auf, und ein Offizier, ich glaube das Rot eines Generals gesehen zu haben, stieg aus.« Der russische General, der vor dem Haus der Ministerien das Wort ergriff, war wahrscheinlich der russische Stadtkomman-

»Arbeiterproteste gegen Arbeiterregierung nicht vorgesehen« – viele sowjetische Soldaten reagieren am 17. Juni verunsichert.

83
84
R

»Sie waren Besatzer, Gegner« – noch bewegen sich die sowjetischen Panzer vorsichtig durch die Demonstranten.

Linke Seite:
»Der große Bruder kommt zu Hilfe« – gegen Mittag des 17. Juni rücken sowjetische Panzer gegen die Aufständischen vor.

dant Generalmajor Dibrowa. In gebrochenem Deutsch forderte er die Leute auf, nach Hause zu gehen. Kaum jemand kam seiner Order nach.

Die Panzer in den Straßen Ostberlins sind nicht urplötzlich aufgetaucht, auch wenn es in der Erinnerung der Augenzeugen vielfach so erscheint. Bereits seit den frühen Morgenstunden waren die Truppen in Bereitschaft und in Bewegung. Schon gegen neun Uhr kreisten fünf Panzerspähwagen am Alexanderplatz, wenig später wurden acht Späher im Regierungsviertel gesichtet. Die Demonstranten hatten ihnen keine besondere Beachtung geschenkt. Der Anblick von russischem Militär im sowjetischen Sektor war nicht ungewöhnlich. Dass die Sowjets in Anbetracht der Demonstrantenmassen Präsenz zeigten, war zu erwarten. Eine sonderliche Bedrohung sahen die Protestierer im Großen Bruder offenbar gar nicht. »Unsere sowjetischen Freunde«, wie sie in der SED-Propaganda stets genannt wurden, hatten bei der Bevölkerung Ostberlins einen besseren Leumund, als so mancher West-Reporter es später wahr haben wollte. Zahlreiche Fotos dieses Tages zeigen Demonstranten, die ruhig in unmittelbarer Nähe der Panzer stehen und mit der Besatzung debattieren. Dennoch – die russischen Panzer waren mit einer ganz speziellen Order gekom-

Eine Kolonne von sowjetischen T-34-Panzern fährt vor dem Haus der Ministerien vor.

»Dem Spuk ein Ende« – Schüsse fegen die Straßen leer.

»Der Mut der Verzweiflung« – mit bloßen Fäusten rücken die Demonstranten gegen die Panzer vor.

men, die die sowjetische Militäradministration gegen Mittag im sowjetischen Hauptquartier der orientierungslosen DDR-Führung mitteilte.

Hier in Karlshorst hatten sich seit den frühen Morgenstunden diejenigen verschanzt, die die Demonstranten so innig zu sehen wünschten. Grotewohl, Ulbricht, Oelßner, Herrnstadt – die gesamte in Berlin anwesende Führungselite der SED war vom Hohen Kommissar Wladimir Semjonow zum sowjetischen Stützpunkt nach Karlshorst zitiert worden. In rascher Fahrt hatten Limousinen die Funktionäre unerkannt zur sowjetischen Kommandantur verfrachtet.

»Dort standen wir zunächst überflüssig herum«, erinnerte sich Rudolf Herrnstadt später. Peinlich berührt stellten die Genossen fest, dass sie hier offenbar niemand brauchte, während die Russen in den umliegenden Büros emsig arbeiteten. Der Empfang war bezeichnend. Herrnstadt berichtete, dass der Hohe Kommissar seine »Gäste« mit ausgesuchter Höflichkeit behandelt habe. Bisweilen aber habe er eine gewisse »Ironie« durchblicken lassen. »RIAS gibt durch, dass es in der DDR eine Regierung schon nicht mehr gibt«, habe er den Deutschen erzählt. Und mit Blick zu seinen sowjetischen Genossen hinzugefügt: »Na, fast stimmt es doch.«

Tatsächlich hat die Regierung der DDR am 17. Juni eine reine Statistenrolle gespielt. Von den Sowjets außerhalb des Geschehens abgeschottet, machte Ulbricht halbherzige Vorschläge, was die Mitglieder der Parteiführung zur Beruhigung der Lage beitragen sollten. Ein Teil des Politbüros, wie das ZK-Mitglied

„Genosse Ulbricht nahm mich mit. Wir fuhren in geschlossener Kolonne und sehr schnell durch die Straßen, die inzwischen voll von aufgeregten Menschen waren. Einige drangen mit erhobenen Fäusten auf die Wagen ein. Weder Ulbricht noch ich sprachen.“

Rudolf Herrnstadt, Chefredakteur des »Neuen Deutschland« und Politbüromitglied, im »Herrnstadt-Dokument«

»Die Politbüromitglieder begaben sich nach Karlshorst – wider Willen. Sie waren der Meinung, sie gehörten dahin, wo es am meisten brannte – und nicht in einen isolierten Bereich. Grotewohl erzählte mir später, sie hätten bei Semjonow gegen diese Sicherheitsmaßnahme protestiert. Der Hochkommissar erklärte, er habe aus Moskau den Auftrag erhalten sicherzustellen, dass die Führung der DDR nicht ums Leben käme. Am meisten hat, laut Grotewohl, Ulbricht protestiert. Er fühlte sich wohl den Russen ›unterstellt‹.«

Fred Stempel, Assistent von Otto Grotewohl

Elli Schmidt, der stellvertretende Volkskammerpräsident Hermann Matern und Fred Oelßner würden »in die Republik fahren«. Ostberlins Bürgermeister Friedrich Ebert und Hans Jendretzky, der Erste Sekretär der SED-Bezirksleitung, sollten die Regierungsvertretung in der Hauptstadt bilden. Er selbst, Grotewohl, Zaisser und Herrnstadt sollten in Karlshorst bleiben. Und während in Ostberlin die Demonstranten den Staat aus den Angeln hoben, drehte das deutsche Quartett im sowjetischen Hauptquartier Däumchen. Von Zeit zu Zeit schaute Wladimir Semjonow bei ihnen vorbei und unterrichtete sie über die neuesten Entwicklungen. Die Meinung des SED-Generalsekretärs, des Ministerpräsidenten der DDR und ihrer Begleiter war offenbar nicht gefragt.

Etwa gegen zwölf Uhr erschien Semjonow wieder bei den kleinlauten Deutschen. »Moskau hat die Verhängung des Ausnahmezustands ab ein Uhr mittag angeordnet«, sagte er knapp. »Jetzt ist der Spuk sehr schnell vorbei. Ein paar Minuten nach ein Uhr ist die ganze Sache erledigt.« Eine gute Stunde später saßen die Deutschen Marschall Wassilij Sokolowskij, dem stellvertretenden sowjetischen Verteidigungsminister, gegenüber. Entspannt und offensichtlich gut gelaunt, begrüßte der hohe Militär die Genossen. »Wie konnte diese Sache passieren? Das verstehe ich nicht«, fragte er in die Runde. Und während die deutsche Delegation betreten ihre Fingernägel studierte, peitschten die ersten Schüsse durch die Straßen von Berlin.

In der Nacht hatte es rege Kontakte zwischen der SED-Führung und der sowjetischen Militärverwaltung gegeben. Die SED-Führung hatte in Anbetracht der Großdemonstration vom 16. Juni fieberhaft überlegt, welche Mittel zur Verfügung stünden, um die Situation zu beruhigen. Die Kasernierte Volkspolizei schien nicht das geeignete Instrument zu sein. In der Nacht zum 17. Juni äußerte Ulbricht in einem Gespräch mit Wilhelm Zaisser und dem KVP-Chef Heinz Hoffmann Zweifel an der politischen Zuverlässigkeit der Kasernierten, wie sich KVP-Offiziere später erinnerten. Ein Einsatz solle nur für den äußersten Notfall erwogen werden, so Ulbricht. Sein Misstrauen basierte nicht zuletzt auf der Tatsache, dass es sich bei den Verbänden der KVP um eine junge Truppe handelte, die in dieser Form seit nicht einmal einem Jahr existierte. Wer konnte schon sagen, ob die Zeit gereicht hatte, den Soldaten so viel Regimetreue einzubläuen, dass sie gegebenenfalls bereit gewesen wären, auf ihre eigenen Landsleute zu schießen?

Zudem hatten sich die KVP-Angehörigen bislang nicht gerade als »treue Söhne des Staates« erwiesen. Allein in den ersten vier Monaten des Jahres 1953 hatten etwa 8000 dem »Arbeiter- und Bauernparadies« den Rücken gekehrt und waren nach Westdeutschland geflüchtet.

BEFEHL

des Militärkommandanten des sowjetischen Sektors von Berlin

Betrifft: Erklärung des Ausnahmezustandes im sowjetischen Sektor von Berlin

Für die Herbeiführung einer festen öffentlichen Ordnung im sowjetischen Sektor von Berlin wird befohlen:

1. Ab 13 Uhr des 17. Juni 1953 wird im sowjetischen Sektor von Berlin der Ausnahmezustand verhängt.
2. Alle Demonstrationen, Versammlungen, Kundgebungen und sonstige Menschenansammlungen über 3 Personen werden auf Straßen und Plätzen wie auch in öffentlichen Gebäuden verboten.
3. Jeglicher Verkehr von Fußgängern und der Verkehr von Kraftfahrzeugen und Fahrzeugen wird von 9 Uhr abends bis 5 Uhr morgens verboten.
4. Diejenigen, die gegen diesen Befehl verstoßen, werden nach den Kriegsgesetzen bestraft.

Militärkommandant des sowjetischen Sektors von Berlin
Generalmajor Dibrowa

Berlin, den 17. Juni 1953

Ab 13 Uhr gilt am 17. Juni Kriegsrecht in Ostberlin

Auch die Sowjets trauten der KVP nicht so recht über den Weg. »Wir waren uns nicht sicher, inwieweit die Polizei von Sympathisanten des Westens infiltriert war«, berichtet der sowjetische Diplomat Valentin Falin. Bereits am 16. Juni hatten die Russen eine Anfrage des Ostberliner Polizeipräsidenten, die ersten Demonstrationen durch die KVP auflösen lassen zu dürfen, abgeschmettert. Niemand konnte garantieren, dass die Kasernierten nicht mit fliegenden Fahnen auf die Seite der Aufständischen übertreten würden. Und dann hätte man es mit bewaffneten Aufständischen zu tun gehabt!

KVP-Chef Hoffmann wurde in dieser Nacht mitgeteilt, er sei nun Wilhelm Zaisser unterstellt, dieser wiederum werde all seine Planungen mit dem Ober-

»Die Staatssicherheit war zur damaligen Zeit erst im Aufbau. Die Nationale Volksarmee gab es überhaupt noch nicht, sondern nur ihre Vorstufe, die Kasernierte Volkspolizei. Insofern war sie auch bei den sowjetischen Truppen als unzuverlässige Truppe eingeschätzt. Man wusste nicht, wie diszipliniert sie sich gegen das eigene Volk wenden würde.«

Fritz Schenk, DDR-Planungskommission

kommandierenden der sowjetischen Streitkräfte, Marschall Andrej Gretschko, abstimmen. Abgesehen von den Verbänden, die schon in der Nacht in Bewegung gesetzt worden waren, standen kaum Einheiten der Kasernierten Volkspolizei bereit, um an der Niederschlagung des Aufstands teilzunehmen. Haben die DDR-Verantwortlichen die Lage tatsächlich so falsch eingeschätzt, wie es diese Entscheidung suggeriert?

Bislang sind die Entwicklungen dieser Nacht jedenfalls meist derart gedeutet worden. Der eine Woche nach den Unruhen verfasste Bericht Wladimir Semjonows behauptete in der Tat, Ulbricht und seine Mannen hätten den Ernst der Lage nicht begriffen. Man habe der DDR-Führung in der Nacht zum 16. Juni mitgeteilt, dass man sowjetische Truppen nach Berlin verlege. Die Herren aber hätten die Situation »sehr optimistisch« eingeschätzt. Solche Maßnahmen seien gar nicht nötig, die Lage würde sich nicht weiter verschärfen.

Jüngst aufgefundene Dokumente geben allerdings ein anderes Bild der entscheidenden Nacht vom 16. auf den 17. Juni. Ein Lagebericht aus Berlin erreichte Moskau gegen halb acht Berliner Zeit. Wladimir Semjonow und Marschall Gretschko schilderten den »Genossen Molotow und Bulganin« zunächst die Ereignisse des Vortages, wobei sie erstaunlich fest auf der Deutung beharrten, Ostberlin werde von westlichen Agitatoren überschwemmt. Dann berichteten sie von einem Gespräch mit Ulbricht, Grotewohl und Zaisser, in dessen Verlauf die Deutschen zum Ausdruck gebracht hätten, dass sie die Ereignisse erst »für den Beginn weitergehender Unruhen« hielten, den »Ernst der Lage« also durchaus überblickten. »Auf die Bitte unserer deutschen Freunde«, heißt es dann weiter, »haben wir Truppenverbände von 450 Mann« in die Bezirke beordert, aus denen Unruhen gemeldet wurden. Darüber hinaus werde man zwei mechanisierte Regimenter, eine mechanisierte Division und ein Bataillon des 105. Regiments des Innenministeriums nach Karlshorst verlegen. Man sei mit den »Freunden« darin übereingekommen, dass die Volkspolizei die öffentliche Ordnung aufrechterhalten solle und die Sowjettruppen im »äußersten Notfall« eingreifen würden. Von einer Fehleinschätzung der Lage in der Nacht zum 17. Juni kann demnach keine Rede sein. Ulbricht und seine Gefolgsleute wählten – folgt man der Darstellung dieses Berichtes – zwischen dem in ihren Augen unzuverlässigen Instrument der Kasernierten Volkspolizei und den verlässlichen Truppen des »Großen Bruders« offenkundig Letzteres.

Der Verlauf der Ereignisse bewies, dass Ulbrichts Einschätzung der Lage die für seine Zwecke richtige gewesen war. Die anrückenden Einheiten der Kasernierten Volkspolizei waren miserabel instruiert. So berichteten KVP-Offiziere, sie seien angewiesen worden, sich mit ihren Einheiten unter die Demonstranten

> **»Wir sprachen mit der DDR-Führung: Ulbricht, Grotewohl und Zaisser. Sie alle waren der Meinung, dass die Unruhen vom 16. Juni erst den Beginn von Aktionen darstellte, die von Westberliner Seite her geplant wurden. Unsere Freunde rechnen mit der Möglichkeit noch größerer Unruhen am Morgen des 17. Juni.«**
> ***Aus dem Situationsbericht des Hohen Kommissars Semjonow und dem stellvertretenden Kommandierenden der Sowjettruppen Gretschko an die Moskauer Führung, 17. Juni 1953, 5 Uhr 26 (Berliner Zeit)***

zu mischen und mit ihnen zu diskutieren. Auf die aufgebrachte Masse, mit der sie sich nun konfrontiert sahen, hatte sie niemand vorbereitet – ganz abgesehen davon, dass es sich bei der KVP um Militäreinheiten handelte, die für polizeiliche Einsätze ohnehin nicht ausgebildet waren. Erst im Verlauf des Vormittags erhielten weitere Einheiten den Befehl, die Polizei in der Innenstadt zu unterstützen. Mit Entsetzen mussten die Kommandeure feststellen, dass sie der Lage, so wie sie sich jetzt darstellte, nicht mehr Herr werden konnten, sofern ihnen nicht von irgendwoher Hilfe zukäme.

Diese Hilfe stand längst bereit. Hochkommissar Wladimir Semjonow erinnert sich auf seine Weise an die entscheidenden Stunden. Gegen Mittag habe er die Anweisung aus Moskau bekommen, Panzer und Artillerie ins Stadtinnere zu schicken. Dazu habe er den Schießbefehl aus Moskau erhalten. Er selbst habe die Order noch abgemildert und gemeinsam mit Marschall Sokolowskij beschlossen, nur über die Menge hinwegschießen zu lassen.

Der Wahrheitsgehalt dieser Schilderung, die aus der Rückschau wenig überraschend den Heldenstatus des Erzählers betont, ist heute kaum mehr überprüfbar, sofern sich nicht weitere aufschlussreiche Dokumente einbringen lassen. Tatsache ist: In der Nacht zum 17. hatten sich SED-Führung und sowjetische Militäradministration offenbar darauf geeinigt, für den Fall, dass die Situation eskalieren würde, die sowjetischen Verbände einzusetzen. Die Panzer in den Straßen Berlins rollten nicht gegen den Willen der Deutschen, sondern mit ihrem Wissen und ihrer Billigung. Geheimdienst-Mann Tschernjawskij bestätigt im Interview diese Interpretation. »Es bedurfte der Erlaubnis Moskaus, um die Entscheidung umzusetzen«, sagt er, »getroffen aber wurde sie in Berlin.«

Moskau gab grünes Licht für das Vorgehen gegen die Demonstranten des 17. Juni. Fraglich bleibt allerdings, wer im Kreml zur fraglichen Zeit überhaupt das Sagen hatte. Der Hohe Kommissar Semjonow berichtete in seinen Memoiren wiederholt von Telefonaten mit Chruschtschow und Molotow. Geheimdienstchef Lawrentij Berija schickte zwei seiner »besten Männer«, Amajak Kobulow und Sergej Goglidze nach Berlin. Valentin Falin erinnert sich, dass Berija für eine harte Gangart plädierte. »Er forderte von seinen Leuten und den Militärs in Berlin, nicht mit Kugeln zu sparen und hart zu handeln. Es gehe nicht um die Zahl der Opfer, sondern um die Substanz der Sache.«

Nikita Chruschtschow, da ist sich Falin sicher, wollte nicht so weit gehen. Sergej, der Sohn des Generalsekretärs, gibt ihm Recht: »Mein Vater war der Meinung, man solle keine Waffen ohne Not einsetzen. Und da er wusste, dass die Deutschen Respekt vor Stärke haben, wollte er Panzer auffahren lassen und zeigen, dass die Sowjetunion keinen Ungehorsam zuließ.« Nur wenn es nötig sei, so

»Die Telefone klingelten ununterbrochen. (…) Als der Putsch ausbrach, nahm mein Mitarbeiter Anatolij Kowaljow einen Anruf Berijas entgegen. ›Hier bin ich …‹ ›Entschuldigung, ich habe Sie nicht verstanden.‹ – ›Ich, ich, Berija! Wo ist Semjonow?‹, schrie er mit seiner kehligen Stimme in den Hörer. ›Er ist mit dem Wagen in die Stadt gefahren.‹ – ›In die Stadt, in die Stadt, in solchen Zeiten sitzt man auf seinem Platz und fährt nicht in der Stadt herum! Und außerdem – warum spart Semjonow so mit Patronen?‹, donnerte Berija drohend.«

Wladimir Semjonow, sowjetischer Hochkommissar, in seinen Erinnerungen

»Den Deutschen erlauben, sich gegen uns zu erheben? Die Folge wäre ein totaler Zusammenbruch gewesen. Sobald die ersten Berichte über die Ereignisse in der DDR eintrafen, war Berija einer der Ersten, der forderte: ›Wir müssen handeln! Sofort! Gnadenlos!‹«
Aus den Erinnerungen des damaligen sowjetischen Außenministers Wjatscheslaw Molotow

erinnert sich der Sohn an die Erzählungen seines Vaters, sollte von der Waffe Gebrauch gemacht werden. Wem letztlich konkret die Verantwortung für den Einsatz der Panzer in Berlin zuzuschreiben ist – niemand im Kreml wird ernsthafte Einwände dagegen erhoben haben. Ostberlin war der Präzedenzfall, das war den Verantwortlichen klar.
Auch in den anderen Satellitenstaaten gärte es. Unruhen waren in den vorangegangenen Wochen aus Bulgarien und dem tschechischen Pilsen gemeldet worden. Wenn der Funke nicht im Keim erstickt würde, würde sich der gesamte sowjetische Einflussbereich in ein Pulverfass verwandeln – und das mussten die Herren im Kreml verhindern. Niemand aber konnte sagen, wie sich die Situation entwickeln würde, denn der Einsatz von Panzern gegen eine diffuse Menschenmasse von Hunderttausenden Demonstranten auf den Straßen einer Großstadt war nie erprobt worden. Kein Manöver hatte die Soldaten auf einen solchen Einsatz vorbereitet. Und es war nicht nur so, dass der Gegner schwer zu fassen war. Was den Soldaten psychisch zu schaffen machen würde: Der Gegner war überhaupt kein Gegner, denn er war unbewaffnet und damit gleichsam wehrlos.

Unaufhaltsam schoben sich die Panzer die Leipziger Straße hinunter auf den Potsdamer Platz zu. Vor sich her trieben sie eine dichte Masse Tausender von Menschen. Jetzt, da die Panzer offen auf die Demonstranten zufuhren, erkann-

»Ein einziges Geschubse« – ein verletzter Demonstrant hat sich in einen Hauseingang gerettet.

»Irrsinnige Wut« – Demonstranten sammeln Pflastersteine auf, die die Panzer mit ihren Ketten aus der Erde gerissen haben.

»Alles umsonst« – den Panzern stellt sich am Potsdamer Platz nur wenig Widerstand entgegen.

S

»Steine gegen Panzer« – die Bilder von den Steinewerfern des 17. Juni 1953 gingen um die Welt.

Rechte Seite:
»Hoffnungsloser Kampf« – am Potsdamer Platz versucht ein junger Demonstrant die Antenne eines Panzers abzubrechen.

»Verzweifelte Geste« – mit dem Holzknüppel gegen das Stahlungetüm. Andere Demonstranten rammten Kanthölzer in die Ketten der Panzer, um diese zu blockieren.

ten viele Ostberliner erst, in welcher Gefahr sie sich befanden. »Das war ein einziges Geschubse«, erinnert sich Bernhard Adamski. »Laufen konnte man eigentlich gar nicht mehr, man wurde eher geschoben.« Nur manchmal konnte sich der eine oder andere in einen Hauseingang flüchten und ein bisschen Luft holen.

Mit wachsendem Entsetzen sah der Betonierer, dass einige Demonstranten begannen, sich zu wehren. Mit nichts als Steinen bewaffnet gingen sie gegen die Panzer vor. Lehrlingsausbilder Claus Mohr ist noch heute voller Bewunderung für den Mut der Marschierer. »Die haben sich untergehakt, sind auf die Panzer zumarschiert und haben gebrüllt: Wir haben keine Angst vor Panzern, wir haben keine Angst vor Panzern!«

Binnen Sekunden schien die Furcht vor dem rasselnden Dröhnen der gigantischen Fahrzeuge wie weggeblasen. Trümmerteile und Steine hagelten auf die Stahlkolosse herunter. Demonstranten krabbelten in atemberaubender Geschwindigkeit an den Panzern hoch und hämmerten auf die Gehäuse ein. Andere hatten sich Feuerlöscher gegriffen und spritzten Löschschaum in die Sehschlitze der Panzer. Bernhard Adamski sah, wie junge Leute die Antennen der russischen Fahrzeuge abbrachen. Irgendjemand hatte geschrien, man müsse die Funkverbindung der Panzer untereinander unterbrechen. Die Panzerluken wurden aufgerissen oder aufgestemmt, um Steine hineinzuwerfen.

»Das war kollektiver Irrsinn«, berichtet ein Bauarbeiter. Niemand konnte wirklich damit rechnen, diesen Kampf David gegen Goliath zu gewinnen, aber darum ging es auch nicht. »Wir hatten eine solche Wut«, ringt Helmut Mücka heute nach Erklärungen. Auch mit ihm gingen am Potsdamer Platz die Nerven durch. Wie viele andere schnappte er sich Kanthölzer und versuchte, die massiven Hölzer in die Ketten der Panzer zu rammen.

Den grünen Ungetümen haben all diese Angriffe kaum etwas ausgemacht. Immer weiter schoben sich die T-34 vorwärts. Langsam – fast kriechend – ging es immer näher auf das Ende des sowjetischen Sektors zu. Was würde geschehen, wenn am Potsdamer Platz die Grenze zum amerikanischen und britischen Sektor erreicht war?

An der Sektorengrenze hatten sich die Reporter der westlichen Medien postiert. Auch Klaus Bölling war mit seinem Freund Hanns Werner Schwarze, dem Nachrichtenchef des RIAS, zum Potsdamer Platz gerannt. Als die beiden fast am S-Bahnhof des Platzes angekommen waren, hörten sie Schüsse aus der Richtung des Hauses der Ministerien. »Hinlegen, bloß hinlegen«, brüllte Schwarze seinem Kollegen zu. Klaus Bölling erinnert sich noch, dass ihm die

34

DIE FREIE BERLINER PRESSE M
ANKAUF
VERKAUF

»Nervenprobe« – die sowjetischen Panzer rücken bis an die Sektorengrenze vor.

Gefährlichkeit der Situation zunächst gar nicht bewusst war. »Ich besaß damals nur zwei dürftige Anzüge mit viel Holz im Stoff«, erzählt er, »und ich zögerte noch einen Augenblick, um diesen noch relativ neuen Sommeranzug zu schonen.« Eine Sekunde später aber lag er genau wie Schwarze auf den Boden gepresst und beobachtete fassungslos die brennenden Kioske.
Auch RIAS-Mann Hans Christoph Knebusch hatte es an den Potsdamer Platz gezogen. Für ihn war es unbegreiflich, dass ein Staat zu solchen Mitteln greifen konnte. »Wie bankrott und schwach musste die DDR sein, dass sie schon den Großen Bruder zu Hilfe kommen lassen musste«, sagt er. »Als der erste T-34 auf

den Platz rollte, haben wir uns zurückgezogen«, berichtet Bölling. Er und sein Kollege Schwarze wussten, dass der Kampf verloren war. Schwarze hatte den Zweiten Weltkrieg an der Front erlebt, auch Bölling war noch zur Flak eingezogen gewesen. Der Kampf »Mann gegen Panzer« war nicht zu gewinnen. »In uns brannte ungeheurer Zorn. Als ich da platt auf dem Boden lag, hab ich nur gedacht: Verfluchte Tyrannen!«

»Menschenjagd« – die Panzer treiben die Demonstranten vor sich her.

Auch viele Demonstranten resignierten in diesem Augenblick. Bauarbeiter Heinz Pahl, der während des 16. und 17. Juni immer ganz vorne mitmarschiert war, machte sich auf den Heimweg. »Wenn einer wie ich schon im Krieg war,

Niederkirchnerstraße

»Wie bankrott und schwach musste die DDR sein, dass sie schon den Großen Bruder zu Hilfe kommen lassen musste.« – Hans Christoph Knebusch, Redakteur beim RIAS

S

»Verfluchte Tyrannen« – gegen Mittag des 17. Juni peitschen Schüsse über den Potsdamer Platz.

»Volkspolizei und, soweit erkennbar, auch Russen schießen in unregelmäßigen Abständen auf Demonstranten« – Protokoll der Westberliner Polizei, 12.15 Uhr

weiß er, wann es an der Zeit ist, aufzugeben«, erzählt er. »Es hat einfach keinen Sinn, mit Steinen auf Panzer loszugehen. Es bringt nichts.« Da keine öffentlichen Verkehrsmittel fuhren, lief er zu Fuß nach Hause zum Prenzlauer Berg.
Auch Lehrling Günter Mentzel wollte sein Leben nicht aufs Spiel setzen. »Ich wusste genau, wann ich mich zu verpfeifen hatte. Da konnte man nicht einfach stehen bleiben.«
Doch Tausende blieben. Sie wollten der rohen Gewalt nicht weichen. Die Wut der Demonstranten richtete sich nicht nur gegen die Panzer. Viele können sich noch erinnern, dass irgendwann die Stimmung kippte und mehr und mehr – vor allem jugendliche – Demonstranten begannen, Schaufenster, Bahnstationen und Häuserfassaden zu demolieren. Die Auswertung der Protokolle der Funkleitstelle Ostberliner Volkspolizei belegt, dass bereits am Morgen vereinzelt Jugendliche randaliert hatten. Um zehn Uhr vermerkt das Protokoll: »Anruf 01: Friedrichstr./Ecke Unter den Linden wird VP-Fahrzeug mit zwei Personen von Demonstranten umgekippt.« Um die gleiche Uhrzeit auch die

»Das hat doch alles keinen Sinn« – Demonstranten flüchten vom Potsdamer Platz.

Eine brennende Baracke Ecke Friedrich- und Schützenstraße

»Die hatten alles und wir nichts« – der Volkszorn richtet sich in diesem Fall gegen ein Funktionärsauto.

»Freudenfeuer« – vor allem die Insignien von Staat, Partei und Gewerkschaft werden ein Opfer der Flammen.

»Sozialistisches Aushängeschild« – das Columbushaus am Potsdamer Platz brennt vollständig aus.

»Keine Hemmungen mehr« – Zerstörung eines Sektorenschilds durch Jugendliche

bedrohliche Meldung: »Potsdamer Platz starke Rauchentwicklung. Kann nicht gesehen werden, was dort geschieht.« Gegen Mittag war die Stimmung immer aggressiver geworden. Das Auftauchen der Panzer fegte nun alle Hemmschwellen hinweg.

»Wir hatten alle Hunger«, erzählt der Bauarbeiter Bernhard Adamski, der mit dem Demonstrationszug am Potsdamer Platz angekommen war, »da haben einige halt versucht, sich im HO-Laden was zu holen«. Der fragliche HO-Laden befand sich im Columbushochhaus, das als Aushängeschild der Errungenschaften der DDR direkt an der Grenze vom sowjetischen zum britischen und amerikanischen Sektor postiert war. Gegen Mittag entwaffneten Demonstranten die vor dem Gebäude postierte Volkspolizei.

Die Polizisten, die sich im Inneren verschanzt hatten, ergaben sich, als die Glastüren des Gebäudes eingetreten wurden. Jubelnd drangen die Demonstranten in das Hochhaus ein. »Auf einmal kamen Schreibtische, Papier, Zeitungen durchs Fenster geflogen«, erinnert sich Helmut Mücka. Hans-Walter Bendzko, ein Ostberliner Zollfahnder, war damit überhaupt nicht einverstanden. »Also, mich hat das aufgeregt, dass da Läden und Gaststätten zerstört wurden. Ich wusste doch, wie mühselig das alles aufgebaut worden war. Wir hatten alles

Rechte Seite: »Starke Rauchentwicklung« – das HO-Geschäft im Erdgeschoss des Columbushauses wurde erst geplündert und dann vollständig verwüstet.

»Entstalinisierung« – eine Kommandostelle der Volkspolizei ist gestürmt, das Konterfei des gerade verstorbenen Stalin landet auf dem Scheiterhaufen.

ohne Entgelt enttrümmert, damit die Stalinallee hochgezogen werden konnte, und jetzt sollte alles wieder von vorne losgehen?«

Unter den Randalierern waren nun auch viele Jugendliche aus Westberlin. Dieter Hundert, damals Oberschüler, war am Potsdamer Platz dabei, als das Columbushaus gestürmt und demoliert wurde. »Da war richtig was los, wir haben die Wasserleitungen aus den Wänden gehauen und die ganze Inneneinrichtung auseinander genommen«, erzählt er. Hundert sucht heute nach Erklärungen: »Es war politische Motivation – natürlich. Es ging ja darum, den kommunistischen Staat zu schädigen. Aber ich müsste lügen, wenn ich nicht zugeben würde, dass da auch einfach die Lust am Rabbatz war.« Hundert kann sich erinnern, dass an einem Kiosk am Potsdamer Platz ein Schild aufgehängt war: »Privateigentum, nicht beschädigen«. Tatsächlich wurde die kleine Bude auch zunächst nicht angetastet. Als der Schüler aber wenig später wieder am Potsdamer Platz vorbeikam, brannte auch dieser Kiosk lichterloh.

Die Szenen, die sich am Mittag des 17. Juni auf dem Potsdamer Platz abspielten, gehören heute zu den bekanntesten Bildern des Tages, da sie von der Sektorengrenze aus von westlichen Kameras festgehalten werden konnten. Auf dem weitläufigen Platz im Dreieck zwischen sowjetischem, britischem und amerikanischem Sektor hatten die stählernen Ungetüme erheblich mehr Platz als zuvor in den Straßen. Donnernd rasselten sie über den Asphalt und trieben eine aufgeregte Menge vor sich her. Denen, die diese Szenen beobachteten, wurde angst und bange. Wie weit würden die sowjetischen Soldaten in den Panzern gehen?

»Nieder mit der Bürokratie« – Verbrennung von Akten und Propagandamaterial in der Berliner Mauerstraße

»Von Panzerketten zermalmt« – ein Opfer der Aufstands

»Mobilmachung« – per Lkw werden Rotarmisten an die Brennpunkte gebracht.

»Fast noch Kinder« – Soldaten der noch jungen Kasernierten Volkspolizei, Vorläufer der Nationalen Volksarmee

An der Sektorengrenze hatte sich auf westlicher Seite ein Lautsprecher postiert und dröhnte wieder und wieder nach Osten: »Schießt nicht auf deutsche Arbeiter, schießt nicht auf eure Brüder.«
Nach heutigem Stand der Erkenntnisse steht fest: Die Russen haben es tatsächlich nicht getan. Die Besatzer von 1953 waren nicht die blutrünstigen Bestien, die alles niederwalzten, auch wenn das die westlichen Medien in den Jahren des Kalten Krieges gern behauptet haben. Aus einem T 34 ist an diesem Tag wahrscheinlich kein einziger Schuss gefallen. Das großkalibrige, weit tragende Geschoss hätte unter den Demonstranten, die direkt vor der Kanone standen, ein schauerliches Blutbad angerichtet. Der Einsatz der Panzer hatte mehr psychologische als militärische Gründe. Sie fuhren – sieht man vom Potsdamer Platz ab – fast überall langsam genug, dass sich die Demonstranten in Sicherheit bringen konnten. Dennoch eskalierte die Situation in den Straßen Berlins. Vor allem im Zeitraum zwischen 13 und 15 Uhr glich das Gebiet zwischen Potsdamer und Strausberger Platz einem Kriegsgebiet. An vielen Orten fielen

»Erst Warnschuss, dann Feuer« – kurz nach elf Uhr erging der Befehl, die Institutionen der DDR mit allen Mitteln zu verteidigen.

Schüsse, wobei die Augenzeugen in den wenigsten Fällen angeben können, von wo und durch wen sie abgegeben wurden. Es ist heute kaum noch zu rekonstruieren, wann die ersten Schüsse des 17. Juni gefallen sind. Vermutlich kam es bereits vor Verhängung des Ausnahmezustandes zum Einsatz von Waffen. So vermerkt das Protokoll der Westberliner Polizei für den Zeitpunkt 12.15 Uhr: »Volkspolizei und, soweit erkennbar, auch Russen schießen in unregelmäßigen Abständen in Höhe Leipziger Straße/Potsdamer Straße auf Demonstranten mit MP und Pistolen.«

Die russischen Truppen schossen offensichtlich punktuell mit Maschinengewehren und kleineren Panzerfahrzeugen, doch – soweit heute bekannt – nur in den wenigsten Fällen gezielt. »Sie haben nicht in uns reingeschossen, sie haben über die Massen hinweggezielt.« Da ist sich Joseph Graczynski sicher. Klaus Konitzer geht noch weiter. »Ich muss sagen, ich habe die Nerven der Russen bewundert«, sagt der Arzt. »Sie haben trotz aller Provokation nur Warnschüsse abgegeben.«

Auch wenn die sowjetischen Soldaten durchaus umsichtig agierten, waren sie eine enorme Gefahr für die dicht gedrängte Menschenmenge. Hartmut Jünke, Praktikant beim VEB 7. Oktober, fragt sich noch immer, warum die Menschen nicht einfach zur Seite auswichen und die Panzer durchließen. »Es war doch völlig idiotisch, auf die Panzer zuzurennen.« Er erinnert sich noch genau an den Moment, in dem ein spitzer, hoher Schrei den Lärm der Ketten und Motoren übertönte und sich plötzlich eine erschreckende Ruhe ausbreitete. »Und dann lag da eben eine junge Frau«, erzählt Jünke, »sie hatte ein helles Sommerkleid an.« Sofort sammelte sich eine Gruppe Leute um die Frau. Alle waren zu Tode erschrocken, doch nach der anfänglichen Lähmung breitete sich eine wilde Wut aus. »Ich hätte platzen können«, sagt Hartmut Jünke, »wenn ich eine Bombe gewesen wäre, hätte ich mich vor einen Panzer geworfen.«

Man geht heute davon aus, dass am 17. Juni allein in Berlin sechshundert russische Panzerfahrzeuge im Einsatz waren. Kurt Bluhm begegnete ihnen in der Frankfurter Straße. Für ihn war die ganze Situation völlig irreal. Wie konnte man so kurz nach dem Krieg schon wieder mit Panzern über Menschen herfallen? Er ist noch heute ergriffen, wenn er sich an die Bilder von damals erinnert. »Wozu wurde das gemacht?«, fragt er sich. »Wir hatten doch vor 1945 so viel Schlimmes erlebt, und alles, was wir forderten, war doch nur ein besseres Leben.«

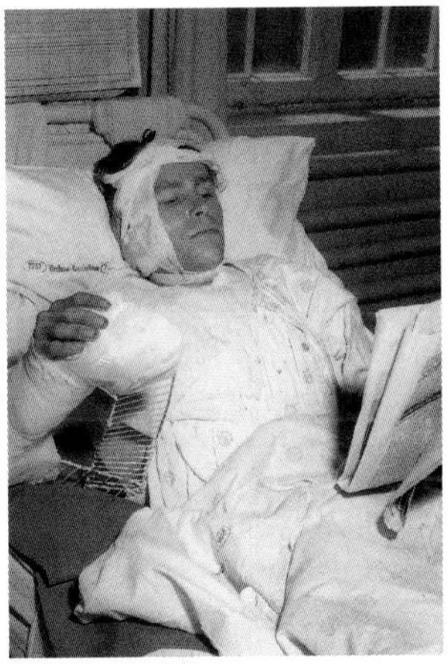

»Wie im Krieg« – dieser Westberliner wurde von Volkspolizisten beschossen.

»Blutüberströmt zu Boden gesunken« – Aufständische bringen einen Schwerverletzten über die Sektorengrenze in Sicherheit.

Linke Seite:
»Vom Panzer überfahren« – ein hastig zusammengezimmertes Holzkreuz erinnert an ein Opfer der sowjetischen Panzer.

»Schlagt die Bonzen tot!« – die Westberliner Polizei muss einen SED-Funktionär vor der aufgebrachten Masse schützen.

Günter Birnbaum rannte Unter den Linden entlang. Vor der Staatsoper hielten ihn einige aufgebrachte Passanten an und riefen, da vorne habe es jemanden erwischt. Tatsächlich konnte Birnbaum noch sehen, wie jemand versuchte, den Toten mit einer Pappe notdürftig zuzudecken. Die Panzerspuren neben der Leiche waren noch deutlich zu erkennen. Die Umstehenden debattierten erregt. »Das ist eine Riesensauerei, hat einer gerufen«, erzählt Birnbaum, »und einer schrie: Dieses ganze Scheißsystem muss weg!«

Als Ralph Schoenhofer, Horst Ballentin und Wolfgang Panzer, die drei mutigen Kletterer, die die rote Fahne vom Brandenburger Tor geholt hatten, gegen 13.40 Uhr wieder dort ankamen, hatten sich russische Verbände bereits vor dem Hotel Adlon postiert. Die drei hatten sich vorgenommen, eine neue Fahne auf dem Tor zu hissen. Sie ließen sich von der bewaffneten Bedrohung nicht beirren und machten sich erneut auf den Weg nach oben. »Ich dachte, das schaffen die nie«, erinnert sich Erika Sarre, die die Szene von unten beobachtete. »Ich war mir sicher, dass die Jungs abgeknallt werden würden.«
Tatsächlich peitschten jetzt Schüsse über das Tor. Horst Ballentin spürte entsetzt, wie die Fahnenstange unter einem Treffer erzitterte. »Sie hätten uns wie die Hasen abschießen können«, erinnert sich Schoenhofer. So schnell sie konnten, warfen sich die drei Männer flach auf das Treppenpodest auf der Westseite.

Rechte Seite: Immer wieder müssen Westberliner Polizisten Verletzte an der Sektorengrenze bergen.

P

»Wunsch nach Einheit« – Unerschrockene klettern auf das Brandenburger Tor, um die schwarz-rot-goldene Fahne zu hissen.

»Schnell reagiert« – von der Westberliner Polizei zusammengebundene Fahnenmasten dienen den Eingeschlossenen als »Notrutsche«.

Auf dem Bauch robbten sie bis an die Eisentür, durch die sie gekommen waren. Die Tür selbst aber lag wieder im Feuerbereich. Aus der Höhe konnten die Männer beobachten, wie die Menge auf dem Platz panisch auseinanderstob. Sie saßen fest auf dem Brandenburger Tor, während unter ihnen Bürgerkrieg herrschte. Erst zwanzig Minuten später gelang es der Westberliner Polizei, drei Fahnenmasten aneinander zu binden und sie zu den drei Männern auf das Tor hinaufzuschieben. Erleichtert rutschten die drei im Schutz einer der Säulen auf der Westseite hinunter.

Während es Ralph Schoenhofer und Horst Ballentin gelang, in der Menge unterzutauchen, und später unbeschadet im Westteil der Stadt zu bleiben, ist das Schicksal von Wolfgang Panzer nie geklärt worden. Ralph Schoenhofer vermutet, dass er noch am gleichen Tag zu Tode kam.

»Einigkeit und Recht und Freiheit« – mit blumengeschmückten Fahnen ziehen Demonstranten durch das Brandenburger Tor in den Westen der geteilten Stadt.

»Mit vereinten Kräften« – die erbeutete rote Fahne vom Brandenburger Tor

Linke Seite:
»Alles inszeniert?« – Der spontane Ausbruch des kollektiven Wunsches nach Einheit und Freiheit wird von Seiten der SED-Führung bestritten.

»Keine interne Situation mehr« – die sowjetische Führung reagierte auf den Fahnensturz mit entschlossenem Handeln.

»Die Frau in unseren Tagen« – während die Sowjetfahne vom Brandenburger Tor geholt wird, setzt der DDR-Rundfunk sein normales Programm fort.

MITTWOCH, DEN 17. JUNI 1953

BERLIN I

782 kHz = 383,6 m, 728 kHz = 412,1 m
800 kHz = 375,0 m
6115 kHz = 49,06 m, 7150 kHz = 41,96 m
88 und 94,5 MHz = UKW (Ultrakurzwelle)

430 Deutsche Nationalhymne
33 **Mit Musik beginnt der neue Tag**
dazwischen:
5.00 **Nachrichten, Informationen für die Landwirtschaft,** Wetterbericht
10 **Ein Wort auf den Weg**
45 **Russisch im Funk**
6.00 **Nachrichten,** Wetterbericht
05 **Gymnastik**
56 Morgenlied des Kinderfunks
7.00 **Nachrichten,** Wetterbericht, **Presseschau**

800 **Nachrichten,** Wetterbericht
10 Sendepause

1000 **Nachrichten**
10 **Wie der Mensch zum Riesen wurde**
Die Automatisierung unserer Betriebe
40 **Lieder der Arbeiterbewegung**

1100 **Die Frau in unseren Tagen**

1200 **Nachrichten,** Wetterbericht
10 **Melodien zur Arbeitspause.** Ungarische Lustspielouvertüre (Kéler-Béla); Champagner-Galopp (H. C. Lumbye); Nordseebilder, Walzer (Johann Strauß); Caprice viennois op. 2 (Fritz Kreisler) — Solist: Fritz Kirmse, Violine; Niki-Marsch aus der Operette „Ein Walzertraum" (Oscar Straus); Pizzicato-Ständchen (Carl Schröder); Rondino furio (Fritz Diederich)
dazwischen:
12.20 **Sendung für die Werktätigen auf dem Lande**
50 **Bericht für die Hochseefischerei**
(Nur über Welle 728 kHz = 412,1 m)
57 Programmhinweise

1300 **Nachrichten,** Wetterbericht
10 **Berliner Stadtreporter**
15 **Zeitgeschehen im Funk**
45 **Solisten musizieren**

1410 **Kostproben der Literatur:**
„Der Finanzier" von Theodore Dreiser
30 **Freiheitsgesänge amerikanischer Neger**
All I want — Almanach-Singers der amerikanischen Gewerkschaft; Zwei amerikanische Lieder: a) Laßt uns gemeinsam unser Brot essen, b) Everytime I feel the spirit — Hope Foye, Gesang; Freedom road, Lied aus USA; A Dollar ain't a dollar any more — Gesangsgruppe der amerikanischen Gewerkschaft; Ballad for americans — Paul Robeson, Baß
55 Wasserstandsmeldungen

1500 **Pionierfunk** „Immer bereit!"
Aktuelle Sendung aus dem Pionierleben
20 **Tänzerische Musik.** Elegie und Tanz (Schneider-Trnavsky); Zwei ungarische Tänze (János Viski); Mazurka aus „Polnische Tanzsuite" (Zarebski / Maklakiewicz); Lesginka aus der „Gajaneh"-Suite (Aram Chatschaturjan); Bolero (Maurice Ravel)

1600 **Literarische Umschau.** Literaturarbeit im Zentralhaus der Jungen Pioniere
15 **Aus romantischen Opern**
55 **Sportberichte**

1700 **Volkstänze**
30 **Berliner Stunde**

1800 **Nachrichten,** Windvorhersage für die Ostsee
05 **Das Geschehen im Ausland**
15 **Musik nach dem Wunschzettel unserer Hörer**

2000 **Nachrichten,** Wetterbericht
10 **Kommentar des Tages**
20 **Forum deutscher Patrioten**

---

30 **Musikalische Grüße für die Friedenskämpfer in Westdeutschland**

2130 **Wir sprechen für Westdeutschland**

2200 **Nachrichten,** Wetterbericht
10 **Bauplätze des Friedens**
Das Werk „23. August"
25 **Wir musizieren in Schwerpunktbetrieben.** Ausschnitte aus Aufnahmen von Betriebskonzerten mit Orchestern des Staatlichen Rundfunkkomitees
Ouvertüre zur Oper „Halka" (Stanislaw Moniuszko); Zigeunerweisen (Pablo de Sarasate) — Solist: Karl Taschke, Violine; Aus der Oper „Die lustigen Weiber von Windsor" (Otto Nicolai): a) Ouvertüre, b) Nun eilt herbei, Witz, heit're Laune — Ursula Richter, Sopran, c) Als Büblein klein — Hans Krämer, Baß; Ouvertüre zur Operette „Die schöne Galathee" (Franz von Suppé); Introduktion aus der Operette „Boccaccio" (Franz von Suppé) — Theodor Horand, Bariton; An der schönen blauen Donau, Walzer (Johann Strauß); Komm in die Gondel, aus der Operette „Eine Nacht in Venedig" (Johann Strauß) — Franz Meder, Tenor; Schön ist die Welt, Fantasie (Franz Lehár); Zwei Menschen, die zusammengehören, lgs. Fox (Gerhard Froboess) — Bernd Golonsky, Gesang; Urlaubsgrüße, Walzer (Gerhard Kneifel); Heut' bin ich gut gelaunt, heiteres Intermezzo (Ernst Fischer); Libellentanz, Walzerintermezzo (Helmut Nier)

2400 **Nachrichten**

005 **Tanzmusik**
0.50 **Bericht für die Hochseefischerei**
(Nur über Welle 728 kHz = 412,1 m)

100 **Nachrichten, Informationsdienst für die Presse**
27 Deutsche Nationalhymne

BERLIN II

mit Deutschlandsender
185 kHz = 1621,6 m Langwelle
910 kHz = 329,7 m
1016 kHz = 295,3 m
1196 kHz = 250,8 m (nur bis 23.40 Uhr)

430 Deutsche Nationalhymne
33 **Nachrichten, Informationen für die Landwirtschaft,** Wetterbericht
43 **Laßt uns froh den Tag beginnen**
dazwischen:
5.30 **Nachrichten,** Wetterbericht
Sport von gestern
6.00 **Steno im Funk,** Folge 298b
30 **Nachrichten,** Wetterbericht
35 **Was wir ihnen danken: Kurt Steinheisser, Verdienter Erfinder**
7.00 **Leitartikel des Organs des Zentralkomitees der SED „Neues Deutschland"**

730 **Nachrichten,** Wetterbericht
40 **Schöne Melodien zur Unterhaltung**

815 **Wie der Mensch zum Riesen wurde**
Fahrt frei!
45 Sendepause

1030 **Nachrichten**
40 **Mit Schwung und Laune,** dazwischen
11.00 **Kompliziertes einfach gesagt:** Isotope

1130 **Nachrichten,** Wetterbericht
40 **Blasmusik**

1200 **Wir sprechen für Westdeutschland**
30 **Musik zur Arbeitspause** mit dem Großen Orchester Berlin des Staatlichen Rundfunkkomitees

1300 **Sendung für die Werktätigen auf dem Lande**
mit dem Wetterbericht für die Landwirtschaft
10 **Auf froher Wanderfahrt**

1400 **Frohe Jugend lernt**
Lehrlinge im Wettbewerb
15 **Schöne Stimmen:** Heinz Friedrich, Bariton. 1. Arie des Oberseneschall aus der Oper „Johann von Paris" (François Adrien Boieldieu), 2. Was sprach der alte Tor, Arie de: Stefan aus der Oper „Regina" (Albert Lortzing)
30 **Deutsche Vergangenheit — heute gesehen**
Ein Schritt vorwärts: Das Erfurter Programm
45 **Melodien großer Meister: Robert Schumann**
1. Ouvertüre zu Goethes „Faust"; 2. Konzertstück in F-dur für vier Hörner: a) Lebhaft, b) Romanze, c) Sehr lebhaft — Das Schaffrath-Hornquartett; 3. Ouvertüre, Scherzo und Finale op. 52

1530 **Russisch im Funk**
45 **Nachmittagskonzert** Grotesker Marsch (Christian Sinding); Frühlingsrauschen (Christian Sinding); An den Frühling (Edvard Grieg); Altnorwegische Romanze (Edvard Grieg); Hochzeitstag auf Troldhaugen (Edvard Grieg)

1615 **Welt der frohen Zuversicht**
Die ungarischen Arbeiter vereinten sich zum Sieg
30 **Nachrichten**
40 **Kammermusik aus den volksdemokratischen Ländern**

1710 **Das Streichorchester Heinrich Huck spielt**
30 **Auf des Fünfjahrplans Bahnen**
40 **Operettenkonzert.** Aus „Ungarische Hochzeit" (Nico Dostal): a) Ouvertüre, b) Spiel mir das Lied von Glück und Treu'; Fastnacht im Schwarzwald, aus „Monika" (Nico Dostal); Aus „Die Flucht ins Glück" (Nico Dostal): a) Lied vom Mondsee und Bauerntänze, b) Ballettmusik; Du warst von Anbeginn, aus „Zauberin Lola" (Eduard Künneke); Ouvertüre zu „Die Mädels vom Rhein" (Rudolf Kattnigg); Einmal leuchtet die Sonne (Rudolf Kattnigg); Aus „Der Prinz von Thule" (Rudolf Kattnigg): a) Du bist der Traum, b) Juble, mein Herz

1830 **Nachrichten,** Wetterbericht
35 **Wochenkommentar der Demokratischen Bauernpartei Deutschlands**
45 **Musik zum Feierabend**

1915 **Zeitgeschehen im Funk**
45 **LJUBOW JAROWAJA**
Hörspiel nach Motiven des sowjetischen Schauspiels von K. Trenjew
Funkbearbeitung: Gerhard Rentzsch, Regie: Günter Rücker, Musik: Carlernst Ortwein
Personen und ihre Darsteller:
Ljubow Jarowaja . . . . Ingeborg Werzlau
Jarowoj . . . . Wolf Kaiser
Koschkin . . . . Nationalpreisträger Harry Hindemith
Schwandja . . . . Axel Delmare
Kolossow . . . . Martin Flörchinger
Grosnoj . . . . Raimund Schelcher
Masuchin . . . . Walter Stickan
Panowa . . . . Nationalpreisträgerin Irene Korb
Gornostajew . . . . Friedrich Richter
Gornostajewa . . . . Gertrud Brendler
Malinin . . . . Otto Stübler
Jelissatow . . . . Joachim Tomaschewski
und weitere Mitglieder des Hörspielensembles

2110 **Das Staatliche Sowjetische Volksinstrumentenorchester Ossipow musiziert**
30 **Nachrichten,** Wetterbericht
40 **Kommentar des Tages**
50 **Sportberichte**

2200 **Das Orchester der Berliner Volkspolizei spielt**
20 **Gesellschaftswissenschaftliche Vortragsreihe.** Der Leistungslohn und die Erhöhung der Arbeitsproduktivität
35 **Die Welt lauscht ihnen:** Nationalpreisträgerin Kammersängerin Christel Goltz, Sopran. 1. Friedensarie aus der Oper „Die Macht des Schicksals" (Giuseppe Verdi); 2. O Fürstin, Duett aus der Oper „Tannhäuser" (Richard Wagner) — mit Bernd Aldenhoff, Tenor
50 **Sozialisten lernen und lehren**

2300 **Wir lieben das Leben.** Eine Volksmusikstunde

2400 **Solistenkonzert,** dazwischen:
0.30 **Nachrichten,** Wetterbericht

057 Deutsche Nationalhymne

BERLIN III

1043 kHz = 287,6 m 1484 kHz = 202,2 m
1570 kHz = 191,1 m
Kurzwelle 9730 kHz = 30,83 m
92,5 MHz = UKW (Ultrakurzwelle)

430 Deutsche Nationalhymne
33 **Tagesbeginn mit froher Musik**
45 **Nachrichten, Informationen für die Landwirtschaft,** Wetterbericht
55 **Mit Musik in den neuen Arbeitstag**
dazwischen:
5.15 **Ein Wort auf den Weg**
45 **Nachrichten,** Wetterbericht
50 **Das Kalenderblatt**
6.20 **Landfunk**
45 **Leitartikel des Organs des Zentralkomitees der SED „Neues Deutschland"**

700 Morgenlied des Kinderfunks
03 Programmhinweise
05 **Klingender Morgengruß**
45 **Nachrichten,** Wetterbericht
55 **So klingt's in der Rhön**

815 **Wir sprechen für Westdeutschland**
45 **Opernchöre.** Mazurka aus „Das Gespensterschloß" (Stanislaw Moniuszko); Zwei Chöre aus „Iwan Sussanin" (Michail Glinka): a) Den Fluß entlang, b) Sei gegrüßt; Jägerchor aus „Der Freischütz" (Carl Maria von Weber); Matrosenchor aus „Der fliegende Holländer" (Richard Wagner)

900 **Frauen meistern das Leben**
30 **Seemannsweisen**
45 **Nachrichten**
55 Sendepause

1145 Wasserstandsmeldungen

1150—1400 **Zur Arbeitspause**
11.50 **Bunte Klänge**
12.00 **Für die Werktätigen der wichtigsten Industriezweige**
10 **Bunte Klänge**
34 Wetterbericht für die Landwirtschaft
35 **Sendung für die Werktätigen auf dem Lande**
45 **Nachrichten,** Wetterbericht
55 Programmhinweise
13.00 **Neues Leben auf den Werften**
Übertragung der Aufnahme einer Veranstaltung aus dem Kulturhaus für die Belegschaft des VEB Warnow-Werft in Warnemünde. Ausführende: Chor und Musikgruppe des Kulturensembles der Warnow-Werft und das Blasorchester der Volkspolizei Schwerin

---

1400 **Kinderfunk:** „Das weiße Horn", Hörspiel über die Erlebnisse einer sowjetischen Forschungsexpedition
20 **Neue Kantaten und Lieder vom Aufbau.** 1. Vom Trümmerstein zum Bauprogramm. Kantate (Hans Naumilkat / Text: Erika Engel); 2. Berlin wird wieder aufgebaut (Paul Noack-Ihlenfeld / Maria Langner), 3. Richtkrone hoch! (Paul Noack-Ihlenfeld / Text: Friedel Hart); 4. Alle sind dabei! (Hans Naumilkat / Text: Erika Engel)

1500 **Pädagogischer Funk:** Mein Kind geht zu den Ferienspielen
15 **Opernkonzert** mit Ausschnitten aus der Oper „Margarethe" von Charles Gounod (anläßlich seines 135. Geburtstages). 1. Valentins Gebet; 2. Introduktion; 3. Cavatine: Gegrüßt sei mir, o heil'ge Stätte — Helge Roswaenge, Tenor; 4. Margarethe am Spinnrad — Martha Kempinski, Sopran; 5. Ballettmusik; 6. Walzer und Chor — Trude Eipperle, Hildegard Erdmann, Helge Roswaenge, Georg Hann

1600 **Wir blättern in Büchern:** „Ich singe den Frieden"
Neue tschechoslowakische Lyrik
20 **Das Orchester der Volkspolizei Berlin musiziert, Leitung: Musikdirektor Willi Kaufmann**
45 **Nachrichten**
55 **Aus der Feder sowjetischer Komponisten.** Ouvertüre über slavonische Volksthemen, op. 77 (Reinhold Glier); Walzer aus dem Ballett „Leili und Medshunn" (Balassanjan); Russische Fantasie (Aram Chatschaturjan); Julia, das Mädchen, aus der 2. Suite „Romeo und Julia" (Sergej Prokofjew); Grusinischer sinfonischer Tanz (Vano Muradeli)

1730 **Zeitgeschehen im Funk**

1800 **Sportberichte**
10 **Für die Freunde der Tanzmusik** spielt das Tanzorchester Leipzig des Staatlichen Rundfunkkomitees, Ltg.: Kurt Henkels
45 **Nachrichten,** Wetterbericht
50 **Kommentar des Tages**

1900 Abendlied des Kinderfunks
03 **Bekannte Ensembles musizieren**

---

40 **DAS ALEXANDERFEST**
Ode für Solostimmen, Chor und Orchester von Georg Friedrich Händel.
Übertragung einer Aufnahme des Eröffnungskonzerts des Händel-Festes in Halle aus dem Theater des Friedens (mit Einführung)
Mitwirkende: Agnes Giebel, Sopran, Werner Enders, Tenor, Helmuth Kaphan, Baß; Robert-Franz-Singakademie Halle; Opernchor des Landestheater Sachsen-Anhalt; das Festspielorchester; Dirigent: Generalmusikdirektor Horst-Tanu Margraf

---

2145 **Nachrichten,** Wetterbericht
55 **Forum deutscher Patrioten**

2205 **Vertraute Weisen**
30 **Die Partei der Arbeiterklasse zeigt den Weg**
45 **Zum Tagesausklang:** Frohe Tanzmelodien

050 **Nachrichten**
57 Deutsche Nationalhymne

NACHTPROGRAMM

100 **Tanzmusik**

200 **Nachrichten**
05 **Buntes Allerlei**

300 **Wir sprechen für Westdeutschland**
30 **Unterhaltungskonzert,** dazwischen:
4.00 **Kommentar**

425 **Bericht für die Küsten- und Ostseefischerei**

13

Der Moment, in dem die rote Fahne vom Brandenburger Tor gekappt wurde, ist als eines der Symbolbilder des 17. Juni in die Geschichte eingegangen. Tatsächlich hat dieser Moment dem Tag eine neue Stoßrichtung gegeben, denn bis zu diesem Moment hatte sich die Kritik der Demonstranten ausschließlich gegen die eigene Regierung gerichtet. »Als die Fahne vom Brandenburger Tor gerissen wurde, hatte ich das Gefühl: Jetzt ist es so weit«, sagt Valentin Falin, damals russisches Außenministerium. »Da wusste ich, dass das nicht mehr eine interne Situation der DDR war, sondern dass es hier um mehr ging.«

> **Es war RIAS-Direktor Gordon Ewing klar, dass es keinerlei Militäraktionen der Alliierten geben würde. Daher konnte es auch nicht Aufgabe des RIAS sein, die Menschen im Osten aufzuwiegeln, was möglicherweise zu Tod oder Inhaftierung geführt hätte.**
> *Peter Schultze, Leiter der aktuellen Abteilung des RIAS*

Im RIAS unterbrach Gordon Ewing brüsk die peinliche Untersuchung, der er nun schon seit dem Morgen ausgesetzt war. Man hatte ihm mitgeteilt, dass die Russen den Ausnahmezustand verhängt hatten. Gemeinsam mit Programmdirektor Eberhard Schütz eilte er hinauf in den vierten Stock, wo ein Sprecher im Studio Nachrichten verlas. Auf einen Zettel gekritzelt erfuhr nun auch der Sprecher, dass sich die Sachlage gravierend geändert hatte. Was bedeutete dieser Ausnahmezustand?

Ewing wies den Sprecher an, nach den Meldungen eine Zusatznachricht zu verlesen. »Lasst euch nicht provozieren«, hieß es da, »und provoziert selbst die Russen nicht.« Der Amerikaner ahnte, dass es keine westalliierte Hilfsaktion für die bedrängte DDR geben würde. Die Entscheidung, wie dieser Tag in Ostberlin zu Ende gehen würde, lag allein in Moskau.

Auch über den DDR-Rundfunk erreichte die Verhängung des Ausnahmezustands die Stadt. Ab 13 Uhr, hieß es da, von einer martialisch klingenden Stimme verlesen, seien Menschenansammlungen von mehr als drei Personen auf Straßen und Plätzen verboten, ab 21 Uhr würde eine Ausgangssperre verhängt. Diejenigen, die gegen diese Verordnungen verstießen, würden »nach den Kriegsgesetzen« bestraft.

Schlosser Heinz Kliem hatte genau hingehört. »Vorher war immer die Rede vom ›demokratischen Sektor‹ gewesen, plötzlich hieß es wieder ›sowjetischer Sektor‹«, erinnert er sich, »die Russen hatten also wieder vom Sektor Besitz ergriffen.«

Die Verhängung des Ausnahmezustands hat die Bewegung des 17. Juni nicht beendet. Trotz rollender Panzer haben auch nach 13 Uhr Zigtausende Berliner auf den Straßen ausgeharrt. Immer wieder fluteten sie auf die Plätze, die die Russen gerade geräumt hatten. Doch je später es wurde, umso härter wurde die Gangart, mit der die bewaffneten Verbände gegen die Demonstranten vorgingen.

> **Wir erhielten Anrufe aus ganz Osteuropa, so beispielsweise von Radio Warschau oder Radio Prag. Sie fragten uns: ›Wir verstehen das nicht. Wir hören immer nur den von Schnitzler sprechen. Wann sagen denn Grotewohl oder Ulbricht was zur Situation?‹**
> *Erich Selbmann, Chefredakteur von Berlin 1, DDR-Rundfunk*

»Gegen Abend war dann alles zu Ende. Alle, die im Laufe des Tages dort reingetrieben worden waren, wurden in den Abendstunden des 17. Juni in die Gefängnisse der Staatssicherheit gefahren.«
Fritz Schenk, DDR-Planungskommission

Bernhard Adamski war gegen 15 Uhr noch immer vor dem Haus der Ministerien. Erst jetzt erkannte er, dass er wirklich in Lebensgefahr schwebte. Vom Dach des Hauses der Ministerien her peitschten Schüsse in die Menge. »Etwa zwei Meter von mir entfernt fiel der Erste um«, erinnert er sich, »und dann fiel ein Zweiter ein Stück weiter weg.«

Vom Fenster des Hauses der Ministerien aus konnte auch Fritz Schenk beobachten, wie russische Infanteristen die Demonstranten auseinander trieben und einige Deutsche, die für Schenk unmissverständlich zur Staatssicherheit gehörten, begannen, einzelne Demonstranten in die Keller des Gebäudes zu prügeln. »Wir haben uns beschämt zurückgezogen. Wir wollten es nicht sehen.« Bis in die Abendstunden hinein waren die Schreie aus dem Kellergeschoss zu hören, berichtet Schenk. Dann war »der Spuk« vorbei.

Der Flächenbrand

Als am 17. Juni 1953 die Bauarbeiter der Stalinallee ihre Kellen niederlegten und auf die Straße gingen, richtete sich das Augenmerk der Welt auf Berlin. Bis heute bringt das kollektive Gedächtnis den Aufstand in der DDR vor allem mit der Hauptstadt in Verbindung. Die geteilte Stadt war das Symbol des Kalten Krieges; in Berlin saßen Ulbricht und seine Regierung; und nicht zuletzt berichteten nur in Berlin RIAS-Reporter vor Ort vom Aufstand, bannten Wochenschaukameras die Bilder der tobenden Menge im verzweifelten Kampf gegen die Übermacht der Panzer auf Film. Dabei wird jedoch oft vergessen, dass die Ereignisse in Berlin Initialzündung für einen Aufstand waren, der wie ein Sturm über die ganze DDR hinwegfegte.

Der Unmut über die Regierung, der Zorn gegen den Unterdrückungsapparat, die tägliche Not und die Hoffnung auf bessere Zeiten waren im ganzen Land genauso stark wie in Berlin, wenn nicht noch stärker. Auch in Halle, Magdeburg, Merseburg oder Rostock hatten die Menschen sehnsüchtig auf Veränderung gehofft, als die Partei am 9. Juni plötzlich den »Neuen Kurs« verkündete und öffentlich Fehler eingestand. Erste Streiks, erhitzte und kritische Diskussionen in den Betrieben, Austritte aus den LPGs und Demonstrationen vor den Gefängnissen waren ein unheilvolles Grollen gewesen. Es fehlte nur der Funke aus Berlin. Die Provinz war ein Pulverfass, das an diesem 17. Juni 1953 binnen weniger Stunden in die Luft ging. In allen größeren Städten, vor allem in den Industriestandorten, aber auch auf dem Land, griffen die Menschen den Ruf nach besseren Arbeitsbedingungen, nach Einheit und Freiheit auf, der über den RIAS oder durch Mund-zu-Mund-Propaganda aus Berlin in die Provinz herüberhallte.

Die Proteste begannen immer nach ähnlichem Muster. Anders als in Berlin bildeten die Arbeiter in vielen Betrieben der DDR spontan aus den eigenen Reihen eine Streikleitung und erstellten einen Forderungskatalog an die DDR-Regierung. Die Bandbreite der Forderungen reichte von Änderungen im Betrieb bis hin zum Rücktritt der Regierung. Um den Protest zu untermauern, bildeten sich Demonstrationszüge zu den Hauptplätzen und Regierungszentren der Innenstädte, wobei sich unterwegs mehrere Betriebe zusammenschlossen. Die jeweilige Streikleitung marschierte oft vorneweg. Trotz Kontakten zu Kollegen blieb ihr Einfluss jedoch meist auf den eigenen Betrieb beschränkt. Eine überbetriebliche Streikleitung und umfassende Organisation bildete sich nur in Bitterfeld und Görlitz heraus.

»Pulverfass Provinz« – die Unruhen breiten sich über die ganze DDR wie ein Flächenbrand aus.

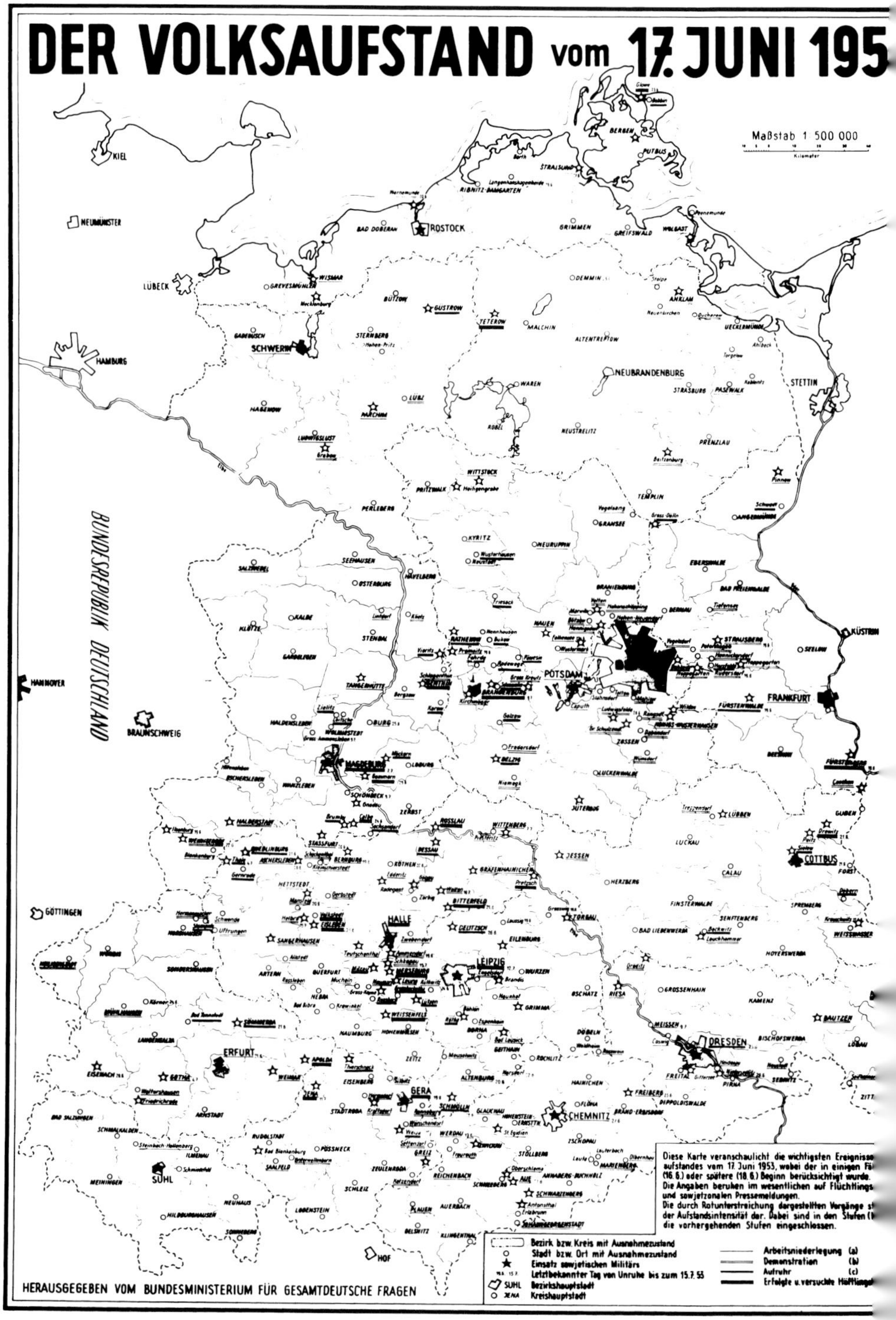

So fehlte den Protestaktionen in der Regel Koordination, Führung und Ziel. Von einem organisierten Aufstand konnte keine Rede sein. Auch die Streikführer der Betriebe verloren bald den Überblick, je mehr Passanten sich den Demonstranten anschlossen. In manchen Orten nahmen die Züge fast Volksfestcharakter an: Die Menschen amüsierten sich offensichtlich, fielen sich gegenseitig in die Arme, waren fröhlich und unbeschwert. In Dresden wurden Demonstranten zeitweilig sogar von dem Gesangsquartett »Die vier Brummers« unterhalten. Dennoch waren die Demonstrationen keine »Halligalli«-Veranstaltungen. Die Inhalte waren ernst, die Forderungen wurden von Stunde zu Stunde politischer.

In den Innenstädten angekommen, schwangen sich Einzelne spontan zu Wortführern auf und leiteten Gruppen vom Hauptzug weg, um etwa eine Haftanstalt oder andere öffentliche Gebäude anzusteuern. In fast allen Städten wurden die Sitze der Stadtverwaltung sowie Zentralen der SED und der FDJ besetzt, Parteilosungen, Akten und Bilder von Spitzenfunktionären zerstört sowie die Haftanstalten gestürmt, um politische Gefangene zu befreien. Der Zorn der Menge richtete sich meist auch gegen den DDR-Unterdrückungsapparat wie die Einrichtungen des verhassten Ministeriums für Staatssicherheit, Polizeidienststellen und Einrichtungen der Kasernierten Volkspolizei.

Die SED stand diesen Eruptionen im Allgemeinen fassungslos gegenüber. Vergeblich hatten Parteifunktionäre morgens in den Betrieben versucht, die Arbei-

Brennender »Aufklärungspavillon« auf dem Leipziger Marktplatz

Eine sowjetische Panzerbesatzung auf dem Leipziger Marktplatz

ter zu beschwichtigen. In Dresden schickte die Partei mittags den altgedienten Sozialisten und SED-Vorsitzenden Otto Buchwitz ins Sachsenwerk. Doch die Arbeiter unterbrachen den alten Herrn, über den es in Parteikreisen hieß, er sei zu emotional und die »Tränendrüse der Partei«, mit Johlen und Geschrei. Daraufhin fing der so Gescholtene hemmungslos an zu weinen und verließ wankend das Rednerpult. Auch Polizei und Staatssicherheit waren mit diesem Ansturm völlig überfordert und riefen die Kasernierte Volkspolizei und die sowjetischen Militärs zu Hilfe. Zögerliche Reaktionen und Befehlsverwirrungen sorgten jedoch bei den Sicherheitskräften für Hilflosigkeit und Chaos.
Der Aufstand erreichte mancherorts Dimensionen, die über die Ereignisse in Berlin hinausgingen. In Görlitz, Magdeburg, Halle und Leipzig wurden Gefängnisse gestürmt und Hunderte von Häftlingen befreit. In Görlitz kam es sogar zum Machtwechsel: In wenigen Stunden wurden alle strategisch wichtigen Gebäude der Stadt besetzt, der Bürgermeister abgesetzt und eine neue Vertretung gewählt. Erstaunlicherweise kam es in der Stadt an der Neiße kaum zu Blutvergießen. In Halle, Jena, Leipzig und Magdeburg verlief der Aufstand jedoch blutig: Es gab Tote und Verletzte.
Auch in den Dörfern löckten die Unterjochten wider den Stachel der Diktatur. Im Dorf Eckolstädt bei Jena nahm man den »Neuen Kurs« der Regierung so

»Mit Füßen getreten« – auch in Gera liegen die SED-Akten auf der Straße.

ernst, dass eine Bauerndelegation schon am 16. Juni persönlich eine Resolution im Landwirtschaftsministerium in Berlin einreichte, in der unter anderem der Rücktritt der Regierung gefordert wurde. Als der Aufstand schließlich losging, war das Dorf so aufgebracht, dass es noch wochenlang von Panzern in Schach gehalten wurde.

Einmal entfacht, war das Feuer des Aufstands in der Provinz nicht so schnell zu löschen. Während Sowjetsoldaten in Berlin mit dem Hissen der Roten Fahne am Abend des 17. Juni das Ende des Aufstands signalisierten und allmählich Friedhofsruhe herrschte, blieben die Fäuste in der Provinz geballt. Bis spät in die Nacht wurde am 17. Juni vielerorts demonstriert. In Halle, Dresden oder Görlitz kam es auch am 18. zu Protesten, in den Betrieben wurde zum Teil noch tagelang gestreikt. Mancherorts brach der Volkszorn alle Dämme und geriet außer Kontrolle. Den Aufständischen gegenüber standen eingeschüchterte, in die Enge getriebene Polizisten und KVP-Angehörige, die mitunter von der Schusswaffe Gebrauch machten. Der Sturm auf die Bastillen der DDR wurde in einem Meer aus Blut und Tränen ertränkt.

»Alle lachten« – Demonstranten auf dem Hallmarkt am 17. Juni 1953

»Wir fahren keinen Meter«, riefen die Straßenbahnschaffner an diesem Morgen in Halle, »wir streiken.« Das war so ungewöhnlich, dass Peter Bohley schon wusste, dass es ein besonderer Tag werden würde. Die Straßen waren voller Menschen, ganz Halle schien auf den Beinen zu sein. Die Ahnung wurde für den siebzehnjährigen Oberschüler Gewissheit, als zwei Studenten einen Lautsprecher der Volkspolizei erbeuteten und verkündeten: »Deutsche Männer, deutsche Frauen! Wir demonstrieren heute Abend um 18 Uhr auf dem Hallmarkt für Frieden, Einheit und Freiheit. Erscheint in Massen, verhaltet euch diszipliniert, denn nur so können wir was erreichen. Einheit macht stark!« Große Worte, die offenbar in die Herzen der Zuhörer trafen. »Keiner überlegte lange, wie viel Ulbricht oder wie viel Adenauer wir eigentlich wollten. Wichtig war nur Einheit und Freiheit«, erklärt Herbert Priew, der damals als dreiundzwanzigjähriger Landwirtschaftsstudent den Aufruf gewagt hatte.
Gegen 18 Uhr war in Halle eine wahre Völkerwanderung unterwegs, und die Menschen wirkten so beschwingt, als gingen sie auf ein Freudenfest: »Es war eine außerordentlich fröhliche, ausgelassene Stimmung an diesem Tag«, erin-

»Der Umsturz könnte gelingen« – rund 60 000 Menschen versammeln sich auf dem Hallmarkt, um gegen das System zu demonstrieren.

nert sich Bohley, »alle lachten, es war ein befreites Gefühl«. Bisher hatte der Schüler solche spontanen Ausbrüche gar nicht gekannt. Demonstrationen waren in der »Diktatur des Proletariats« lästige, häufige Pflicht. »Die Leute wurden einfach auf einen Platz bestellt«, sagt Bohley, »da konnte man immer welche beobachten, die sich heimlich in die Seitenstraßen verdrückten. Das nannten wir den ›umgekehrten Sternmarsch‹.« Doch an diesem 17. Juni war alles anders. Freiwillig strömten die Menschen von allen Seiten zu Tausenden auf den Hallmarkt. Unter lautem Jubel forderten Redner »freie Wahlen, vierzigprozentige Senkung der HO-Preise, Rücktritt der Regierung«. Ein schon am Mittag von Arbeitern gebildetes »Nationales Komitee Freies Deutschland«, das versuchte, die Proteste in der Region zu koordinieren, verkündete den Generalstreik für den 18. Juni. Hoffnung beseelte die Menge. »Wir dachten wirklich, der Umsturz könnte gelingen«, erinnert sich Bohley. »Als die 25 000 Leute am Hallmarkt die erste Strophe des Deutschlandliedes anstimmten, da habe ich so viele Leute mit Tränen in den Augen gesehen wie noch nie in meinem Leben«,

»Keine blinde Wut« – das Bild von Karl Marx auf dem Hallmarkt bleibt unangetastet.

erinnert sich Priew. Der Traum sollte bald zum Alptraum werden. »Auf einmal kamen die Russenpanzer«, erzählt Bohley »und haben sich langsam in der dichten Menge gedreht. Das war sehr beängstigend, da hätte Schlimmes passieren können.« Fluchtartig floh die Menge vom Platz, stürmte weiter zum Obermarkt. »Doch da standen die Panzer auch schon mitten unter den Menschen und drehten sich und drehten sich.« – »Wir ziehen weiter«, brüllte plötzlich jemand, und die Demonstranten flüchteten in eine Seitenstraße, in die die Panzer nicht folgen konnten. Vor dem Gewerkschaftshaus am Steintor standen Beamte der Kasernierten Volkspolizei, um das Gebäude zu schützen. Nervös beobachteten sie den Anmarsch der Menge. »Erst guckten die ängstlich«, erinnert sich Bohley, »dann stürzte sich auf einmal einer von denen in den Demonstrationszug, riss sich die Uniformjacke runter und reihte sich ein.« Mit lautem Beifall wurde der Überläufer aufgenommen. Plötzlich kamen zwanzig Polizisten auf einem Lkw angefahren, »die sind vor lauter Angst so schnell in die Kurve gegangen, dass der Wagen nur auf zwei Rädern stand und sie fast die

»Wir wollten dabei sein« – Menschen aus der Umgebung Halles werden per Lkw zu den Demonstrationen gefahren.

»Ruhe vor dem Sturm« – die sowjetischen Panzer rollen erst gegen 17 Uhr auf den Hallmarkt.

Kontrolle verloren«, erinnert sich Bohley. Doch als die Polizisten mit ihren Gewehren Warnschüsse in die Luft abgaben, brach die erste Panik aus. Einige Demonstranten flohen zur Saale hinunter. Der Rest zog weiter.

Gegenüber der Moritzburg befand sich das Gebäude der Staatssicherheit. Hier, so erzählt Bohley, hatten sich etwa zehn Stasi-Beamte vor dem Gebäude in einem Kellergang versteckt. »Die ließen unseren friedlichen Demonstrationszug erst einmal vorbeiziehen«, entrüstet er sich noch heute, »dann schossen sie auf einmal feige in die Menge. Drei Meter vor mir war einer, der hatte einen gelben Nicki an. Der hat sich plötzlich blutig rot gefärbt, der ganze Rücken war rot.« Voller Angst stob die Menge auseinander, panisch flohen die Menschen in alle Richtungen. Bohley schleppte den Verwundeten mit einigen Freunden zum Arzt. Ein Demonstrant starb an diesem Tag unter den Kugeln der Stasi, viele wurden schwer verletzt.

In Halle hatte der Aufstand am frühen Morgen des 17. Juni begonnen. Die Arbeiter des Waggonbauwerks Ammendorf legten schon um sechs Uhr die Arbeit nieder und marschierten kurz darauf mit den Losungen »Runter mit den HO-Preisen«, »Sturz der Regierung«, »Sofortige gesamtdeutsche Wahlen« in Richtung Innenstadt. Weitere Betriebe schlossen sich an. Gegen Mittag erreichte eine Menge von bis zu 10 000 Demonstranten die Innenstadt. 4000 sammelten sich allein vor dem Gerichtsgebäude, brachen mit einem Lkw das

Schwer verletzt oder nur ohnmächtig? – Dieses Bild wurde von Fotografen des Ministeriums für Staatssicherheit in Halle aufgenommen.

Rechte Seite:
»Freiheit für die politischen Gefangenen« – Demonstranten in Halle versuchen in das Gefängnis »Roter Ochse« einzudringen.

Tor auf, verprügelten Richter und Justizbeamte und demolierten die Einrichtung. Wenig später versuchten mehrere Hundert Demonstranten die SED-Bezirksleitung und den Rat des Bezirks zu stürmen, entwaffneten die Volkspolizisten und warfen unter dem Jubel der Bevölkerung Transparente mit Propagandaparolen, Stalinbilder und SED-Akten auf die Straße. Es dauerte nicht mehr lange, bis die Unruhen in Gewalttätigkeiten umschlugen. Es sollte ein blutiger Tag für die Stadt an der Saale werden.

Ein Teil der Menschenmenge hatte sich vor der Untersuchungshaftanstalt in der Kleinen Seitenstraße, einem Frauengefängnis, versammelt und forderte die Freilassung der Inhaftierten. »Befreit die politischen Gefangenen!«, war an diesem 17. Juni eine der meistgerufenen Losungen des Aufstands. Seit die sozialistische Diktatur an Schärfe zugelegt hatte, machten Tausende ganz normale Bürger unliebsame Bekanntschaft mit berühmt-berüchtigten Haftanstalten wie dem »Roten Ochsen« in Halle und dem »Gelben Elend« in Bautzen. Die Gefängnisse der DDR waren voll mit Bauern, die ihr Soll nicht erfüllt hatten, mit kleinen »kapitalistischen« Kaufleuten, die ihre erdrückenden Steuern nicht bezahlen konnten, mit »Wirtschaftsverbrechern«, die vermeintlich den Staat bestohlen hatten, aber natürlich auch mit Menschen, die über Partei und Staat hergezogen hatten. »Ich hätte nur einen Witz über die SED erzählen müssen, dann wäre ich ein bis fünf Jahre von der Bildfläche verschwunden«, berichtet ein früherer DDR-Bürger von der repressiven Stimmung.

Schon in den Monaten vor dem 17. Juni war es vor einigen Gefängnissen zu tumultartigen Szenen gekommen, als Demonstranten die Freiheit von Gefangenen forderten. Die SED hatte selbst im Zuge des »Neuen Kurses« vollmundig die Freilassung politischer Gefangener angekündigt, das Versprechen aber nur zögerlich eingehalten. Es heißt, dass am 17. Juni in der DDR bis zu achtzehn Haftanstalten gestürmt und rund 1300 Häftlinge befreit wurden – genaue Zahlen gibt es nicht. Nach dem Aufstand kam ein Großteil der Häftlinge wieder hinter Gitter – zusammen mit Hunderten von Neuzugängen: den Aufständischen des »17. Juni«.

Die Polizeibehörden in den DDR-Bezirken sahen dem Ansturm der Demonstranten mit einiger Furcht entgegen. Zwar waren sie am frühen Morgen von den Ereignissen in Berlin unterrichtet worden – doch für die Lawine, die jetzt auf sie zudonnerte, nicht gerüstet. Die rund dreißig Polizeibeamten, die in Halle das Frauengefängnis in der Seitenstraße bewachten, hatten strikten Befehl, nicht zu schießen. Als die Demonstranten durch das Eingangstor brachen, flüchtete die Wachmannschaft in das Zellenhaus. Doch auch hierhin folgte die Menge. In Panik feuerte die Wachmannschaft jetzt gezielt Schüsse ab, ein Arbeiter wurde

schwer verletzt. Für den Moment eingeschüchtert wich die Masse zurück und stellte ein Ultimatum: Entlassung der Gefangenen bis 15 Uhr.

Gegen 14.30 Uhr trafen zur Verstärkung mehrere Dutzend Soldaten der Kasernierten Volkspolizei ein. Auch wenn Ulbricht und die Sowjets ihnen nicht über den Weg trauten: Jetzt war der Notfall eingetreten, jetzt wurden sie gebraucht. Sie waren bewaffnet, aber ohne Munition. Angesichts der riesigen Menschenmenge erkannte der verantwortliche Kommandeur bald die Aussichtslosigkeit der Lage: Er ließ die Karabiner seiner Männer in der Haftanstalt einschließen und versuchte, das Gefängnis mit Sperrketten zu sichern. Vergeblich. Nach Ablauf des Ultimatums überrannte die Menge die Sperre, stürmte das Zellenhaus und befreite alle 245 Insassen. Der Kommandeur wurde anschließend als schlechtes Beispiel an den Pranger gestellt und wegen »Verrats an der Arbeiterklasse« zu sechs Jahren Zuchthaus verurteilt.

Um zwei Uhr nachmittags erteilte der Polizeichef von Halle allen Polizeikräften im Bezirk Schießbefehl. Nervös lauschten die Beamten im Zuchthaus »Roter Ochse« zu diesem Zeitpunkt dem Sprechchor der Menge: »Gebt die Gefangenen heraus!« Mit einem lauten Krachen gab auf einmal das Haupttor nach: Die Arbeiter hatten einen Lkw als Rammbock benutzt. Als die Aufständischen in den Hof stürmten, schoss die Wachmannschaft in die Menge. Zwei Männer brachen tot zusammen, andere wurden schwer verletzt. »Mit Horst und ein paar von unseren Mädels kauere ich dem Tor gegenüber hinter einem Pfeiler, und die Splitter der Einschläge spritzen uns ins Haar«, erläuterte ein Augenzeuge dem Journalisten Klaus Harpprecht, der direkt nach dem Aufstand auf Stimmenfang ging, die Szene. »Vor meinen Augen wälzt sich ein getroffener Mann im Blut, andere stürzen und werden fortgeschleppt. Als wir zurückfliehen, finden wir wieder einen Mann in einer Blutlache. Er ist tot – Bauchschuss.«

Als einige Hundert nun versuchten, über eine Seitenstraße das Gefängnis zu stürmen, kamen Wasserwerfer zum Einsatz. Wieder wurde geschossen. Zwei weitere Demonstranten starben. Um 16 Uhr erzitterte die Erde: Russische Panzer rollten heran und riegelten die Straßen um das Zuchthaus ab. Der Sturm auf das Gefängnis war gescheitert. Der blutige Kampf um den »Roten Ochsen« hatte fünf Todesopfer gefordert – getroffen von Schüssen aus Waffen der Volkspolizei. Insgesamt ließen in Halle mindestens elf Aufständische beziehungsweise Unbeteiligte ihr Leben, Dutzende wurden zum Teil schwer verletzt.

Einer der Toten vor dem »Roten Ochsen« sollte von der SED-Propaganda zum Märtyrer stilisiert werden – obwohl er lediglich ein unbeteiligter Passant war. Gerhard Schmidt, 27 Jahre alt und Doktorand der Landwirtschaft in Halle, war zusammen mit seiner Frau auf dem Weg zu den Schwiegereltern, als er zufällig in den Tumult vor dem Gefängnis geriet und wahrscheinlich von einer verirrten Polizeikugel getroffen wurde. »Auf einmal fielen Schüsse«, erinnert sich Ilse Matzel, die damals am Kirchtor wohnte, »und ein Mann brach zusammen.« Ihr Ehemann war Arzt. Er lief sofort auf die Straße und holte den Schwerverletzten ins Haus. »Er gab ihm noch eine Spritze, bis ein Wagen organisiert werden konnte, und fuhr ihn dann schnell in die Klinik«, rekapituliert Frau Matzel. Doch für Gerhard Schmidt kam jede Hilfe zu spät.

Die FDJ, in der Schmidt mit wenig Engagement, lediglich als zahlendes Mitglied organisiert war, stellte die Geschichte ganz anders da. Sie schrieb in einem Nachruf: »Am 17. Juni 1953 wurde unser Gerhard, als er sich faschistischen Rowdies und ausländischen Agenten entgegenstellte, brutal niedergeschossen«, und FDJ-Chef Erich Honecker kondolierte der Witwe zum Tod »unseres besten unerschrockenen Kampfgefährten«. Initiiert wurde die verlogene Veranstaltung mutmaßlich vom stellvertretenden Rektor der Universität. Weil so mancher Landwirtschaftsstudent als Wortführer an den Demonstrationen teilgenommen hatte, wollte er mit dem Fall Schmidt wohl »beweisen«, dass die Fakultät auch regimetreue »Märtyrer« vorzuweisen hatte. Jedenfalls schüchterte der Rektor die trauernden Angehörigen ein und befahl ihnen zu schweigen. Das Staatsbegräbnis für Gerhard Schmidt war eine einzige Farce: KVP und Abordnungen der Betriebe waren angetreten, während die FDJ einen Sternmarsch

Befehl!

Über die Stadt Halle ist der

Ausnahmezustand

verhängt. Demonstrationen, Versammlungen und Zusammenrottungen jeder Art sind verboten.
Jeder Aufenthalt auf den Straßen ist von 21.00 Uhr bis 4.00 Uhr verboten.
Im Falle von Widerstand wird von der Waffe Gebrauch gemacht!

Chef der Garnison und Militärkommandant der Stadt Halle-Saale

Halle, den 17. Juni 1953

»Jeder Widerstand ist zu brechen« – um 16 Uhr wird in Halle der Ausnahmezustand erklärt.

»Flucht nach vorn« – SED-Chefideologe Fred Oelßner, der am 17. Juni die Niederschlagung des Aufstandes in Halle leitet, soll eine Woche darauf mit Worten überzeugen.

durch Halle organisierte und eine Kapelle den Marsch blies. »Ein makabres Theater«, wie die Witwe später konstatierte. Die DDR-Propaganda strickte sich Freund- und Feindbilder, wie sie es gerade brauchte. Schmidt sollte nicht ihr einziges Opfer sein.

Am Nachmittag des 17. Juni war SED-Politbüromitglied Fred Oelßner in Halle eingetroffen, um im Auftrag der Regierung – und in enger Absprache mit den Sowjets – die Leitung bei der Niederschlagung des Aufstands zu übernehmen. Er gab den Befehl aus, dass jeder Widerstand mit Gewalt zu brechen sei. Um 16 Uhr wurde der Ausnahmezustand verhängt. Doch von Gehorsam wollten die DDR-Bürger an diesem 17. Juni nichts mehr wissen. Acht Jahre lang hatten sie ihren Zorn in sich hineingefressen, damit war es jetzt vorbei. Die Aufständischen ließen sich von der Verhängung des Ausnahmezustands zunächst nicht einschüchtern. Die Großkundgebung am Hallmarkt fing sogar erst um 18 Uhr an – fünf Stunden, nachdem die Sowjets das Kriegsrecht verkündet hatten. Noch um 21 Uhr gingen Volkspolizei und Kasernierte Volkspolizei mit Bajonetten und Gewehrkolben gegen Demonstranten auf dem Marktplatz vor. Es kam zu Massenverhaftungen. Streifen der Sowjetarmee und der Volkspolizei nahmen am späten Abend jeden fest, den sie auf der Straße antrafen. Doch die Bewohner von Halle machten weiter, auch nach dem 17. Juni. Schon am nächsten Tag versammelte sich wieder ein Menschenmenge auf dem Marktplatz, wurde aber bald von der Kasernierten Volkspolizei auseinander getrieben. Wieder gab es Tote: Eine unbeteiligte Passantin wurde von einer Kugel tödlich getroffen.

Gingen in Berlin die Demonstrationen vor allem von den Baustellen aus, waren in der Provinz die Industriebetriebe Epizentren des vulkanartigen Aufstandes. Das galt besonders für die riesigen volkseigenen Industriebetriebe, die schon auf eine Tradition von Arbeiterrevolten in den zwanziger Jahren zurückblicken konnten. Hier glaubten die Arbeiter noch felsenfest an ihr Streikrecht, das ihnen die Verfassung der DDR zumindest auf dem Papier garantierte. »Nachher hieß es allerdings, einen volkseigenen Betrieb kann man nicht bestreiken: Das Volk kann nicht gegen sich selbst streiken«, erzählt ein Arbeiter resigniert. Der Bezirk Halle mit seinen bedeutenden Industriezentren wie den Leuna-Werken bei Merseburg, dem Buna-Werk in Schkopau und den Betrieben in Bitterfeld zählte zu den Hauptherden des Aufstands. Die Polizeidirektion Halle kam später auf 211 streikende Betriebe und 148 000 streikende Arbeiter in der Region. Das war für die SED besonders peinlich, waren es doch vor allem die Arbeiter, auf die der »Arbeiter- und Bauernstaat« seine Legitimation stützte. Den Arbeitern selbst war das herzlich egal. »Wir waren nicht alle auf Seiten der SED. Die meisten waren gegen das System und wollten lieber das westliche«, bringt es Joachim Fiedler, damals Elektro-Monteur der Leuna-Werke, auf den Punkt.

Am frühen Morgen versuchten Parteifunktionäre noch verzweifelt, die Arbeiter mit der Nachricht über die Norm-Rücknahme zu beruhigen. Vergeblich. Im »Walter-Ulbricht-Werk«, wie die Leuna-Werke nun hießen, marschierten die abtrünnigen Arbeiter schon um zehn Uhr mit der schwarz-rot-goldenen Fahne durchs Gelände und sangen das Deutschlandlied. Bald schon hatten die 28 000 Beschäftigten der Leuna-Werke eine Streikleitung gebildet. Zu ihnen gehörte auch Joachim Fiedler. Leuna war der größte Betrieb der DDR, unterstand aber der sowjetischen Besatzungsmacht und war für sie von großer Bedeutung. Hier wurde synthetischer Treibstoff produziert, auch für die sowjetischen Streitkräfte in Deutschland.

Aber ob sowjetische Aktiengesellschaft oder volkseigener Betrieb – die Leuna-Arbeiter hatten die Nase voll. »Die Normen wurden immer höher gesetzt, bis sie niemand mehr erreichen konnte«, sagt Fiedler. »Und was hieß schon volkseigen? Der Betrieb gehörte zwar angeblich uns, doch wenn man drei Nägel mitnahm, wurde man drei Jahre eingesperrt, denn sie gehörten ja dem Volk.« Erregt verlangten die Arbeiter die Absetzung des von den Sowjets eingesetzten Direktors und die Wiedereinsetzung des früheren Werksleiters. »Er wurde auf den Schultern der Arbeiter ins Werk getragen«, erzählt Fiedler. Doch als der Mann versuchte, beschwichtigend auf die Arbeiter einzureden, wandten sie sich von ihm ab.

Stattdessen schwang sich ein Rechnungsprüfer zum Streikführer auf und »putschte durch seine faschistischen Reden und Forderungen die Menge in ungeheurem Maße auf«, wie der SED-Bericht vermerkte. Der Forderungskatalog der Leuna-Arbeiter enthielt das Übliche: Befreiung der Gefangenen, deutsche Einheit, mehr Lebensmittel, mehr Rente, runter mit den Arbeitsnormen. Darüber hinaus forderte man, den Werksnamen »Walter Ulbricht« zu beseitigen, und verlangte die Entfernung der politischen Spitzel in den Werkstätten. Diese Denunzianten vergifteten nach dem Bekunden der Beteiligten nicht nur das Betriebsklima, sondern konnten überdies sehr gefährlich werden. »Einmal, als eine Wahl anstand, forderte ein Leuna-Arbeiter Wahlkabinen«, erinnert sich Fiedler. »Wahlkabinen gab es dann sogar, auch wenn man sie nicht benutzen durfte. Doch der Arbeiter war verschwunden, den hatten die Russen weggeschafft.«

Wir Werktätigen des Kreises Bitterfeld fordern von Ihnen:

1. Rücktritt der sogenannten Deutschen Demokratischen Regierung, die sich durch Wahlmanöver an die Macht gebracht hat

2. Bildung einer provisorischen Regierung aus den fortschrittlichen Werktätigen

3. Zulassung sämtlicher großen demokratischen Parteien Westdeutschlands

4. Freie, geheime, direkte Wahlen in vier Monaten

5. Freilassung sämtlicher politischer Gefangenen (direkt politischer, sogenannter Wirtschaftsverbrecher und konfessionell Verfolgter)

6. Sofortige Abschaffung der Zonengrenze und Zurückziehung der Vopo

7. Sofortige Normalisierung des Lebensstandards

8. Sofortige Auflösung der sogenannten Nationalarmee

9. Keine Repressalien gegen einen Streikenden

Telegramm der Zentralen Streikleitung des Kreises Bitterfeld an die Ostberliner Regierung, 17. Juni 1953

Während die Streikleitung mit dem Direktor verhandelte, verließ ein Großteil der Belegschaft gegen elf Uhr den Betrieb und zog in Richtung Merseburg, wo man mit den Kollegen des Buna-Werks und anderer Betriebe zusammentraf. Der ganze Industriestandort schien auf den Beinen. 70 000 Leute nahmen an der Kundgebung in Merseburg teil. Auch hier wurden die Gefängnisse gestürmt.

Ein Teil der Leuna-Arbeiter zog nach Halle weiter, um dort inhaftierte Kameraden zu befreien. Die meisten marschierten am Nachmittag in den Betrieb zurück, um dort weiter zu streiken. Auf sie wartete eine böse Überraschung: Achthundert sowjetische Soldaten hatten bereits das Betriebsgelände besetzt. Sie wurden von den Demonstranten mit Beschimpfungen und Pfui-Rufen überschüttet. Ein Offizier äußerte sogar Verständnis, als er von den Forderungen erfuhr, und sagte zu Fiedler: »Macht weiter, bei uns in Russland war das auch schon dreimal.« Doch er sollte die Ausnahme bleiben. Die Verhandlungen der Streikleitung mit den Sowjets stockten.

„Man hat uns mit Waffengewalt an die Arbeit getrieben und gedroht, uns einzusperren oder zu erschießen.“
Joachim Fiedler, Streikleiter Leuna-Werke, über den »Tag danach«

In der Nacht gingen die Arbeiter schließlich nach Hause mit der Zusage, am nächsten Tag weiterverhandeln zu dürfen. Als um Mitternacht das Kriegsrecht über Leuna verhängt wurde, war es mit dieser Hoffnung vorbei. Am nächsten Morgen waren die Werke von Panzern umstellt. »Man hat uns mit Waffengewalt an die Arbeit getrieben«, berichtet Fiedler, »und gedroht, uns einzusperren oder zu erschießen.« Die Rote Armee wappnete sich gegen die »Proletarier«: Drei Wochen lang hielten bis zu dreitausend Soldaten mit Artillerie und Panzern die Leuna-Werke besetzt.

Noch in der Nacht des 17. Juni begann das Kesseltreiben. SED-Agitatoren, die sich während des Aufstands verdrückt hatten, kamen aus ihren Verstecken und verteilten Flugblätter, in denen Betriebsangehörige aufgerufen wurden, »Agenten«, »Rädelsführer« und »Provokateure« zu denunzieren. »Leuna-Arbeiter, schlagt den Klassenfeind! Die Entfernung der Agenten und Provokateure sichert unsere friedliche Aufbauarbeit zur Verwirklichung der deutschen Einheit!«, schrieb die Betriebszeitung. Die Stasi startete eine Verhaftungswelle. Auch Joachim Fiedler wurde zu drei Jahren »Roter Ochse« verurteilt. Wer konnte, floh in den Westen. Gleichzeitig schwärmten SED-Funktionäre aus, um mit Versprechungen und Drohungen den Streikwillen der Arbeiter zu brechen. Und der war weiterhin groß.

In Halle war der Generalstreik für den 18. Juni ausgerufen worden. Daher legten viele Betriebe erst an diesem Tag die Arbeit nieder. Mancherorts ließ man sich einlullen und nahm die Arbeit wieder auf, als die SED zusicherte, für die Streiktage Lohn zu zahlen. In anderen Betrieben wurden die Agitatoren kurzerhand aus dem Betrieb geworfen. Vor allem passiver Protest war populär: Da das Kriegsrecht Streik verbot, wurde langsam gearbeitet, es galt die Parole »Schneckentempo«.

Die Nachrichten aus der Hauptstadt waren der Funke, der das Pulverfass Provinz zur Explosion gebracht hatte. Durch die Meldungen und Reportagen des RIAS erfuhren die Menschen in Magdeburg oder Halle unmittelbar von den Vorgängen in Berlin. Neben den Nachrichten kursierten vielerorts auch absurde Gerüchte. So hieß es, die SED sei überall schon abgesetzt. »Genosse Grotewohl habe sich vergiftet, Walter Ulbricht sei nicht aufzufinden, Wilhelm Pieck seien beide Beine abgeschossen, siebzig Mann von der Regierung sind verhaftet«, meldete die SED aus Gera. Die vermeintliche Schwäche der Regierung nahmen beherzte Visionäre nun zum Anlass, den politischen Umsturz zu wagen: In Bitterfeld, einem Zentrum der Chemie- und Grundstoffindustrie, wurde ein überbetriebliches Streikkomitee gewählt, der Bürgermeister abgesetzt und fast generalstabsplanmäßig Polizeigebäude, Stadtverwaltung, Staatssicherheit und Gefängnis besetzt. Anschließend sandte das Streikkomitee per Telegramm lange Forderungslisten an die Regierung in Berlin und an den Hohen Kommissar Semjonow. Bitterfeld war einige Stunden lang fest in der Hand der Streikleitung. Vergleichbares ist an diesem Tag nur in Görlitz geschehen.

Nichtsahnend stiefelte Werner Herbig am Morgen des 17. Juni in das Görlitzer Polizeipräsidium, um seinen Ausweis verlängern zu lassen. Ein Freund der SED war er nicht gerade. Herbig war von Beruf Techniker im Pflanzenschutzamt in Dresden gewesen. Doch der Kartoffelkäfer hatte ihn um seinen Job gebracht. Im heißen Sommer von 1952 hatte die Landwirtschaft in Sachsen mit dem Befall dieses Schädlings zu kämpfen. Auf der Suche nach einem antiwestlichen Propagandacoup war die SED-Leitung zu Herbig gekommen und hatte ihn

»Generalstreik« – in Dresden sammeln sich Tausende Demonstranten.

gebeten, doch einen Artikel zu schreiben und zu behaupten, die Kartoffelkäfer seien von amerikanischen Flugzeugen abgeworfen worden. Als der Techniker sich weigerte mit der Begründung, das stimme einfach nicht, wurde er fristlos gekündigt. Im Präsidium fiel ihm jetzt auf, dass die Polizeibeamten in heller Aufregung waren. »Die liefen alle schon rum mit Kochgeschirr, Brotbeutel, Stahlhelm und Maschinenpistole und warfen die Bevölkerung raus.«

Als Herbig das Polizeipräsidium verließ, um nach Hause zu gehen, traute er seinen Ohren kaum. »Freie Wahlen!«, »Lasst die Gefangenen frei!«, »Generalstreik!« und »Wir wollen Freiheit!«, ertönte es aus Tausenden von Kehlen. Als die Demonstranten in Fünfer- und Sechserreihen durch die engen, von hohen, fünfstöckigen Häusern gesäumten Straßen von Görlitz zogen, entfachten ihre Rufe einen so beeindruckenden Schall, dass »die Bevölkerung an den Straßenrändern in Tränen stand und weinte«, erinnert sich Herbig. »Die einen wussten gar nicht, was geschehen war. Doch andere meinten: Gott sei Dank, jetzt haben wir wieder unsere Freiheit, jetzt wird alles wieder besser.«

»Nieder mit der SED« – auch in Dresden werden Propagandaplakate entfernt.

»Den Umsturz versucht« – Propagandamaterialien und Akten regnen auf Görlitzer Straßen.

Die »führenden Genossen« in Görlitz waren gewarnt worden. Um 3.30 Uhr am Morgen des 17. Juni hatte die Bezirkszentrale in Dresden den Ersten SED-Sekretär Karl Weichold mit der Mitteilung aus dem Bett geworfen, »dass damit zu rechnen ist, dass bestimmte Kräfte in Berlin in den Betrieben versuchen werden, Unruhe zu stiften in Zusammenhang mit der Frage der Normen«. Er solle aufpassen, wenn »Westberliner Agenten« mit »Arbeiterzügen« kämen und in den Betrieben zu Streiks aufriefen, und Unruhen und Provokationen abwehren. Pflichtgemäß hatte Weichold die Kollegen von der Staatssicherheit, der Volkspolizei und den Oberbürgermeister Willi Ehrlich zu sich berufen.
Doch sie verkannten den Ernst der Lage: Dass Westberliner Provokateure es bis ins ferne Görlitz schaffen würden, bezweifelten sie. Mit Ausschreitungen rechnete ohnehin keiner. Die Funktionäre beschlossen lediglich, die Parteisekretäre in den wichtigsten Betrieben, wie dem Großbetrieb des Waggon- und Schwermaschinenbaus LOWA und dem VEB Maschinenbau (EKM), zu informieren. Nicht im Entferntesten dachten sie daran, dass Görlitz zum »Schwerpunkt der faschistischen Provokation« werden und es den Aufständischen sogar zeitweilig gelingen sollte, die Macht an sich zu reißen.
Tatsächlich sollte der Aufstand das Machtgefüge in Görlitz derart aus dem Gleichgewicht bringen, dass er die politische Dimension des Aufstands in Berlin in den Schatten stellte. Das Ausmaß an Unzufriedenheit in Görlitz hatte

»Weg mit der Oder-Neiße-Grenze« – eine Forderung der Demonstranten auf dem Görlitzer Untermarkt.

mehrere Gründe. Die Versorgungslage entlang der Oder-Neiße-Grenze war außergewöhnlich schlecht. »Nach Dresden kam noch was hin, wenn es dort eine politische Veranstaltung gab, ausländische Gäste kamen oder so, dann fiel auch für die Bevölkerung immer mal eine Banane oder ein Apfelsinchen ab«, ereifert sich Herbig noch heute. »Meine damals vierjährige Tochter konnte nicht einmal eine Bockwurst von einer Banane unterscheiden.«

Görlitz, eine vormals reiche und blühende Stadt an der Neiße mit noch erhaltenen schönen Renaissancebauten, war seit dem Krieg eine geteilte Grenzstadt. Die Häuser östlich der Neiße standen auf polnischem Gebiet und verfielen zusehends. Zu Tausenden waren Schlesier und Vertriebene, darunter viele Frauen und Schwerbeschädigte, aus den früheren Ostgebieten nach Görlitz gekommen und dort geblieben. Diese Bevölkerungsstruktur war der Wirtschaftskraft der Region natürlich abträglich. Nun lebten sie auf viel zu engem Raum mit Blick auf die streng bewachte, undurchlässige Oder-Neiße-Grenze und wenig Zuversicht, was die deutsch-deutsche Wiedervereinigung betraf.

Wie andernorts waren seit 1952 verstärkt Betriebe in Volkseigentum überführt, Selbständige enteignet oder eingesperrt worden. Von 100 000 Görlitzern waren Ende 1952 gerade noch 4000 selbständig. Ein Drittel der Bevölkerung lebte von Rente oder Sozialhilfe – oder es waren Hausfrauen ohne eigenes Einkommen. Als die Stadt im Frühjahr 1953 die von Ulbricht beschlossenen »sozialistischen

Sparmaßnahmen« umsetzte und unter anderem die Sozialhilfe einstellte, war für viele der Ofen aus. Seit dem Oktober 1952 hatte auch in Görlitz die große Republikflucht eingesetzt. Politisch galt der Kreis Görlitz den Kadern der SED von jeher als unzuverlässig: Die evangelische und katholische Kirche waren hier fest verankert, und viele Bürger waren bekennende Sozialdemokraten.

Wie überall in der Provinz hatten auch die Görlitzer am Abend des 16. Juni über den RIAS von dem geplanten Streik in Berlin erfahren. Am 17. Juni überschlugen sich bei SED-Sekretär Weichold bereits ab acht Uhr die Meldungen aus den Betrieben. In der LOWA sei der Teufel los, die Arbeiter würden ihre Sympathie für den Berliner Streik bekunden, meldeten die aufgeregten Parteibüros. Wenig später bogen die gesammelten LOWA-Arbeiter schon bei den Kollegen vom VEB EKM ein. Zusammen klapperten die Waggon- und Maschinenbauer weitere Görlitzer Betriebe ab. Wie in Berlin schlossen sich die Belegschaften der Demonstration an und begannen, in einem ständig größer anschwellenden Block gen Innenstadt zu marschieren. Geschäftsleute, Rentner, Hausfrauen, Jugendliche reihten sich unterwegs kurzerhand in die Demonstration ein, die bald mehrere Tausend Menschen umfasste und sich wie ein Lavastrom zum Leninplatz wälzte. Der »Leninplatz« – heute wieder »Obermarkt« – war der zentrale Platz von Görlitz. Auch Werner Herbig wurde gepackt und marschierte bald in vorderster Reihe mit. Wie in Berlin forderten die Demonstranten zuerst Preissenkungen, Erhöhung der Löhne und Herabsetzung der Normen. Bald aber wurden mit Rufen wie »Fort mit der SED!« und »Revision der Oder-Neiße-Grenze!« politische Veränderungen eingefordert und die Absetzung der Regierung verlangt.

Mutig fasste sich auch Oberbürgermeister Ehrlich ein Herz und eilte zum Obermarkt, um »seine Bürger zur Vernunft zu bringen«, wie er später zu Protokoll gab. Als das Stadtoberhaupt aber vor dem Rathaus eintraf und sogar auf einen Lieferwagen stieg, um sich Gehör zu verschaffen, wurde er beschimpft und niedergeschrien. Inzwischen hatten die Demonstranten den Stadtfunk erobert und begannen, die Kundgebung zu übertragen. Immer mehr Görlitzer, die jetzt über Funk von den Ereignissen erfahren hatten, drängten sich auf dem Platz, bis etwa 30 000 Menschen so dicht standen, dass ein Umfallen unmöglich gewesen wäre. Die Kundgebung, die von 11.30 bis etwa 13 Uhr dauerte, entfaltete einen Grad an politischer Organisation und Tragweite, die selbst die Teilnehmer überraschte. Spontan bildete sich eine überbetriebliche Streikleitung und beauftragte einen Architekten aus der LOWA namens Cammentz mit der Leitung der Kundgebung. Doch zuerst schwang sich ein Schlosser auf einen Tisch, der als Rednertribüne diente, und fragte den Oberbürgermeister, wie

dieser später vor der Stasi aussagte: »Wann wird die Oder-Neiße-Grenze aufgehoben? Wann wird die Kasernierte Volkspolizei aufgelöst? Wann tritt die Regierung zurück? Wann finden Wahlen statt? Wann werden die HO-Preise beseitigt?«
Der Oberbürgermeister ging auf diese Fragen gar nicht weiter ein, sondern versuchte, den »Neuen Kurs« der Regierung Ulbricht und die Fehler der Vergangenheit zu erklären, und bat darum, »unsere Arbeit weiterzuführen«. Als Cammentz die Bürger daraufhin bat zu entscheiden, ob Ehrlich seine Arbeit weiterführen solle, brüllte die Menge ein entschlossenes: »Nein!« So wurde, ohne dass den Görlitzern die Tragweite ihrer Entscheidung in dem Moment bewusst wurde, der Oberbürgermeister von Görlitz öffentlich abgewählt. Anschließend wurde er von aufgebrachten Bürgern attackiert, doch als ein Redner zur Ruhe mahnte und die Menge aufforderte, »mit dem Oberbürgermeister als Arbeiter zu verhandeln«, ließ man offenbar von ihm ab. Wohl ahnend, dass eine aufgebrachte Menschenmenge schnell zum tödlichen, aggressiven Mob mutieren kann, rief die Kundgebungsleitung immer wieder zu Besonnenheit auf, um Blutvergießen zu vermeiden. Die Mahnungen wurden gehört: In Görlitz kam es, anders als in anderen Orten, nicht zur Lynchjustiz.
Inzwischen forderte jemand von der Streikleitung die Bürger von Görlitz auf, zu sagen, »was man will«. Ein Redner sagte daraufhin unter Ovationen: »Es ist

Bei einer Kundgebung wählen die Görlitzer ihren Oberbürgermeister ab.

das Erfreuliche, dass dieser Aufstand aus der Arbeiterschaft hervorgeht, und es ist erfreulich, dass nun endlich der Tag da ist, der uns tatsächlich wieder in andere Verhältnisse bringen wird. (...) Die heutige Errungenschaft wird uns eine Freude sein, wieder mitzuarbeiten an einem neuen Geschehen, an einer neuen Regierung. Es leben die Arbeiter von der LOWA! (...) Kolleginnen und Kollegen! Sollte tatsächlich Polizei eingesetzt werden, so schließt euch zusammen und merkt euch den, der einen Gummiknüppel hebt, merkt euch den! Denkt an den berühmten Schwur: Seid ein einig Volk von Brüdern und haltet zusammen in Gefahr. Denn wir sind nur in der Masse einig, ein Einzelner schafft nichts!«

Einer nach dem anderen griffen die Görlitzer zum Mikrofon. Viele brachten ihre Freude und Hoffnung über den Tag zum Ausdruck. Andere erinnerten an erlittenes Leid und Ungerechtigkeit, manche forderten auch Rache und Vergeltung. Ein Redner sprach sicher allen aus dem Herzen, als er sagte: »Ich bin der Auffassung, dass heute alle diese Menschen, die hier versammelt sind, ob der Arbeiter aus der Fabrik, der seinen Hammer niedergelegt hat, ob der Bürger oder der Intellektuelle, der wartet, was ist und was werden soll, davon überzeugt und mitmarschiert sind, dass heute die freie Meinung ihren Durchbruch bekommen hat.«

Erstaunlicherweise gelang es den Demonstranten in einem fruchtbaren Zusammenspiel zwischen Streikleitung und Menge tatsächlich, Entscheidungen zu treffen. Mit Beifall wurde etwa der Vorschlag der Leitung angenommen, ein Komitee zu gründen, »wo wir uns alle hinwenden können, wenn irgendetwas passiert«, denn man wolle, dass »alles rechtmäßig« verlaufe. Tatsächlich wurde bald mit zwanzig Freiwilligen ein Komitee gegründet. Werner Herbig war einer von ihnen. »Wir waren keine Provokateure oder geschulten Agenten aus dem Westen, wie die Regierung später behauptete«, verteidigt er sich noch heute. »Wir hatten uns in dieser 100 000 Einwohner großen Stadt noch nie vorher gesehen. Da war 'ne Schauspielerin vom Theater, ein Architekt, ein Rechtsanwalt, ein Maler, einige Schlosser vom Waggonbau, welche von der Tuchindustrie und Handwerker.« Eifrig bemüht um demokratische Ernsthaftigkeit verkündete das Komitee, es werde sich ab halb zwei im »Spatenbräu« Görlitz um Anliegen der Bürger kümmern.

Inzwischen war es Mittag geworden, und ein Sprecher der Streikleitung teilte der Menge mit, man habe beschlossen, an diesem Tag nicht wieder in die Betriebe, sondern jetzt nach Hause zu gehen. Um 15 Uhr werde die Demonstration fortgesetzt. Mit Hurra-Rufen wurde der Streik öffentlich abgesegnet. Nach Hause wollten die Demonstranten aber nicht, sondern sie plädierten lär-

»Opfer des Volkszorns« – der Chef des Staatssicherheitsdienstes in Görlitz, Henkel, wird misshandelt.

mend dafür, lieber sofort die politischen Gefangenen zu befreien. Ein Sprecher stimmte zu: »Wir gehen gemeinsam, und darum singen wir alle gemeinsam das Deutschlandlied.« Unter Hurra-Rufen wurde lauthals die dritte Strophe, »Einigkeit und Recht und Freiheit«, gesungen.

Nun setzten mehrere Demonstrationsgruppen zum »Sturm auf die Bastillen« an. Wie überall in der DDR hatte sich die aufgebrachte Menge anfangs darauf konzentriert, Plakate mit sozialistischen Losungen und Bilder von DDR-»Bonzen« von den Wänden zu reißen und auf die Straße zu werfen. Doch die politische Energie der Görlitzer ging sehr viel weiter. Innerhalb von zwei Stunden gelang es ihnen, sämtliche wichtigen Gebäude der Stadt zu stürmen: Um 14.30 Uhr waren die Kreisleitungen von SED und FDJ, die Dienststelle der Staatssicherheit, das Gericht, die Kreisregistrierstelle der Kasernierten Volkspolizei, das HO-Kaufhaus, das Rathaus, die Untersuchungshaft- und Strafvollzugsanstalt, der Bahnhof und die Redaktion der »Sächsischen Zeitung« besetzt. »Die Stadt war in unserer Hand. Und wir dachten: So, jetzt haben wir's geschafft, jetzt ist die Einheit Deutschlands da«, erinnert sich Herbig an die damalige Euphorie.

Das Rathaus wurde von Mitgliedern des Komitees, das sich quasi als provisorische Stadtregierung verstand, besetzt. Widerstand schlug ihnen hier nicht entgegen. Ein Teil des Stadtrats ließ sich anstandslos als Geisel in ein Zimmer sperren. Oberbürgermeister Ehrlich war ins Rathaus zurückgeflüchtet, nachdem sein Versuch, die Menge auf dem Marktplatz zu beruhigen, gescheitert war. Dort hatte er noch hektisch versucht, Partei, Polizei oder die Sowjets telefonisch um Hilfe zu bitten, aber niemanden erreicht. Auf sich allein gestellt, verhandelte er jetzt lieber mit dem neuen Stadtkomitee über die friedliche Übergabe der Verwaltung und die Freilassung der Gefangenen. Die Aufständischen waren sehr bemüht, trotz revolutionärer Machtübernahme besonnen ihres »Amtes« zu walten. Sie stellten umgehend eine Art »Bürgerwehr« auf, die sich unbewaffnet, nur mit Armbinden versehen, um Ordnung kümmerte und Plünderungen verhinderte.

Es dauerte nicht lange, da kamen schon die ersten Abordnungen von Bürgern und Betrieben, um beim Stadtkomitee ihre Anliegen vorzutragen. Wer aber die Situation immer noch verkannte, war Oberbürgermeister Ehrlich. Als eine Delegation des VEB Schlachthof ihn zu sprechen wünschte, trat er vor das Rathaus und tönte – wie er nach dem Aufstand bei einer Vernehmung durch die Staatssicherheit berichtete –, sie seien »Opfer von Lügnern und Provokateuren geworden« und sollten »sofort in den Betrieb gehen«. Außerdem kündigte er an, dass »von unseren sowjetischen Freunden der Belagerungszustand verhängt« worden sei und »sowjetische Truppen im Anmarsch« seien. »Diese Mitteilung versetzte alle vor dem Rathaus Anwesenden in höchste Wut«, gab er der Stasi zu Protokoll. »Ich versuchte, in großen Sprüngen ins Rathaus zurückzugelangen, wurde dabei jedoch von einigen Fleischern gepackt, geschlagen und die Rathaustreppe heruntergeworfen.«

Der Zorn der Menschen, die an diesem Tag auf die Barrikaden gingen, richtete sich mit Vehemenz gegen ein besonders verhasstes Symbol des Unterdrückungsapparates: die Staatssicherheit. »Die Zusammenarbeit zwischen Stasi und dem sowjetischen Geheimdienst war sehr intensiv«, bestätigt ein früherer DDR-Bürger, »viele Leute, die man kannte, wurden verhaftet und nach Sibirien gebracht.« An der Grenze zu Polen war die Bespitzelung sogar noch schlimmer als etwa in Leipzig oder Magdeburg. »Die dachten, hier sind überall Spione«, berichtet Herbig von der Situation in Görlitz. Die Mitarbeiter der Staatssicherheit hatten sich bereits in ihrer Dienststelle verbarrikadiert, als die ersten Demonstranten gegen elf Uhr erschienen. Aus dem Gebäude wurden Schüsse abgegeben, zum Glück aber niemand verletzt. Schließlich stürmte die aufgebrachte Menge das Gebäude, Jalousien wurden mit Äxten zerschlagen, Scheiben gingen zu Bruch. »Ich bin dann zusammen mit fünf, sechs Leuten da rein und habe in scharfem und hartem Ton gesagt: ›So, Leute, jetzt ist Schluss, gebt die Waffen ab, zieht die Jacken aus, und dann geht nach Hause!‹«, schwärmt Herbig von der gelungenen Aktion. Verdutzt seien die etwa sieben Stasi-Offiziere seinem Rat gefolgt. In der MfS-Stelle erbeutete Herbig auch eine Einwohnerkartei, in der die Stasi »Namen von Leuten sammelte, die sie für gefährlich hielt«. Herbig versteckte die heißen Informationen im Keller der nahe gelegenen Kirche und hofft noch heute, dass zumindest die Stasi sie nie wiedergefunden hat.

Seltsamerweise erschienen auch drei Offiziere der sowjetischen Kommandantur in der Stasi-Stelle. Sie gingen jedoch nicht gegen die Eindringlinge vor und störten sich auch nicht daran, dass die Einrichtung demoliert und geplündert wurde. Zwar richteten sie im Erdgeschoss einen Posten mit einer Maschinenpistole ein, doch anscheinend bestand zu diesem Zeitpunkt für die sowjetischen Soldaten Schießverbot. Das verleitete auch die Görlitzer Demonstranten zu dem Irrglauben, die Sowjets würden nicht eingreifen. Zeitzeugen berichteten, dass Demonstranten ein beim MfS »vorgefundenes Stalin-Porträt den vor der Sowjetkommandantur stehenden Posten höflich überreichten«.

Eigenartigerweise waren viele der Aufständischen in der DDR lange von der Hoffnung beseelt, die Sowjets würden nicht eingreifen. »Wir glaubten irgendwie, wir schaffen das, bevor die Russen mit ihren Panzern einmarschieren. Wir dachten: Wir können jetzt was bewegen«, blickt auch Walter Scheler aus Jena zurück. Deshalb wurde die Losung vergeben: »Nicht gegen die Russen«, um sie nicht zu provozieren. Als »Freunde« wurden die Besatzer so kurz nach dem Krieg allerdings auch nicht angesehen. Das stalinistische Modell wollte man im eigenen Land auf keinen Fall haben, Schüler protestierten gegen den Russischunterricht, die schon lang ersehnte Befreiung der Kriegsgefangenen wurde offen gefordert. In Görlitz änderte sich das Verhalten der Russen ohnehin schlagartig, als um 13 Uhr der Ausnahmezustand verhängt wurde. Um 14.30 Uhr

»Weg mit den Spitzeln« – demoliertes MfS-Büro

erschienen etwa zwanzig sowjetische Soldaten und räumten mit vorgehaltener Waffe das Gebäude des Staatssicherheitsdienstes.

Angestrengt spitzten die Insassinnen der Zelle 4 die Ohren. »Habt ihr das gehört?«, flüsterten sie einander zu. Vor der Haftanstalt war Lärm zu hören, der immer näher zu kommen schien, zu einem tosenden Gebrüll anschwoll und aus dem sich schließlich deutlich ein Sprechchor herauskristallisierte: »Freiheit für die politischen Gefangenen! Freiheit für die politischen Gefangenen!« An diesem Mittag des 17. Juni hatte sich eine riesige Menschenmenge, etwa 2500 Demonstranten, auf dem Postplatz vor dem Frauenzuchthaus in Görlitz versammelt – und forderte ihre Freilassung! Elsa Kunter konnte es kaum fassen. Die Putzfrau war – wie auch ihre beiden Zellengenossinnen – was man im damaligen DDR-Jargon eine »Wirtschaftsverbrecherin« nannte. Man hatte sie zu sechs Jahren Zuchthaus verurteilt, weil sie eine Kiste Süßigkeiten in Westberlin gekauft und in die DDR geschmuggelt hatte. Von den 364 inhaftierten Frauen waren auch etliche, die wegen geringfügiger Delikte, etwa dem Stehlen einiger Briketts, nach dem »Gesetz zum Schutze des Volkseigentums« zu mehrjährigen Zuchthausstrafen verurteilt worden waren. Schüsse waren zu hören, dann ein lautes Gebrüll. Der Anstaltsleiter versuchte mit Warnschüssen und einem dicken Wasserstrahl, der aus einem Schlauch schoss, die Eindringenden aufzuhalten.

Dumpfe Stöße durchdrangen das Gebäude. Mit Äxten, Schmiedehämmern und Brechstangen versuchte die tobende Menge, die Eingangstür zu durchbrechen. Dann ein lautes Krachen, knirschender Stahl und triumphierendes Geschrei. Die Demonstranten stürmten das Gefängnis. Einige liefen sofort in die Büros der Verwaltung und verlangten Einsicht in die Gefangenenakten. Der Anstaltsleiter weigerte sich und behauptete sogar, der Schlüssel sei verloren gegangen. Doch dann erschien eine Delegation von drei Mann mit einem Schreiben des Oberbürgermeisters Ehrlich, in dem er den Überbringern Akteneinsicht genehmigte. Ehrlich sollte später seine liebe Mühe haben, diese Vollmacht vor der Staatssicherheit zu erklären. Man habe ihm gedroht, versuchte er seine Unterschrift zu rechtfertigen. Jedenfalls hatten die Delegierten dem Stadtoberhaupt versprochen, nur »Politische«, keine Kriminellen freizulassen. Der gute Vorsatz ging allerdings im allgemeinen Chaos unter. Noch während die Delegation mit dem Gefängnisleiter verhandelte und anfing, die Akten zu sortieren, begannen Demonstranten, Zellentüren aufzubrechen oder aufzuschließen.

In den Gängen war auf einmal das Getrappel vieler Füße zu hören. Die Gefan-

genen wussten noch immer nicht, was vorgefallen war. Durch den Spion der Zelle 4 fragte plötzlich eine Männerstimme, warum sie eingesperrt seien. Dann fügte er hinzu: »Es ist Revolution, die Regierung ist weg, Sie können alle nach Hause.« Doch offenbar hatten die Befreier keine Schlüssel. »Weg von der Tür«, riefen sie und brachen dann mit Vorschlaghämmern und Brechstangen die Tür aus den Angeln. Auf diese Weise kamen alle Frauen frei.

In den Gefängnisgängen herrschte reges Treiben: Eimer, Decken und Waschschüsseln aus den Zellen flogen ins Treppenhaus. Auf den Gängen drängten sich Aufständische und befreite Gefangene. Viele weinten vor Freude. Ilse Kunter verließ das Gefängnis und machte sich auf zum HO-Hotel, wo auf die Freigelassenen ein kostenloses Eintopfessen wartete. Viele Bürger von Görlitz halfen den Entlassenen, gaben ihnen Kleidung oder Geld für eine Fahrkarte. Ilse Kunter gelang an diesem Tag die Flucht nach Westberlin, wo Rainer Hildebrandt, später Leiter des Berliner Mauermuseums »Checkpoint Charlie«, ihre Erlebnisse in einem Buch über den »17. Juni« zusammenfasste. Allein in Görlitz erlangten am 17. Juni 416 Personen die Freiheit. Für viele währte sie nicht lange. Schon am Morgen des 19. Juni waren 215 wieder hinter Gittern.

Der Aufstand der Görlitzer war außerordentlich mutig. Viele Bewohner der Stadt an der Neiße scherten sich überhaupt nicht um den Ausnahmezustand, der gegen 15 Uhr in Kraft trat und sämtliche Ansammlungen verbot. Stattdessen jubilierte nach Informationen von Klaus Harpprecht ein Mitglied des Stadtkomitees und alter Sozialdemokrat: »Acht Jahre lang waren wir gefesselt und geknebelt, acht Jahre lang durften wir nicht so sprechen, wie wir dachten. Nun ist alles vorbei. Die Stunde der Freiheit hat geschlagen. (...) Die Wahl ist einstimmig ausgefallen, und die SED und ihre Funktionäre sollen sich aus dem Staub machen, bevor sie der gerechte Zorn der 18 Millionen trifft. Görlitzer, es lebe die Juni-Revolution von 1953.« Anschließend wurden sogar Vorbereitungen getroffen, die SPD neu zu gründen. In den Dörfern um Görlitz sollten die Unruhen des 17. Juni sogar erst gegen Abend ihren Höhepunkt erreichen.

Frau Bürgermeisterin Frieda Ebhardt aus Ludwigsdorf bot sich am Vormittag des 17. Juni auf den Landstraßen im Kreis Görlitz ein Bild des Schreckens – zumindest in ihren Augen. Die SED-Kreistagsabgeordnete war bereits wieder auf dem Heimweg von Görlitz, da die für neun Uhr anberaumte Kreistagssitzung aufgrund der Unruhen abgebrochen worden war. Sie wollte nichts wie weg von Görlitz, um dem »grausamen« Aufstand zu entkommen, wie sie der Nachwelt in ihren Memoiren offenbarte. Doch die Nachricht, es herrsche Revolution, hatte inzwischen auch das Land erreicht. Unterwegs bemerkte sie marschierende Arbeiter. »Gegröle, Radau, Geschimpfe« schlug ihr aus den Gasthöfen der Dörfer entgegen. In einem Ortsteil von Ludwigsdorf kam ihr »ein Trupp Landarbeiter mit Knüppeln« entgegen, gefolgt vom Dorfpfarrer auf seinem Fahrrad – ein Mann, der Frau Ebhardt schon von jeher suspekt war. Nun hatte er offenbar den Religionsunterricht ausfallen lassen, um zum Aufstand nach Görlitz fahren zu können.

Die Nachrichten von den ungeheuren Aktionen in Görlitz erreichten das Land erst mehrere Stunden später, als Augenzeugen das Erlebte am Nachmittag in die Dörfer zurücktrugen. Doch umso schneller sprang der Funke über. Wie überall in der DDR hatte Ulbrichts Stalinisierung der Landwirtschaft die Lage der Bauern rapide verschlechtert. Von November 1952 bis Mai 1953 hatten allein im Kreis Görlitz sechsundzwanzig Großbauern und zehn weitere ihre Höfe verlassen und waren in den Westen geflohen. Erdrückt von der Last der Steuern, der Abgabenpflichten und angesichts drohender Gefängnisstrafen hatten sie keinen anderen Ausweg gesehen, als Hof und Vieh zu verlassen. In politischer Energie standen die Dorfbewohner den Görlitzern in nichts nach. Besonders unbeliebt war das Bürgermeister-Ehepaar Ebhardt im zwölf Kilometer von Görlitz entfernten Ludwigsdorf. Die strammen SED-Funktionäre waren von Leipzig hierher versetzt worden und versuchten, die sozialistischen Landreformen mit wahrem Übereifer durchzusetzen – also LPGs zu gründen, Sollrückstände einzutreiben und bockige Großbauern ins Gefängnis zu bringen. An diesem 17. Juni 1953 sollten sie die Rache der Bauern zu spüren bekommen.

Laut Bericht von Frieda Ebhardt kamen am Nachmittag gegen 14.30 Uhr Männer mit Knüppeln an ihre Wohnungstür, drohten ihr und stießen sie die Treppe hinunter. Andere stürmten das Gemeindeamt und forderten vom Bürgermeister die Herausgabe der »Soll-Kartei«, auf der die Pflichtabgaben der Bauern verzeichnet waren. Als dieser sich weigerte, rissen sie ein Bild des DDR-Präsidenten Wilhelm Pieck von der Wand und schlugen es ihm auf den Kopf. Danach zogen die Ludwigsdorfer zum örtlichen Kalkwerk und riefen die Arbeiter zum Streik auf. Dort benahmen sich selbst die SED-Genossen »schäbig« und beteiligten sich am Streik, statt »die Lumpen zusammenzuschlagen und in die Kalkschächte oder Mühlen zu werfen«. Doch noch in derselben Nacht war auch auf dem Land der Spuk vorüber. Gegen 21 Uhr klopfte es an die Tür des Bürgermeisters, der mit weichen Knien und einer Axt in der Hand öffnete. Doch es waren Grenzsoldaten aus der Löbauer Kaserne, die anboten, nach den »Provokateuren« zu suchen. In der Nacht wurden sieben Ludwigsdorfer verhaftet und anschließend vom Bezirksgericht Dresden zu bis zu acht Jahren Haft verurteilt. Der Bürgermeister blieb auch nach dem 17. Juni im Amt, das Ehepaar wurde jedoch von den Dorfbewohnern, besonders von Angehörigen der Inhaftierten, verachtet und möglichst gemieden.

Im Nachbarort Zodel banden Aufständische ihren Bürgermeister, den LPG-Vorsitzenden und andere unliebsame Funktionäre mit roten Fahnen zusammen und trieben sie unter dem Gelächter der Bevölkerung durch den Ort, während sie eine »freie Regierung, die Beseitigung der SED, freie Wahlen, Schlesien zurück, die Absetzung des Abgabesolls, die Gleichstellung aller Bauern, die Rückkehr des Großbauern Enckevort, den Wegfall des Russischunterrichts in den Schulen« forderten. Später musste sich der Bürgermeister auf einen Tisch stellen und öffentlich Rechenschaft ablegen. Dann wurde er abgesetzt und ein neuer Gemeinderat gewählt. Auch einige Zodeler büßten ihr Aufbegehren gegen den »Arbeiter- und Bauernstaat« nach ihrer Verhaftung durch die KVP mit mehreren Jahren Zuchthaus.

Noch härter wurden die Stasi-Mitarbeiter in der benachbarten Kreisstadt Niesky dem Spott der Unterjochten ausgesetzt. Um 15 Uhr hatten die Arbeiter der Güterwagenproduktion VEB LOWA nach aufgeregten Diskussionen ihren Betrieb verlassen und im Vorbeigehen noch die Belegschaft des VEB Stahlbau mitgenommen. Um 16 Uhr standen auf einmal mehr als tausend Menschen vor der Stasi-Dienststelle und forderten die Freilassung politischer Gefangener, die es dort an diesem Tag allerdings nicht gab. Wütend attackierten die Demonstranten mit Stangen, Holzscheiten und Deichseln das Gebäude und drangen schließlich in Keller und Erdgeschoss ein. Die zehn Mitarbeiter, die an diesem Tag Dienst hatten, verbarrikadierten sich in den obersten Stockwerken des Gebäudes. Zwar hatte der Dienststellenleiter Waffen verteilt, gab jedoch keinen Schießbefehl. Im Keller entfachten Aufständische ein qualmendes Feuer, um die Belagerten auszuräuchern. Als auf einmal ein Kommando von etwa zwanzig Polizisten mit Karabinern anrückte, wich die Menge zunächst zurück. Doch dann bedrängte sie die Beamten, die verzweifelt Warnschüsse abgaben. Wutschnaubend ging der fünfundzwanzigjährige Karosseriebauer Erich Maroske auf einen Beamten zu, riss sich das Hemd auf und setzte den Gewehrlauf an seine blanke Brust. »Schieß doch«, sagte er. »Doch die hatten keinen Arsch in der Hose«, lacht Maroske. Die Polizisten wurden entwaffnet und flohen Hals über Kopf unter dem Gegröle der Menge über die Felder.

Jetzt nahm die Menge mit Brechstangen und Balken das Gebäude im Sturm. »Nachdem von den faschistischen Banditen die Dienststelle des MfS in Niesky gestürmt wurde, begannen die verbrecherischen Elemente mit der sinnlosen Zerstörung der gesamten Inneneinrichtung«, vermerkte der »Sachstands-

»Unser Grundstück glich später einem Schlachtfeld. Alles verwüstet. Die waren wie im Rausch, die machten alles kaputt. Wenn so ein Mob kommt, dann versuchen Sie doch nicht, den aufzuhalten – ich bin ja kein Selbstmörder.«
Erich Maroske, Karosseriebauer, Niesky

bericht« der Stasi. Die Stasi-Mitarbeiter wurden entwaffnet, einige verprügelt. Die Zellen im Keller standen zur Enttäuschung der Demonstranten leer, dafür fanden sie Näpfe mit Hundefutter. »Seht, das müssen die Gefangenen fressen!«, rief einer entsetzt. Die Demonstranten sannen auf Rache. Schließlich sperrten sie die drei Mitarbeiter in den Hundezwinger, bespuckten und beschimpften sie und stellten ihnen das Hundefutter hin. »In der Staatssicherheit ist alles demoliert«, berichtete die SED-Bezirksleitung nach Berlin, »die Genossen sind in den Hundezwinger eingesperrt worden, dort sollten sie ein rotes Fahnentuch auffressen.«

Erst am späten Abend beendeten Einheiten der Kasernierten Volkspolizei und Grenzpolizisten die Besetzung des MfS-Gebäudes und befreiten die gedemütigten »Kollegen« aus ihren Käfigen. Den Spaß sollten die Aufständischen teuer bezahlen. In einem Schauprozess wurden sechzehn »Provokateure von Niesky« später zu teils lebenslangen Haftstrafen verurteilt.

Als die Stasi-Genossen in Niesky noch im Zwinger saßen, war der kurze Tag der Demokratie in Görlitz schon von sowjetischen Panzern erstickt worden. Nach Berlin wurde hier sogar die stärkste Truppenkonzentration zusammengezogen. Grund dafür war wohl die Kraft des Aufstandes, an dem sich rund ein Drittel der Görlitzer beteiligt hatte, und die Nähe zur polnischen Grenze. Den ersten russischen Panzerspähwagen begrüßten die Demonstranten gegen 17 Uhr auf dem Obermarkt mit einem Pfeifkonzert und den Rufen »Russki go home«, bis der Wagen wieder wegfuhr. Auch Mannschaftswagen der KVP wurden zunächst abgedrängt. Doch gegen 19 Uhr nahm die Bedrohung zu. »Leichte Straßenpanzer, mit Rotarmisten bemannt, patrouillieren. Mannschaftswagen der KVP«, berichtet Klaus Harpprecht. »Dann dröhnen plötzlich die Mauern. Das Geräusch, das in den letzten Tagen des ›Dritten Reiches‹ die Apokalypse begleitete: Der T-34 schiebt sich rasselnd durch die Straßen. Zehn dieser wuchtigen Panzer fahren in Görlitz ein.« Zusammen mit Einheiten von Grenzpolizei, Volkspolizei und einer vierhundert Mann starken Einheit der Kasernierten Volkspolizei aus Löbau räumten die Sowjets nach und nach die besetzten Gebäude, wobei es vereinzelt zu Warnschüssen kam. Während Polizei und Armee auf den Straßen aufräumten, hatten sich SED- und Stasi-Funktionäre verängstigt in die Kasernen der Grenzpolizei gerettet und ließen sich Filme vorführen, bis die Lawine über sie hinweggerollt war. Nach und nach leerten sich die Straßen. Um 20 Uhr waren nur noch die knallenden Absätze der sowjetischen Soldaten zu hören, die mit umgehängten Maschinenpistolen durch das nächtliche Görlitz patrouillierten.

»Die Stasi-Beamten reagierten nicht. Sie standen im Hundezwinger herum wie Deppen. Sie sagten nichts und ließen sich beschimpfen. Sie hatten wohl die Hosen voll.«

Werner Wagner, Lehrling, war bei der Erstürmung der Stasi-Zentrale in Niesky dabei.

»Nach meinem Verhör meinte der eine Beamte zum anderen: ›Erschießen wir den gleich oder erst später?‹ Ich hatte furchtbare Angst.«

Werner Wagner, Lehrling, wurde in Dresden von Stasi-Leuten verhört

Görlitz stach wegen der politischen Tragweite der dortigen Ereignisse am 17. Juni hervor. Blutvergießen konnte hier vermieden werden. Doch das war nicht überall so. Die geballte Wut der Unterjochten richtete sich oft gegen Vertreter der DDR-Institutionen, die das Pech hatten, ihnen in die Hände zu fallen. Je aufgeregter die Menschen wurden, je mehr sie sich gegenseitig aufpeitschten, desto brutaler war die Gewalt. Als Zielscheibe dienten oft Volkspolizisten, die den Auftrag hatten, die belagerten Gebäude zu schützen. »Die haben das Gefängnis gestürmt, die Zellen aufgemacht und die Leute rausgeholt«, erinnert sich Wolfgang Barthel an einen Vorfall in Jena. »Die Straße war voller Menschen, als plötzlich ein Volkspolizist von Mann zu Mann durchgereicht wurde. Es war eine Art Spießrutenlauf: Jeder hat auf ihn eingeprügelt, dann wurde ihm die Jacke ausgezogen. Untenrum hatte er schon gar nichts mehr an. Das war der Volkszorn.«

Eine Volkspolizistin in Magdeburg wurde, so berichtete ein Zeitzeuge, »fast völlig entkleidet und an der Spitze des Zuges mitgeführt«. In Leipzig wurde einem Mädchen die FDJ-Bluse heruntergerissen. In Brandenburg entging der Amtsrichter Benkendorf, der für harte Urteile bekannt war, nur knapp der Lynchjustiz. Zusammen mit dem Staatsanwalt Bechtel wurde er eine Zeit lang in Handschellen an der Spitze des Demonstrationszuges mitgeführt, als man anfing, die beiden zusammenzuschlagen. Das Eingreifen eines Arztes konnte das Schlimmste verhindern. Beide mussten im Krankenhaus behandelt werden.

Während Hass auf die Stasi den Beamten von Niesky Prügel und ein paar Stunden im Hundezwinger einbrachte, musste ein anderer Mann mit dem Leben bezahlen. Wilhelm Hagedorn hielt man in Rathenow allgemein für einen Spitzel und Denunzianten. Wie aus den Unterlagen der Stasi in Potsdam hervorgeht, war Hagedorn nach dem Krieg in Rathenow Dienststellenleiter bei der politischen Polizei und arbeitete eng mit dem berüchtigten sowjetischen NKWD zusammen. Damals hatte er wohl zu allem Übel in seiner Stammkneipe damit geprahlt, dass er bereits dreihundert »Faschisten« und »imperialistische Agenten« der Stadt entlarvt und abholen lassen hatte. Danach arbeitete er anderthalb Jahre lang für die Stasi in Magdeburg. Als er 1951 zurückkam und einen Job beim Betriebsschutz der HO Rathenow annahm, hielt sich eisern das Gerücht, dass er weiterhin als Stasi-Spitzel arbeite. Als er nun am Mittag des 17. Juni 1953 auf dem Karl-Marx-Platz von Rathenow auftauchte, wo gerade eine Kundgebung zu Ende gegangen war, erkannte ihn eine Frau und rief: »Dieser Mann da ist Hagedorn, der hat meinen Mann ins KZ gebracht, haltet ihn auf, diesen Verbrecher!«

Sofort wurde er von der Menge eingekreist, geschlagen und getreten. Dennoch gelang es ihm, in eine nahe gelegene Molkerei zu flüchten, wo man ihm einen Krankenwagen rief. Doch als der Krankenwagen das Gelände verlassen wollte, versuchte die Menge, das Fahrzeug zu kippen. Zwei Achtzehnjährigen gelang es schließlich, Hagedorn aus dem Wagen zu zerren. Unter dem Johlen der Menge trieben sie ihn unter Schlägen zum Havel-Kanal und zwangen den Schwerverletzten, hineinzuspringen. Noch während er schwamm, schlugen zwei Jungen, die ihm in einem Boot gefolgt waren, mit Rudern auf ihn ein. Hagedorn schaffte es zwar noch ans andere Ufer und wurde von einer Polizeistreife ins Krankenhaus gebracht. Dort starb er jedoch an seinen schweren Kopfverletzungen. Zum Glück sollte Lynchjustiz an diesem Tag die absolute Ausnahme bleiben.

Auch die Stadt Magdeburg sollte wegen blutiger Zusammenstöße in Erinnerung bleiben. In der eine Viertelmillion Einwohner zählenden Industriegroßstadt gärte es schon länger: Ein halbes Jahr zuvor, im Dezember 1952, hatte es die ersten Streiks gegeben. Am 17. Juni 1953 gipfelte hier die Erstürmung der Gefängnisse in wahren Feuergefechten. Schon am Mittag gab es die ersten Toten. Tausende Demonstranten belagerten zu diesem Zeitpunkt das Polizeipräsidium in der Innenstadt, forderten die Polizei zur Solidarisierung auf und verlangten die Freilassung der politischen Gefangenen. Der Polizeichef hatte sich schon am Morgen mit SED-Funktionären sowie der sowjetischen Stadtkommandantur in Verbindung gesetzt und die Anweisung erhalten, Blutvergießen zu vermeiden. Daraufhin hatte er seinen Männern Schießverbot erteilt, Polizisten wurden aufgefordert, ihre Schusswaffen abzugeben und einzuschließen.

Die Beamten versuchen noch, die Tore mit Lkws zu blockieren und die Demonstranten mit Sperrketten zurückzuhalten. Vergeblich. Wütende Demonstranten warfen Steine in die Fenster des Präsidiums, einige gelangten bereits über die Fenster in das Gebäude, als das Haupttor mit Balken aufgebrochen wurde. Inzwischen hatten andere Protestierer Waffen erbeutet und das benachbarte Justizgebäude besetzt. Auf einmal kreuzten sowjetische Panzerspähwagen auf, die der verzweifelte Polizeichef zu Hilfe geholt hatte. Schüsse peitschten durch die Luft. Drei Zivilisten brachen von den Kugeln tödlich getroffen zusammen: Die sechzehnjährige Landarbeiterin Dora Borgmann, der siebenundvierzigjährige Kellner Kurt Fritsch und der siebzehnjährige Horst Prietz, Instrukteur der FDJ-Kreisleitung. Mindestens vierzig Demonstranten und Passanten wurden verletzt. Dabei ist es nicht klar, ob es zu einem Schusswechsel zwischen Polizisten und Demonstranten kam oder ob die sowjetischen

»Provokationen und Ausschreitungen geduldet« – rund 8000 Menschen drängen sich um die Mittagszeit vor der Stasi-Haftanstalt in Magdeburg.

Soldaten sogar zuerst das Feuer eröffneten. Die Insassen des Polizeigefängnisses wurden befreit. Zwei später eintreffende sowjetische Panzer konnten nur noch das leere Gebäude sichern.

Ein Teil der aufgepeitschten Menge war inzwischen weitergezogen zum angrenzenden Gefängniskomplex, der Strafvollzugsanstalt Magdeburg-Sudenburg und der Stasi-Untersuchungshaftanstalt. In Sprechchören schallte es bis in die Zellen hinein: »Eure Befreier sind da!« Einigen Demonstranten gelang es, die Polizeiwachen vor den Toren des Gefängnisses zu entwaffnen: Blind schossen sie durch einen Torspalt in den Innenhof – mit fatalen Folgen für drei Polizeibeamte. Trocken fasste das Volkspolizei-Kreisamt Magdeburg die dramatischen Ereignisse in einem Bericht zusammen: »Es handelte sich um etliche Tausend Menschen. Zuerst wurde das Tor eingeschlagen, danach wurden Akten auf den Fußboden gelegt (…) und in Brand gesteckt. In diesem Moment fielen einige Schüsse, vermutlich aus dem Gerichtsgebäude (…) Hierbei wurde ein Angehöriger vom MfS erschossen. Nachdem die Tür der Wache in Brand gesteckt wurde und die Wache demoliert worden war, fielen weitere Schüsse, wobei noch der VP-Angehörige Händler, Strafvollzug Sudenburg, und der VP-Oberwachtmeister Gaidzik, Sonderkommando der Bezirksdirektion Deutsche Volkspolizei (BDVP), erschossen wurden. Sämtliche drei Genossen befanden sich innerhalb des Objektes. Der Genosse vom MfS schaute in den Spion an der Tür, worauf dann von den Provokateuren ein wohlgezielter Schuß den Genossen durch Kopfschuß traf. Währenddessen kamen die Freunde der Roten Armee.«

Als um 13 Uhr die ersten sowjetischen Panzer auf die Demonstranten zudonnerten, wurden sie mit einem Steinhagel empfangen. »Die ersten Maschinengewehrsalven peitschten über die Streikenden«, berichtet der damals zwanzigjährige Kranführer Horst Linowski. »Wir überschütteten die Russen mit Schmährufen: ›Zurück in die Kasernen! Haltet euch raus aus unseren Angelegenheiten!‹« Panzer, mit Maschinenpistolen bewaffnete Panzerspähwagen und Lkws fuhren immer hin und her, um den Aufstand zu ersticken, unterstützt von Soldaten zu Fuß. Die Menge wogte. »Wer konnte, griff sich Pflastersteine, die die Panzer selbst mit ihren Ketten aufgewühlt hatten, und schleuderte sie gegen die Besatzer«, erinnert sich Linowski an den ungleichen Kampf. »Eine hochschwangere Frau wurde zwischen Panzer und Bordstein eingeklemmt und fiel auf die Erde – der Panzer blieb gerade noch rechtzeitig stehen.« Mit der Zeit gelang es den Panzern, die Demonstranten zurückzudrängen und sich vor dem Gefängnistor zu postieren. Die Belagerung des Gefängnisses war zu Ende. Zur

»Wohlgezielter Schuss« – Rekonstruktion des angeblichen Tathergangs des Mordes an Vopo Gaidzik.

Vom Balkon der Bezirksdirektion der Deutschen Volkspolizei (BDVP) in Magdeburg, so die offizielle SED-Lesart, hetzen »Provokateure« die »irregeleiteten Demonstranten« auf.

Befreiung der Gefangenen kam es hier nicht mehr. Doch obwohl um 14 Uhr der Ausnahmezustand über Magdeburg verhängt wurde, gaben die Demonstranten nicht auf. Vor dem Stasi-Untersuchungsgefängnis im gleichen Gebäudekomplex bildete sich bald wieder eine Menschenmenge, forderte Freiheit für die Gefangenen und verhandelte mit dem Parteisekretär der Anstalt. Schließlich schaffte es die aufgebrachte Menge gegen 15.30 Uhr, mit Äxten und Vorschlaghämmern in das Gefängnis einzudringen und 221 Inhaftierte zu befreien. Erst gegen 18 Uhr gelang es den sowjetischen Truppen, die Plätze vor den Haftanstalten zu räumen.

Für den Gefängnissturm in Magdeburg sollten bald Köpfe rollen. Nur einen Tag später, am 18. Juni, wurden zwei von den Russen festgenommene »Provokateure« hingerichtet. Zur Abschreckung wurde die Nachricht in Magdeburg plakatiert: »Bekanntmachung des Militärkommandanten der Stadt Magdeburg: Ich mache hiermit bekannt, daß die Einwohner der Stadt Magdeburg Dartsch, Alfred, und Stauch, Herbert, wegen der aktiven provokatorischen

Demonstranten dringen in den Hof der Magdeburger BDVP ein.

Handlungen am 17. Juni 1953, die gegen die festgelegte Ordnung gerichtet waren, als auch wegen der Teilnahme an den banditenhaften Handlungen vom Gericht des Militärtribunals zum Tode durch Erschießen verurteilt worden sind. Das Urteil ist am 18. Juni 1953 vollstreckt worden.«

Die »Provokateure« starben allerdings nicht unter den Kugeln eines Exekutionskommandos der Sowjetarmee, wie gemeinhin angenommen: Sie wurden eigenartigerweise an deutsche Justizvollzugsbeamte übergeben und im Innenhof des Gefängnisses von diesen hingerichtet. Ein Inhaftierter schilderte der Witwe von Herbert Stauch später die Exekution ihres Mannes, die er vom Fenster aus verfolgen konnte: »Er wurde«, erinnert sie sich, »von einem deutschen Polizisten erschossen, den sie nur den ›Jungen Siegfried‹ nannten. Er trat von hinten an meinen Mann heran und versetzte ihm einen Genickschuss.« Das Verfahren war ungewöhnlich, in der Regel erschossen die Sowjets ihre zum Tode Verurteilten selbst. Warum man in Magdeburg eine Ausnahme machte, konnte die Staatsanwaltschaft bis heute nicht klären. Es hieß, die Männer seien

»Ich las in der Magdeburger Zeitung vom 19. Juni, dass ein Herbert Strauch – also mit einem ›r‹ geschrieben – standrechtlich erschossen worden war. Ich dachte nur, vielleicht ist er es ja gar nicht. Dann teilte man uns die Schließung unseres Betriebes mit. Da wusste ich, dass er tot war.«

Else Stauch, Witwe von Herbert Stauch, der in Magdeburg standrechtlich erschossen wurde

aus Rache für den Tod ihrer Kollegen von einem deutschen Hinrichtungskommando erschossen worden, doch beweisen ließ sich diese Behauptung nie.
Auf jeden Fall sollte mit der Hinrichtung ein Exempel statuiert werden. Die Sowjets machten mit Stauch kurzen Prozess: 55 Minuten nach Beginn der Verhandlung hieß es im Urteil: »Stauch, Mitglied der CDU-Partei, war an der konterrevolutionären Kundgebung am 17. Juni 1953 gegen das Besatzungsregime und die örtlichen Machtorgane beteiligt. Als Mitglied der vierköpfigen Delegation, gewählt von der Menschenmasse, drang er ins Polizeipräsidium ein, wo er die Gewährung der politischen und wirtschaftlichen Freiheiten für die Rebellen, die Freilassung der Staatsverbrecher sowie die Regierungsablösung forderte.«
Stauch wurde wegen der »aktiven Beteiligung an der konterrevolutionären Kundgebung am 17. Juni 1953 in Magdeburg gegen die örtlichen deutschen Organe sowie die Regierung der DDR für schuldig befunden und zur Todesstrafe durch Erschießen verurteilt«. Seine Witwe ist heute noch voller traurigem Zorn: »Wenn ich mir sein Bild ansehe, dann denke ich nur: Dich haben sie um deine Zukunft betrogen! Dich haben sie ermordet. Mein Mann ist ein Held für mich: Er sagte immer, was er dachte. Er wollte als freier Mensch leben.«

Wie in Berlin hatten die sowjetischen Truppen auch in der Provinz offenbar Befehl, besonnen vorzugehen. Oft schienen sie zu zögern, abzuwarten oder sogar mit Demonstranten zu diskutieren. In der Regel preschten die Panzer nicht wild in die Menschenmassen hinein, sondern fuhren Schritttempo. Das Aufgebot war allerdings beachtlich: Dreizehn Divisionen waren unterwegs, um den Aufstand niederzuschlagen. Grundsätzlich wurde anfangs über die Köpfe der Menge hinweggeschossen. Der Plan war offensichtlich, die Menschen durch die bloße Präsenz der Panzer zur Räson zu bringen. Allerdings sorgten sie auch mit Kolbenhieben und vorgehaltenen Maschinengewehren dafür, dass Gebäude geräumt oder die Arbeit wieder aufgenommen wurde.
Angesichts der tödlichen Gewalt von Stahl und Blei ist es beeindruckend, mit welchem Mut der Verzweiflung die DDR-Bürger an diesem Tag gegen Regierung und Besatzungsmacht aufbegehrten. In Jena hatten die Arbeiter der Traditionsbetriebe Carl Zeiss und Schott das Gebäude der SED-Kreisleitung am Holzmarkt gestürmt und eine Delegation zum Parteisekretär der SED entsandt. Während die Streikleitung in der Parteizentrale noch mit den Funktionären verhandelte, fuhren gegen 14 Uhr Lkws mit sowjetischem Militär vor, bahnten sich einen Weg zu den besetzten Räumen und nahmen die Delegation fest. Inzwischen hatte andauerndes Glockenläuten und der kontinuierliche Ton

einer Sirene immer mehr Menschen auf die Straßen gelockt, bis sich bis zu 25 000 Menschen auf dem Holzmarkt drängten. Empört forderte die Menge die Freilassung ihrer Delegation im ersten Stock des Parteigebäudes. Eine verfahrene Situation: Die Menge konnte nicht rein und die Gefangenen befreien. Die Sowjets konnten aber auch nicht raus, um sie abzuführen.
Als die Ketten der ersten Panzer das Pflaster aufpflügten, erreichte die Stimmung ihren Höhepunkt. »Spontan und aus vollem Herzen haben alle das Deutschlandlied angestimmt«, erinnert sich Wolfgang Barthel. Bei der Erinnerung an die Emotionen von damals versagt ihm noch heute die Stimme. So schnell wollten sich die Jenaer nicht geschlagen geben. Todesmutig stellten sie sich den heranrollenden T-34-Panzern entgegen. Einige Frauen setzten sich einfach auf das Straßenpflaster und zwangen die Panzer zum Ausweichen. Als einige dennoch den Holzmarkt erreichten, schoben Demonstranten die

»Alle Räder stehen still, wenn dein starker Arm es will« – die Arbeiter der Traditionsbetriebe Zeiss und Schott ziehen in die Jenaer Innenstadt.

Bekanntmachung des Kommandanten der Stadt Jena

»Hiermit wird bekanntgegeben: Der Einwohner der Stadt Jena Alfred Diener war einer der aktivsten Organisatoren der Unruhen und Provokationen in der Stadt Jena am 17. Juni 1953 und der feindlichen Umtriebe, die sich gegen die Staatsorgane und gegen die Bevölkerung richteten. Diener wurde zum Tode durch Erschießen verurteilt. Das Urteil ist vollstreckt.«

Straßenbahnen, die hier am Platz zusammenliefen, derart zusammen oder stellten sie quer, dass die Panzer eingekesselt wurden oder heranrollende Tanks blockierten. »Manche, die wohl in der Armee waren und sich auskannten, sprangen sogar auf die Panzer drauf und stellten sie einfach ab«, erzählt Barthel. »Man versuchte uns herauszuboxen«, erinnert sich Walter Scheler an die Zwangslage der Arbeiterdelegation. »Es wurden Gerüstleitern an das Parteigebäude gestellt, aber sie reichten nicht bis zu unserem Stockwerk. Dann schossen die Russen mit Kalaschnikows über die Menschenmenge hinweg und stürmten das Gebäude.« Scheler wurde zusammen mit den anderen Delegierten verhaftet. Bei der Niederschlagung der Unruhen ließen die Sowjets offensichtlich Milde walten. Doch umso härter war die Bestrafung der Aufständischen. Zur Abschreckung kam es vereinzelt zu blutigen Standgerichten. Insgesamt geht man davon aus, dass sowjetische Truppen zwischen dem 17. und 22. Juni 1953 etwa neunzehn Juni-Aufständische standrechtlich erschossen inklusive der beiden oben genannten. Hunderte wurden zu Zwangsarbeitslager in Sibirien verurteilt – oft wegen Lappalien.

Horst Linowski war abends noch in Magdeburg unterwegs, weil er sich das Panzeraufgebot der Sowjets ansehen wollte, als er ein Flugblatt der Sowjets mit dem Befehl über den Ausnahmezustand fand. »Ich war empört«, erinnert sich Linowski, »keiner hatte damit gerechnet, dass die Besatzungsmacht eingreift. In meiner Wut habe ich den Befehl zerrissen.« Zu seinem Pech wurde er gesehen

Belegschaftsversammlung bei Schott in Jena

»Panzerbremsen« – auf dem Jenaer Holzmarkt werden Straßenbahnen als Blockade gegen die Panzer zusammengeschoben.

und von den Sowjets umgehend verhaftet. In der Haft wurde er schwer misshandelt. Zunächst wurde er kahl geschoren, dann tage- und nächtelang verhört. »Ständig wurde mir mit der Todesstrafe gedroht, die Pistole lag immer auf dem Tisch.« Um ihm Angst zu machen, zeigte man dem Gefangenen die Zeitung vom 18. Juni, in der die vollstreckten Erschießungen von Dartsch und Stauch gemeldet wurden, und schlug sie ihm schließlich so lange um die Ohren, bis sie in Fetzen fiel. »Von solchen Misshandlungen bleibt keine Spur, nur ein gerötetes Gesicht«, erklärt Linowski, »aber es brummt einem gewaltig der Kopf.« Mehrfach wurde er vom Untersuchungsrichter getreten und geschlagen. »Herzmassage nannte er das Schlagen mit der flachen Hand auf die Herzgegend«, sagt Linowski, »mehrmals wurden mir von ihm auch Zigaretten auf dem Unterarm ausgedrückt, damit ich die Vernehmungsprotokolle unterschrieb.«
Eine Woche blieb Linowski in U-Haft, bis er einem Richter vorgeführt wurde. Ihm wurde aktive Teilnahme am Streik und Anwesenheit vor dem Magdeburger Gerichtsgebäude und Gefängnis zur Last gelegt. Am 4. Juli wurde Linowski

»Straßen weiß wie Schnee« – der Jenaer Johannisplatz bedeckt mit Tausenden von Akten.

von einem sowjetischen Militärtribunal zu acht Jahren Arbeitslager verurteilt, landete aber schließlich in Bautzen. Erst sieben Jahre später kam er frei.

DDR-Organe hatten bei diesen »Schnellverfahren« nichts zu melden. Im Gegenteil: Auch DDR-Soldaten wurden wegen Unterstützung der Unruhen zum Tode verurteilt. Doch auch auf sowjetischer Seite soll es »Helden« gegeben haben, die auf Seiten der Aufständischen kämpften. »Freunde! Brüder! 18 russische Soldaten weigerten sich, auf die unbewaffneten deutschen Arbeiter zu schießen, halfen ihnen, die Gefangenen zu befreien und haben dafür mit dem Leben bezahlt«, heißt es in einem Flugblatt des Nazioalnyj Trudowoij Sojus (NTS), einer russisch-ukrainischen Exilorganisation, die von Berlin aus versuchte, die sowjetische Besatzungstruppe zum Widerstand gegen die Sowjetdiktatur aufzurufen: »Am 28. Juni wurden im Sommerlager des 73. Schützenregimentes 18 Soldaten von einem Sonderkommando standrechtlich erschossen.« Die Erschießung habe »auf einer Waldlichtung« stattgefunden, hieß es weiter, die Soldaten seien »in Dreiergruppen am Rande eines Massengrabes« erschossen worden.

Angeblich hatten sich die Soldaten bei der Belagerung der Haftanstalt in Magdeburg geweigert, auf Aufständische zu schießen. Dieselbe Behauptung

Linke Seite:
»Alles umsonst?« – Panzer rollen am Nachmittag auf den Holzmarkt in Jena.

»Einer der aktivsten Organisatoren der Unruhen« – Alfred Diener aus Jena wurde von einem sowjetischen Militärgericht zum Tode verurteilt und standrechtlich erschossen.

stellte ein Deserteur der sowjetischen Armee, Major Ronschin, auf. Ob diese Geschichte ins Reich der Legenden zu verweisen ist, konnte nie geklärt werden. Es ist zumindest fragwürdig, ob sich die russischen Soldaten mit den Aufständischen solidarisiert haben. Für den einfachen Soldaten waren die Deutschen acht Jahre nach Ende des Zweiten Weltkriegs oftmals noch der Feind. Den Aufstand in der DDR hat die Mehrzahl von ihnen als einen von Faschisten geplanten Coup gegen die »ruhmreiche Sowjetarmee« empfunden. Werner Herbig aus Görlitz berichtet zwar von Sowjetsoldaten, die ihm, als er sich vorübergehend in sowjetischer Haft befand, freundlich zu verstehen gaben, »ihr seid ja keine Agenten« und mit den Worten »du Spezialist 17. Juni« Sauerkraut zu essen brachten. Aber ob sie für deutsche Aufständische ihr Leben riskiert hätten, ist zweifelhaft. Dokumente zur Geschichte der »ruhmreichen 18« konnten bis heute nicht aufgefunden werden. Sollten sie in russischen Militärarchiven noch entdeckt werden, kann beantwortet werden, ob es diese achtzehn Soldaten jemals gegeben hat oder ob es sich um eine Legende der Geschichte handelt.

Der Aufschrei der Unterdrückten ist in der DDR – wie in Berlin – nur mit Hilfe der Roten Armee erstickt worden. In über 500 Städten und Ortschaften kam es zu Unruhen, in über 167 von 217 Stadt- und Landkreisen wurde der Ausnahmezustand verhängt. Der Ausbruch des Volksaufstands in Berlin hatte einen gewaltigen Sturm ausgelöst, der über die ganze Provinz hinwegfegte. Er sollte so schnell nicht abebben. Die Ruhe nach der Eruption war trügerisch. Trotz Gewalt und Terror flackerten die Unruhen immer wieder auf. Nicht nur am 18. und 19. Juni wurde in vielen Betrieben noch diskutiert und gestreikt. Bis Mitte Juli gab es Proteste, Kritik, Solidaritätsbekundungen mit Verhafteten, neue Forderungskataloge und sogar Streiks. Die Protestaktionen in den Buna-Werken sollen sogar noch größere Ausmaße erreicht haben als am Tag des Aufstands selbst, obwohl sich der Betrieb in ein Heerlager von Stasi, KVP und Volkspolizei verwandelt hatte.

Danach endete der Widerstand. Doch das Risikopotenzial blieb für die SED-Regierung bestehen – unberechenbar, gefährlich wie ein ruhender Vulkan. Die »Arbeiterpartei« würde einen perfiden, brutalen Unterdrückungsapparat aufbauen müssen, um dieser lauernden Gefahr entgegenzutreten. Bei den Aufständischen in der Provinz blieb das Gefühl zurück, nicht an sich selbst, sondern an der buchstäblichen »höheren Gewalt« gescheitert zu sein. »Wenn es nur nicht ganz so impulsiv zum Aufstand gekommen wäre, sondern einigermaßen organisiert und wenn die lieben Russen nicht eingegriffen hätten, dann wäre alles anders gekommen«, bedauert Walter Scheler, damals Streikleiter in Jena, noch heute das Scheitern des Aufstands. Herbert Priew dagegen, damals Student in Halle und als »Rädelsführer« verurteilt, ist dennoch stolz auf das, was die Menschen auf den Straßen geleistet haben: »Es war der Tag, an dem wir uns gegen die Diktatur aufgeschwungen haben: Das habe ich für mein Gewissen sehr hoch angesiedelt.« Viele Bewohner der Städte in der DDR sind noch heute verärgert, dass sie auch nach der »Wende« Waisenkinder der Geschichtswahrnehmung geblieben sind. Da die Ereignisse in Ostberlin durch Film- und Fotoaufnahmen erheblich besser überliefert waren, wurden die anderen Aufstandsorte viel zu wenig beachtet. Viele, die damals auf die Straßen gegangen waren, wollen heute gewürdigt wissen, dass der 17. Juni nicht nur in Ostberlin, sondern auch in Görlitz, in Magdeburg, in Halle und in vielen anderen Städten stattfand, wo Menschen ihr Leben für die Freiheit riskierten.

Die Ruhe nach dem Sturm

In Ostberlin erklommen am Abend des 17. Juni 1953 drei sowjetische Soldaten das Brandenburger Tor, holten die von den Demonstranten gehisste Flagge wieder ein und zogen erneut die rote Fahne der Sowjetunion auf. Leise protestierten die wenigen, die noch immer vor dem Tor ausgeharrt hatten. Bis in die Nachtstunden waren in der Stadt vereinzelte Schüsse zu hören, dann wurde es ruhig. »Ordnung in der DDR fast überall wiederhergestellt«, kabelte der sowjetische Marschall Sokolowskij nach Moskau.

Tausende DDR-Bürger kehrten an diesem Abend nach Hause zurück, erschöpft von der Anstrengung des Marschierens und heiser vom Schreien der Parolen. Doch da war ein anderes Gefühl, das noch stärker war als die Müdigkeit: das Gefühl, im Stich gelassen worden zu sein.

»Ich habe mich an diesem Abend total leer gefühlt«, sagt Dr. Klaus Konitzer und spricht damit vermutlich vielen Zeitzeugen aus der Seele, »ich hatte wirklich gedacht, man würden uns helfen. Aber keine der Siegermächte dachte daran, wegen uns auch nur eine Division zu opfern. Es wurden zündende Reden gehalten, aber jeder wusste, dass da nichts hintersteckte.« Joachim Fiedler, damals in der Streikleitung der Leuna-Werke bei Merseburg, fühlt sich noch heute verraten: »Wir dachten, der Westen hilft, und nicht, dass er an der Grenze steht und zuguckt und uns dann in der Ecke stehen lässt, bis die Mauer gefallen ist. Wenn ich heute noch mal die Gelegenheit hätte: Ich würd's nicht wieder tun.« Wahrscheinlich am härtesten traf die Ostdeutschen das Gefühl, von den eigenen Landsleuten hängen gelassen worden zu sein. Was war denn mit all den salbungsvollen Worten von der Einheit, mit den flammenden Reden der Westpolitiker, die Deutschen im Osten »nicht zu vergessen«? Waren das alles nur Phrasen gewesen?

Tatsächlich endete am 17. Juni in Westdeutschland für die allermeisten Bundesbürger ein ganz normaler Mittwoch. Am Folgetag wurden im Westberliner Gloria-Palast die Dritten Internationalen Filmfestspiele eröffnet. Am 21. Juni stand das Endspiel um die Deutsche Fußballmeisterschaft zwischen dem FC Kaiserslautern und dem VfB Stuttgart im Olympiastadion im Mittelpunkt des Interesses. Dass viele Karteninhaber das Spiel nicht sehen konnten, weil sie wegen der geschlossenen Sektorengrenzen Ostberlin nicht verlassen durften, minderte den Jubel über das Entscheidungsspiel nicht.

Erste Bilanz – in den Morgenzeitungen können die Westdeutschen lesen, was am Vortag in Ostdeutschland passiert ist.

15 Pfennig auswärts 20 Pfennig

DER TAGESSPIEGEL

UNABHÄNGIGE BERLINER MORGENZEITUNG

RERUM COGNOSCERE CAUSAS

NR. 2361 BERLIN, DONNERSTAG, 18. JUNI 1953 9. JAHRGANG

Sowjets kriegsmäßig eingegraben

Nach 21 Uhr Ruhe im Sowjetsektor – Am frühen Abend noch Schießereien und Brände – Die Opfer des gestrigen Tages: bis jetzt 7 Tote und 100 Verletzte ermittelt – Neue Sowjettruppen aus der Zone zur Verstärkung nach Ostberlin befohlen – Demonstrationen auch in anderen Städten

Berlin und Korea

Frankfurter Rundschau

D-Ausgabe

Jahrgang 9, Nummer 138 Donnerstag, 18. Juni 1953 Einzelpreis: DM 0.20

Ausnahmezustand in Ost-Berlin

Sowjettruppen schießen auf deutsche Arbeiter / Kampf vor dem Regierungsgebäude / Nuschke in West-Berlin / Streik greift auf Ostzone über / Berliner Verkehr lahmgelegt / Regierungserklärung Adenauers

Mit Holzbalken und Steinen gegen sowjetische Panzer

Bundestagsmehrheit gegen CDU-Wahlrecht

Vorschlag der FDP in zweiter Lesung gebilligt

»Am Lautsprecher«

Kurz gemeldet:

Bonn mahnt zur Besonnenheit

Außenpolitische Debatte vertagt / Ollenhauer fliegt nach Berlin

»Was ist da los?« – der Präsident des Deutschen Bundestages, Carlo Schmid, besichtigt am Tag danach die Sektorengrenze.

»Ein Fanal für die freie Welt« – der amtierende Bürgermeister Berlins, Ernst Reuter, sitzt am 17. Juni in Wien fest und erlebt den Aufstand von dort.

Außerhalb Berlins haben viele die Dramatik dieses Tages erst in der Rückschau wahrgenommen. Was Wunder – hatte doch selbst die Bundesregierung die Devise »Business as usual« ausgegeben. Eine ganze Viertelstunde widmete das Bundeskabinett am 17. Juni den Vorkommnissen in Ostberlin. In der Sitzung, die um 12.30 Uhr begann, schilderte Jakob Kaiser, der Minister für Gesamtdeutsche Fragen, seinen Wissensstand. Anschließend verlas Kanzler Adenauer den Entwurf für eine Erklärung, die die Bundesregierung am Nachmittag zu den Ereignissen abgeben sollte. Das war's. Die dann am frühen Nachmittag im Bundestag verlesene Stellungnahme der Regierung sicherte den Ostberlinern zwar die »innerste Verbundenheit« der Bundesregierung zu, dämpfte aber alle weiteren Erwartungen mit den Worten: »Man solle sich nicht zu unbedachten Handlungen hinreißen lassen.« Das hatten die Ostberliner bereits am Vorabend von Jakob Kaiser zu hören bekommen. Im Westen also gab es nichts Neues.
RIAS-Redakteur Hans Christoph Knebusch kann verstehen, dass die Menschen im Osten enttäuscht waren. Auch er hatte sich gewundert, als er die Aussagen der Westpolitiker eingeholt hatte. »Man spürte einfach die Distanz. Zwar war die Rede von Brüdern und Schwestern, aber eine unmittelbare Betroffenheit von dem, was an diesem Tag eigentlich vorging, habe ich, ehrlich gesagt, auch nicht heraushören können.« Das mag einerseits daran gelegen haben, dass viele Abgeordnete im fernen Bonn schlichtweg zu schlecht informiert waren. Der 17. Juni hatte sich in der Wahrnehmung der meisten Politiker nicht angedeutet, er war plötzlich da gewesen. Und bevor sich die träge Maschinerie des politischen Alltags in Bewegung gesetzt hatte, war bereits alles wieder vorbei.
Doch auch die Politiker Westberlins, die teilweise lediglich aus dem Fenster schauen mussten, um zu sehen, was geschah, erstarrten in Handlungsunfähigkeit. Die entscheidenden Stellen in den West-Sektoren der Stadt waren am 16. Juni schlichtweg verwaist. Der stellvertretende Bürgermeister Berlins war in Urlaub, der SPD-Landesvorsitzende Franz Neumann hielt sich zur Kur in Italien auf, CDU-Chef Jakob Kaiser war in Bonn. »Wir waren selten so entblößt wie am Abend des 16. Juni«, erinnerte sich später SPD-Fraktionsführerin Edith Krappe. Kopf- und vor allem orientierungslos ließ die Berliner SPD den gesamten 16. Juni tatenlos verstreichen. Als sich am Abend die Fraktion zu einer turnusgemäßen Sitzung traf, war zunächst noch nicht einmal von den Tagesereignissen die Rede. Erst als ein aufgeregter Ostberliner SPD-Mann hinzukam und von den Arbeitsniederlegungen und Demonstrationen berichtete, setzte man sich zusammen und überlegte, was nun zu tun sei. Das Ergebnis war wenig spektakulär: Am folgenden Nachmittag werde man eine Kundgebung am Oranienplatz einberufen, so die entspannte Entscheidung.

Der Trauerzug für die Todesopfer des Aufstands, 23. Juni 1953

Vor allem aber das Fehlen des Mannes, der die Berliner während der Luftbrücke durch ihre schwersten Monate geführt hatte, machte sich schmerzhaft bemerkbar. Berlins Regierender Bürgermeister Ernst Reuter hielt sich aus Anlass des europäischen Städtetages in Wien auf. Er erfuhr erst in der Nacht zum 17., was sich da in Ostberlin anbahnte. Als er die Amerikaner verzweifelt bat, ihm ein Militärflugzeug für einen eiligen Rückflug zur Verfügung zu stellen, wurde ihm mitgeteilt, das sei »bedauerlicherweise unmöglich«. Und so musste der engagierte Bürgermeister von Berlin aus der Ferne hilflos zusehen, wie seine Stadt zum Krisenherd wurde.

Bundeskanzler Konrad Adenauer reiste erst am 19. Juni nach Berlin, um an einer Trauerfeier für die Opfer des Aufstands teilzunehmen. Die Herzen der Ostdeutschen konnte er damit nicht mehr gewinnen. »Bonn hat sich wenig gesamtdeutsch verhalten in dieser Frage«, urteilt der RIAS-Redakteur Hanns Peter Herz, »die preußischen Kartoffeläcker waren halt nicht so interessant wie die Reben am Rhein.« Sicher – der Kanzler, über den man lästerte, für ihn

»Gestorben für die Einheit und Freiheit Deutschlands« – viele Westberliner nehmen an der Trauerfeier für die Opfer des 17. Juni teil.

Vor dem Schöneberger Rathaus sind die sieben Särge der Opfer aufgebahrt, 23. Juni 1953

»Nach dem Trauerakt gleich wieder nach Bonn« – Bundeskanzler Konrad Adenauer (links) erntet Pfiffe für die Passivität der Bundesregierung während des Aufstands.

beginne Sibirien hinter der Elbe, war nicht unbedingt als leidenschaftlicher Kämpfer für die Interessen Ostdeutschlands bekannt. Sein Weg war der der Westintegration. Doch es war sicherlich nicht Konrad Adenauer, der die Chance des 17. Juni vertat. Der Kanzler war mit einer Situation konfrontiert, in der ihm die Hände gebunden waren. Wie weit Adenauer gehen durfte, bestimmten die Westmächte – und der »Alte« kannte seine Grenzen.

Franz Josef Strauß schrieb später in seinen Erinnerungen: »In Bonn gab es keine Möglichkeit zu ernsthaftem Handeln. Es gab Erklärungen, Sympathiekundgebungen, Appelle an die Siegermächte – was sollte die Bundesregierung anderes tun? Damals ist einem die ganze deutsche Ohnmacht wieder bewußt geworden.« Berlin, der neuralgische Punkt, an der sich die Kalten Krieger Auge in Auge gegenüberstanden, lag außerhalb der Handlungsbefugnisse Bonns. »Der 17. Juni hatte keine Chance«, urteilt Klaus Bölling in der Rückschau, »bei der damaligen internationalen Konstellation war eine revolutionäre Veränderung einfach nicht möglich.«

Die Westalliierten hatten zu keinem Zeitpunkt die Absicht, den Aufstand in der DDR materiell oder moralisch zu unterstützen. Die noch kurz zuvor so inbrünstig von US-Präsident Eisenhower und seinem Außenminister Dulles vorgetragene Doktrin des »roll-back« entpuppte sich zumindest am 17. Juni 1953 als Luftblase. Gutgläubige Gemüter hatten hinter der klingenden Ankündigung, die Sowjets »zurückzudrängen«, bereits die Fanfaren der Wiedervereinigung klingen hören. Am 17. Juni aber, der ersten Gelegenheit, zu der die Amerikaner die Entschlossenheit ihrer Absichten hätten unter Beweis stellen müssen, bestanden sie die Prüfung nicht. Und wollten sie ganz offenkundig nicht bestehen.

Auch die westlichen Geheimdienste waren von der Heftigkeit der Unruhen überrascht worden. Als die ersten Nachrichten über Demonstrationen im Ost-Sektor eintrafen, glaubte Washington zunächst an einen Trick der sowjetischen Besatzungsmacht. Die Sowjets, so die Annahme, suchten nach einem Vorwand, um bewaffnete Verbände nach Berlin zu verlegen. Der dahinter stehende Plan sei es, die gesamte Stadt zu besetzen. Die CIA vermutete gar eine von der DDR-Regierung angeregte Demonstration, die nun außer Kontrolle geraten sei. Alles schien wahrscheinlicher, als dass die Menschen in Ostberlin ihr eigenes Schicksal in die Hand nahmen und gegen ihre Regierung protestierten. Als sich die Kommandanten der West-Sektoren am 17. Juni um elf Uhr zusammensetzten, um die laufenden Ereignisse zu besprechen, wurde als erster Punkt eine Grundsatzentscheidung verabschiedet: Die oberste Pflicht der Kommandanten sei es, Ruhe und Ordnung in ihren Sektoren aufrechtzuhalten. Zwar würde man sich

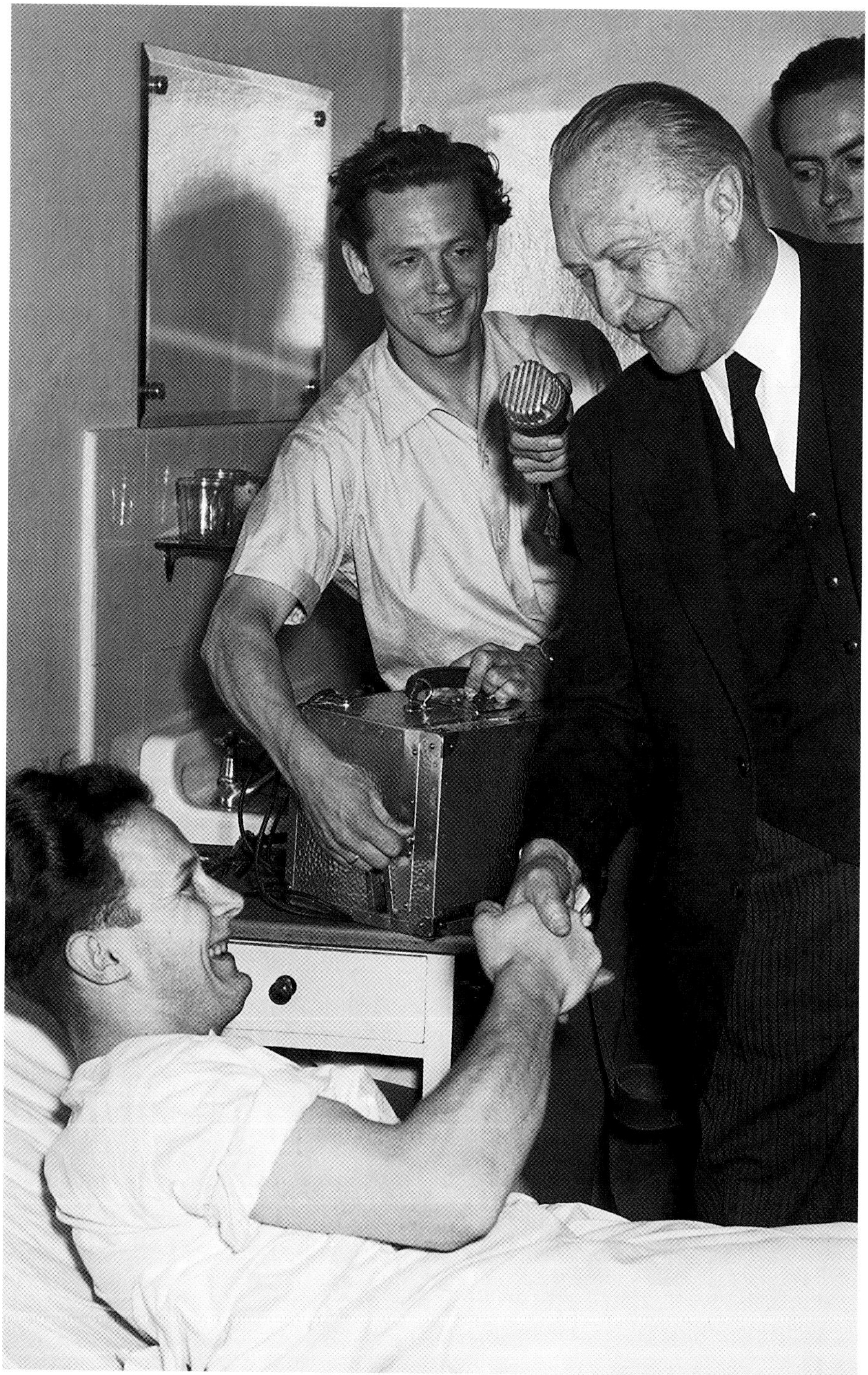

»Kurze Stippvisite« – bevor er an der Trauerfeier teilnimmt, besucht Adenauer noch ein paar Verletzte im Westberliner Elisabeth-Krankenhaus.

Sympathiebekundungen mit den Menschen im Ost-Sektor nicht widersetzen, doch sei es die Pflicht der Sektorenkommandanten, die Westberliner vor den »ernsthaften Konsequenzen« zu warnen, die eine Teilnahme an den Demonstrationen im Ost-Sektor haben könnte. Abschließend erinnerten sie den Westberliner Senat daran, dass das Territorium Berlins unter alliiertem Kommando stehe und man vom Senat erwarte, die Situation nicht zu verändern, ohne die Alliierte Kommandantur zuvor zu kontaktieren. Im Klartext hieß das: Hände in den Schoß legen und abwarten, bis sich die Lage wieder beruhigte.

Viele Demonstranten des 17. Juni hatten gerade in die Amerikaner große Hoffnungen gesetzt. Wie die Delegationen, die am 16. und 17. Juni immer wieder den RIAS aufsuchten, erwarteten sie hier besonderes Verständnis für ihren Ruf nach Freiheit. Und die vollmundigen Ankündigungen von John Foster Dulles hatten auch die Bürger der DDR erreicht. »Als ich die Panzer kommen hörte, habe ich erst mal geguckt, was da für Zeichen drauf waren«, erinnert sich Hans-Walter Bendzko. »Ich wusste wirklich nicht, ob da die Amerikaner oder die Russen kommen.«

In Washington allerdings war die Frage, ob man eingreifen wolle, sehr schnell entschieden. Am Morgen des 17. Juni konferierte der amerikanische Präsident Eisenhower mit seinem Außenminister John Foster Dulles, was in der Sache »Vorfall Berlin« zu tun sei. Beide waren sich schnell einig: Es sei vorerst gar nichts zu tun. Am Morgen des Folgetages hatte man sich gerade einmal dazu durchgerungen, das »propagandistische Potenzial« hinter den Unruhen in Ostberlin zu sehen.

Als den Amerikanern am 19. Juni endlich klar wurde, dass man es hier weder mit einem sowjetischen Trick noch einer bestellten Demonstration zu tun hatte, war es längst zu spät. In einer Sitzung des Nationalen Sicherheitsrates legte Präsidentenberater Jackson dar, was passieren würde, wenn die Unruhen auf die anderen sowjetischen Satellitenstaaten übergreifen würden. Ob man untätig dabei zusehen wolle, wie die Sowjetunion zusammenbräche? Eisenhower blieb dennoch skeptisch. Der Aufstand müsse sich erst einmal ausbreiten, idealerweise nach China, denn die Sowjets könnten unmöglich an zwei Fronten gleichzeitig kämpfen. Unruhen in Europa allein allerdings, so der Präsident, könnten sie durchaus in den Griff bekommen. Die Zeit sei noch nicht gekommen, um die Russen »dauerhaft zurückzudrängen«.

Auch die anderen Westmächte wollten nicht riskieren, den brüchigen Status quo in Berlin zu gefährden. Während die Franzosen eher unentschlossen für »Abwarten« plädierten, zeigte sich der britische Premier Churchill sogar ganz offen wenig erfreut über die Geschehnisse in Ostberlin, da er seine Initiative für eine erneute Vier-Mächte-Konferenz gefährdet sah. Bereits am Nachmittag des 17. Juni war Churchill durch ein Telegramm des britischen Stadtkommandanten darüber informiert worden, dass die Möglichkeit bestehe, »dass die DDR-Regierung gestürzt wird«. Bezeichnenderweise wurde hier von einer »echten Gefahr« eines Regierungssturzes gesprochen. Im Nachfolgetelegramm vermeldete der Kommandant dann, mit Ausrufung des Kriegsrechtes habe sich »die Lage allmählich gebessert«. Am Folgetag stellte Churchill klar, dass die Sowjets als Besatzungsmacht in Anbetracht der Ausmaße der Unruhen durchaus das Recht gehabt hätten, den Ausnahmezustand zu verkünden. Da sie sich ja offensichtlich zurückgehalten hätten, sehe er keine Notwendigkeit, irgendwelche Erklärungen abzugeben.

Die Westmächte haben im Juni 1953 die Verfügungsgewalt der Sowjetunion über die DDR nicht in Frage gestellt. In der Rückschau bewertet, ist man sogar weiter gegangen, als »alles zu unterlassen, was die Sowjets provozieren« könnte. Es wurde ganz im Gegenteil vieles getan, um die Wogen in Ostberlin zu glätten. So sperrten die Westalliierten die Zufahrtsstraßen zu den Sektorengrenzen, um den Zustrom westlicher Demonstranten zu unterbinden. Die Amerikaner waren es, die Ernst Reuter den Rückflug nach Berlin verweigerten. Sie verhinderten auch die Verbreitung eines Appells, den der Regierende Bürgermeister selbst auf Russisch gesprochen hatte und in dem er die Russen inständig bat, nicht auf unbewaffnete Deutsche zu schießen. Acht Jahre nach dem Ende des Zweiten Weltkriegs wollte niemand den Dritten beginnen. Die Frage, ob er ausgebrochen wäre, hätten die Westmächte Truppen zur Unterstützung der Aufständischen über die Sektorengrenze geschickt, musste nie beantwortet werden. Zum Glück.

Die Demonstranten auf den Straßen Berlins und den Städten der DDR wussten nicht um die Vorgänge hinter den Türen der Regierungszentralen. Viele waren einfach nur enttäuscht, dass ihre Risikobereitschaft zu nichts geführt hatte. Für die allermeisten Aufständischen ist der 17. Juni ein Tag gewesen, an dem sie die Erfahrung machen mussten, dass aller Mut nichts half gegen die geballte Staatsmacht, die sich hinter Stahl verschanzte. Und vielen war bereits an diesem Tag klar, dass eine Chance, wie sie der 17. Juni geboten hatte, so schnell nicht wiederkommen würde. Binnen weniger Stunden, vielfach binnen Minuten, hatten sich Hunderttausende mitreißen lassen. Der Funke war auch auf viele übergesprungen, die sich bisher mit dem Regime arrangiert hatten. Die Sekretärin Hildegard Nikodemski erinnert sich, dass es mit der Parteitreue vieler Genossen an diesem Tag ganz schnell vorbei gewesen war: »Als ich über die

»Wie soll's weitergeh'n?« – junge Ostberlinerinnen in einem Westberliner Auffanglager

Stalinallee ging, konnte ich überall die Parteiabzeichen aufsammeln. Da waren etliche ganz schnell freiwillig ›ausgetreten‹.« Auch Dr. Klaus Konitzer, der junge Arzt, beobachtete, dass die Treppenstufen der Humboldt-Universität mit »Bonbons«, wie das SED-Parteiabzeichen im Volksmund genannt wurde, übersät waren. Wie wäre das weitergegangen?

Erika Sarre, die junge FDJlerin, die vor dem Haus der Ministerien für so viel Aufruhr gesorgt hatte, als sie ihre Jacke in die Menge geworfen hatte, ging am Abend des 17. Juni nicht nach Hause zurück. Noch immer war ihr die Stasi auf den Fersen. Die Spitzel kannten ihre Adresse, eine Rückkehr in die Wohnung kam nicht mehr in Frage. Am Brandenburger Tor war ihr klar geworden, dass sie ihr Zuhause verloren hatte. »Tja, da saß ich nun wie ein Häufchen Elend«, erinnert sie sich. »Ich hatte nichts anzuziehen mit, ich hatte keinen Ausweis, ich war heimatlos.« Gemeinsam mit Horst Schlaffke, dem jungen Mann, der am Vortag vor dem Haus der Ministerien so tapfer den Generalstreik ausgerufen

»Schäbig« – am Tag nach dem Aufstand lässt die SED-Führung eine »spontane Solidaritätsdemonstration« für die Regierung organisieren.

hatte, fuhr sie mit der Straßenbahn zu einem Auffanglager für Ostflüchtlinge. Die Aufnahme war eine kurze Formalität, und wenig später lag Erika auf der ihr zugewiesenen Pritsche. »An Schlaf war überhaupt nicht zu denken«, berichtet sie, »ich habe den Tag wieder und wieder Revue passieren lassen.« Langsam schoben sich auch die Sorgen in den Vordergrund. Woher sollte sie Geld bekommen, würde man sie als Flüchtling anerkennen?

Wie Erika Sarre blickten in dieser Nacht viele Aufständische ängstlich einer ungewissen Zukunft entgegen. Was würde morgen sein? Wer hatte sie gesehen, wer vielleicht fotografiert? Hildegard Nikodemski, die Sekretärin, die die Resolution der Bauarbeiter von der Stalinallee getippt hatte, Joseph Graczynski, dessen Stimme deutlich über den RIAS zu hören gewesen war. Würde die Staatsmacht zurückschlagen? Wie würde es weitergehen nach diesem Tag, der die vermeintliche Harmonie der perfekten DDR-Welt aufgebrochen und alles in Frage gestellt hatte, was die SED ihren Untertanen über Jahre eingebläut hatte?

»Die Werktätigen verurteilen die faschistischen Provokationen« – die DDR-Führung schickt ihre Staatsbürger auf die Straße zum Demonstrieren.

Als Wirtschaftsplaner Fritz Schenk am 18. Juni wieder zum Haus der Ministerien kam, glaubte er seinen Augen nicht zu trauen. Auf dem Vorplatz waren Zimmerleute damit beschäftigt, eine Tribüne zu errichten. »Die SED hatte nichts Besseres zu tun«, ereifert sich Schenk, »als genau an dem Platz, an dem sie am Vortage eine so fürchterliche psychologische Niederlage erlebt hatte, eine Solidaritätsdemonstration für die Staatsführung abzuhalten.« Im Haus der Ministerien selbst war einen Tag nach der Eskalation offenbar das drängendste Problem, dass für die Kundgebung ebenso viele Menschen auf dem Platz versammelt sein sollten wie am Vortag. »Es war das Schäbigste, was ich je erlebt habe«, sagt Fritz Schenk. »Einige haben sich mutig gedrückt und sind nicht mit vor die Tür gegangen. Ich auch.«

Die Sozialistische Einheitspartei hatte sich offensichtlich entschieden, in die propagandistische Offensive zu gehen, und bereits einen Tag nach dem Aufstand waren die Messer gewetzt, die Schreiber der Parteiorgane instruiert und

»Ich erhielt den Auftrag, ausgehend vom Plan der Imperialisten, in der DDR einen ›Tag X‹ zu veranstalten, einen Leitartikel ›Der Zusammenbruch des faschistischen Abenteuers‹ zu schreiben. Am Vortag [dem 17. Juni] hatte ich Ulbricht und Semjonow daran erinnert, daß die westdeutsche Zeitschrift ›Der Spiegel‹ einige Zeit vorher einen Artikel veröffentlicht hatte, in dem ein ›Tag X‹ in der DDR angekündigt worden war: Als ›Tag X‹ bezeichnete Bundesminister Kaiser den schwerlich genau zu terminierenden Tag der gesamtdeutschen Wiedervereinigung.«

Rudolf Herrnstadt, Chefredakteur des »Neuen Deutschland« und Politbüromitglied, im »Herrnstadt-Dokument«

die Marschroute vorgegeben. »Tag X« hieß das Zauberwort, in dem Ulbrichts Mannen die vermeintlich perfekte Begründung für die erschreckenden Vorfälle fanden. Alles, was am Tag zuvor geschehen war, sei das perfide, von langer Hand vorbereitete Werk »westlicher Saboteure«. Die geistige Vorlage hatte unwissentlich »Der Spiegel« mit einen Artikel geliefert, in dem wenige Wochen zuvor von einem »Tag X« die Rede gewesen war. Das Nachrichtenmagazin hatte hier die Pläne des Bundesministeriums für Gesamtdeutsche Fragen für den Tag der Wiedervereinigung, bezeichnet als »Tag X«, diskutiert. Die Bedeutung des Wortes wurde nun zu einem mysteriösen Datum umfunktioniert, an dem die Westmächte zur Attacke gegen das »Arbeiter- und Bauernparadies« blasen wollten. Diesen niederträchtigen Plan hatten sie nun offenbar – so die offizielle Lesart der SED – in die Tat umgesetzt.

Rudolf Herrnstadt erhielt am 18. Juni die Order, flugs einen Leitartikel unter der Überschrift »Der Zusammenbruch des faschistischen Abenteuers« zu verfassen. Diesmal ließ er den Text vor der Veröffentlichung von Ulbricht absegnen. Schließlich hatte man versucht, ihm wegen seines »Kommuniqués« vom 11. Juni die Schuld für die Eskalationen in die Schuhe zu schieben. Sein Pamphlet traf diesmal aber auf allgemeine Zustimmung und erschien am 19. Juni 1953 kaum verändert im »Neuen Deutschland«. Hans Jendretzky fasste die absurde Argumentation gegenüber seinem Parteigenossen Heinz Brandt perfekt zusammen, wie dieser sich später erinnerte: »Es ist doch ein Glück, dass die drüben schon immer von einem ›Tag X‹ geschwafelt haben, sonst hätte wir ihn erfinden müssen. Begreif doch, es muss ein Verbrechen, ein kriminelles Verbrechen vorgelegen haben, damit der Panzereinsatz moralisch-politisch gerechtfertigt erscheint.«

Und so wimmelten die Zeitungen und Radiomeldungen seit dem 18. Juni von abenteuerlichen Räuberpistolen über das subversive Tun westlicher »Provokateure«. Immer wieder war von Jugendlichen in »westlicher« Kleidung die Rede. Otto Grotewohl sprach fast rührend naiv von »Texasschlipsen«. Ganz nebenbei hätte es wohl kaum ein Ostberliner Jugendlicher auf sich sitzen lassen, weniger modisch gekleidet zu sein als seine Altersgenossen jenseits der Sektorengrenze. Optisch unterschieden sich Ost- und Westjugendliche im Jahre 1953 kaum. Diente in Berlin »auffällige« Kleidung als Identifikationsmerkmal des westlichen Unruhestifters, zog die Partei in anderen Städten gerade die umgekehrte Argumentation heran, um vermeintliche »Provokateure« zu entlarven.

In Gera wurde behauptet, es sei gerade die »unauffällige« Kleidung, die bestimmte »Subjekte« auffällig machte. Hier vermutete man »Agenten«, die sich bewusst eingeschleust hatten, um den Aufstand in die DDR hineinzutragen.

NEUES DEUTSCHLAND

ORGAN DES ZENTRALKOMITEES DER SOZIALISTISCHEN EINHEITSPARTEI DEUTSCHLANDS

Berliner Ausgabe „Vorwärts" | Berlin, Donnerstag, 18. Juni 1953 | 8. (64.) Jahrgang / Nr. 140 / Einzelpreis 15 Pf

Was ist in Berlin geschehen?

Zusammenbruch des Abenteuers ausländischer Agenten in Berlin

Bekanntmachungen der Regierung der DDR

Befehl des Militärkommandanten des sowjetischen Sektors von Berlin

Die Welt erkämpft Hinrichtungsaufschub für die Rosenbergs

Die Verbrechen der westberliner Provokateure

»Abenteuer ausländischer Agenten« – die Ausgabe des »Neuen Deutschland« am 18. Juni 1953

NEUES DEUTSCHLAND

ORGAN DES ZENTRALKOMITEES DER SOZIALISTISCHEN EINHEITSPARTEI DEUTSCHLANDS

Berliner Ausgabe „Vorwärts" | Berlin, Freitag, 19. Juni 1953 | 8. (64.) Jahrgang / Nr. 141 / Einzelpreis 15 Pf

Der Zusammenbruch des faschistischen Abenteuers

Berlin geht wieder an die Arbeit

Die Werktätigen verurteilen die faschistischen Provokationen

Die Belegschaft von Klingenberg arbeitet mit ganzer Kraft

Hoher Kommissar der UdSSR fordert unverzügliche Freilassung Otto Nuschkes

»Der Zusammenbruch des faschistischen Abenteuers« – in einem Kommuniqué verbreiten die DDR-Machthaber ihre Version vom »Tag X«.

»Alle Bauarbeiter, die aus dem Westen kamen, wurden nach dem 17. Juni entlassen. Sogar der technische Direktor, ein gewisser Herr Maiwald, musste gehen. Er hatte den Betrieb aus dem Nichts aufgebaut. Als er seinen Schreibtisch räumte, hatte er Tränen in den Augen.«
Eberhard Mustroph, Brigadier, Stalinallee

»Eine große Anzahl von Provokateuren ist verhaftet. Der verbliebene Teil wagt gegenwärtig nicht hervorzutreten. Aber die Ruhe ist noch keineswegs endgültig gesichert. (...) Ein Teil der Arbeiter ist verbittert. Ihnen ist noch nicht klar, daß die Niederschlagung der faschistischen Provokation auch ihnen nützt.«
Einschätzung des Zentralkomitees der SED, 21. Juni 1953

Auch die regimeergebene Presse der DDR tat das ihrige, um die Mär vom »Rowdie« und »Banditen« aus dem Westen zu verankern. »Texashemd mit Cowboy«, hieß es beispielsweise am 24. Juni im »Neuen Deutschland«: »Texaskrawatte mit der Abbildung nackter Frauen, Texasfrisur, Verbrechergesicht – das sind die Ritter der ›abendländischen Kultur‹, die typischen Vertreter der amerikanischen Lebensweise.« Über einen angeblich aus dem Westen gesteuerten Kurt Hugo wurde behauptet, er sei »mit einer Gruppe von Provokateuren in den Kreisvorstand des DFD Saalkreis« eingedrungen, »misshandelte dort die Freundin des DFD, zerschlug das Inventar und hauste wie ein Vandale. Dann stahl er, was ihm unter die Finger kam.«
Karl-Eduard von Schnitzler, Kommentator des DDR-Rundfunks und gleichsam der Goebbels von Ulbricht, griff die abstruse Argumentation gierig auf und konzentrierte sich vor allem auf die Person Ernst Reuters, den er, obwohl am fraglichen Tag gar nicht anwesend, bezichtigte, der Drahtzieher hinter den Kulissen gewesen zu sein. Am 18. Juni tönte Schnitzler im DDR-Funk: »Auch sein Versuch, sich durch seine Abwesenheit von Westberlin in dem Augenblick, da er die von ihm gelegten Minen sprengen ließ, ein Alibi zu verschaffen, rettet Reuter nicht vor der mit den Aussagen von Zeugen und verhafteten Provokateuren bewiesenen Anklage, der Inspirator, der Anstifter dieses Verbrechens gegen die Berliner Bevölkerung zu sein.«
Auch die Sowjets verfolgten mit erstaunlichem Ernst die Theorie von einer westlichen Verschwörung. Verhaftete berichteten später, sie seien in den Verhören immer wieder nach »schwarzen Limousinen« gefragt worden. Man habe doch sicherlich Agenten getroffen, hätten die Verhöroffiziere insistiert, dunkel gekleidet und mit Dollarscheinen winkend gar. Und hin und wieder fand sich auch ein verängstigter Häftling, der nachgab und die Begegnung mit Westagenten »zugab«.

Die bis heute aufgefundenen Dokumente belegen eindeutig: Die Theorie von »westlichen Provokateuren« entbehrt jeglicher Grundlage. Nur etwa zehn Prozent der in Berlin in Zusammenhang mit dem 17. Juni Verhafteten stammten aus den Westteilen der Stadt. In der übrigen DDR kann von einer westlichen Beteiligung überhaupt nicht gesprochen werden. Ganz im Gegenteil – gerade die Bundesrepublik war zur fraglichen Zeit viel eher daran interessiert, die DDR stabil zu halten. Sie trug sogar nachhaltig zur Verbesserung der wirtschaftlichen Lage des schlingernden östlichen Nachbarn bei. So entwickelte sich der Interzonenhandel gerade 1953 ausgesprochen gut. Das Handelsvolumen belief sich auf insgesamt 408 Millionen Mark. Der Warenfluss verlief fast

Karikatur zum »Tag X« aus dem »Neuen Deutschland« vom 24. Juni 1953. Sie zeigt US-Präsident Eisenhower, Bürgermeister Reuter, Bundeskanzler Adenauer und US-Außenminister Dulles als verhinderte »Brandstifter«.

»Es war keine Revolution, kein Aufstand« – Propagandist Karl-Eduard von Schnitzler, der »Goebbels von Ulbricht«

ausschließlich in west-östlicher Richtung, wenn auch die Rechnungen immer häufiger offen blieben. Dennoch betonte der Bundestag noch am 19. Mai 1953, es gehe vor allem um »die politische Bedeutung einer Hilfe für die Bevölkerung der Sowjetzone auf dem Ernährungsgebiet«.

Besonders Konrad Adenauer setzte sich in dieser Sitzung für eine uneingeschränkte weitere Kreditvergabe an die DDR ein. Die BRD habe in Notzeiten Care-Pakete erhalten, und es gehe nicht an, nun die »Brüder und Schwestern« hinter dem Eisernen Vorhang Not leiden zu lassen. »Wenn sich jetzt eine Gelegenheit biete, Lebensmittel in die Sowjetzone zu liefern, sei es Christenpflicht zu helfen«, sagte der Kanzler laut Protokoll. Der Grund für die betonte Hilfsbereitschaft war nicht gänzlich uneigennützig. Die Politiker am Rhein hatten den anschwellenden Flüchtlingsstrom aus den ostdeutschen Landesteilen

»Blumen für den Großen Bruder« – mit solchen Fotos dankt die SED-Propaganda für den Einsatz der Roten Armee am 17. Juni.

Auch die FDJ muss marschieren – eine Vertrauenskundgebung der Dresdner Jugend am 1. Juli 1953

»Ulbricht, Pieck und Grotewohl tun dem ganzen Lande wohl« – eine perfekt organisierte Gegendemonstration auf der Stalinallee

»Danke, starker Rotarmist!« – Kinder als Opfer der SED-Propaganda mit wachsender Sorge beobachtet. Die Masse derer, die in den Wochen vor dem 17. Juni die DDR verlassen hatten, konnten von der Bundesrepublik nur unter Schwierigkeiten aufgenommen und versorgt werden. Minister Jakob Kaiser hatte sogar vor dem »Ausschuss für Gesamtdeutsche Fragen« betont, »es müssten alle Maßnahmen vermieden werden, die geeignet seien, eine Sogwirkung auf die SBZ auszuüben. Man müsse vielmehr sogar in Aussicht nehmen, publizistisch auf die Zonenbevölkerung einzuwirken, dass keiner, der nicht in eine unmittelbare Zwangslage geraten sei, sich zur Flucht entschließe.« Auch wenn die Stimmen aus Bonn in den Wochen nach dem 17. Juni anders klangen – es wäre überhaupt nicht im Interesse vieler Politiker gewesen, wenn die DDR zu diesem Zeitpunkt vollends zusammengebrochen wäre. Bonns Interessen waren andere, und sie waren – im Falle der Wiedervereinigung – langfristigerer Planung unterworfen.

Auch mysteriöse Dunkelmänner, die den Aufruhr im Auftrag der USA oder der anderen Westmächte initiiert hätten, wie von der SED-Führung behauptet, gab es nie. Vitalij Tschernjawskij vom sowjetischen Geheimdienst gibt heute unumwunden zu: »Diese Gerüchte über angebliche Verwicklungen der westlichen Geheimdienste waren doch völlig aus der Luft gegriffen. Es hat sich schlicht und ergreifend um einen spontanen Aufstand des Volkes gehandelt, das mit der Politik seiner Regierung nicht zufrieden war.«

Gerade das zu akzeptieren, fiel der Führung der SED ungeheuer schwer, und die russischen Genossen standen ihr darin kaum nach. Sosehr sich die Geheimdienste gewünscht hätten, irgendeine Person oder Gruppe ausfindig zu machen, der man die komplette Schuld hätte in die Schuhe schieben können – es gab sie nicht. »Von irgendetwas Mächtigem, Bedrohlichem haben wir keine Mitteilung erhalten«, sagt Vitalij Tschernjawskij knapp.

Bis zum Ende der DDR blieb die Legende vom »Tag X« die einzig offizielle Begründung für den Aufstand am 17. Juni. Zwei Generationen wuchsen mit einem Wissen auf, wie es ein Geschichtslehrbuch für die zehnte Klasse noch Jahrzehnte später den DDR-Schülern vermittelte: »Am 17. Juni gelang es Agenten verschiedener imperialistischer Geheimdienste, die von Westberlin aus massenhaft in die Hauptstadt und einige Bezirke der DDR eingeschleust worden waren (...) einen kleinen Teil der Werktätigen zu zeitweiligen Arbeitsniederlegungen und Demonstrationen zu verleiten (...) Durch das entschlossenen Handeln der fortgeschrittenen Teile der Arbeiterklasse und ihrer Verbündeten, gemeinsam mit sowjetischen Streitkräften und bewaffneten Organen der DDR, brach der konterrevolutionäre Putsch innerhalb von 24 Stunden zusammen.« Und noch am 3. Juni 1989 behauptete der DDR-Historiker Peter Hübner: »Der 17. Juni war Höhe- und Endpunkt einer krisenhaften Situation. Er mündete in die Niederlage eines konterrevolutionären Putschversuches, aber er löste auch in der revolutionären Arbeiterbewegung der DDR nachhaltige Lerneffekte aus. Das gesellschaftsstrategische Konzept der Einheit und Wirtschafts- und Sozialpolitik hat hier eine seiner Wurzeln.« Vier Monate später, im Oktober 1989, zeigte das Volk, was es von den »gesellschaftsstrategischen Konzepten« der DDR hielt. Mochte sich das Märchen vom »Tag X« auch in der DDR-Geschichtswahrnehmung verankern – all denen, die selbst auf dem Strausberger Platz, Unter den Linden oder auf dem Görlitzer Obermarkt gewesen waren, konnten es die Propagandisten nicht vermitteln. Die Streikenden wussten allzu gut, was sie auf die Straßen getrieben hatte. Es waren sicherlich nicht die ominösen »Dollarscheine westlicher Agenten« gewesen. Die meisten Arbeiter kehrten bereits am Tag nach dem Aufstand an ihre Arbeitsplätze zurück, wenn auch vielerorts am 18. und auch am 19. Juni noch nicht mit voller Kraft wieder gearbeitet wurde.

Doch trotz der oberflächlichen Beruhigung konnte es so nicht weitergehen. Die Arbeiter waren am 17. Juni lediglich der Gewalt gewichen – Zorn und Enttäuschung konnten jederzeit wieder überhand nehmen, das wussten auch die

»Als wir am 18. auf die Baustelle kamen, ging es los. Rein in die Baubude, ihr braucht euch nicht ausziehen. Erst mal, wer hat das gemacht, wer hat das Wort geführt, wer hat euch angestiftet. Das müssen Leute von der Stasi oder der Kripo gewesen sein, die waren in Zivil.«

Bernhard Adamski, Betonbauer, Friedrichshain

NEUES DEUTSCHLAND

ORGAN DES ZENTRALKOMITEES DER SOZIALISTISCHEN EINHEITSPARTEI DEUTSCHLANDS

Berliner Ausgabe „Vorwärts" | Berlin, Dienstag, 23. Juni 1953 | 8. (64.) Jahrgang / Nr. 144 / Einzelpreis 15 Pf

Erklärung des Zentralkomitees der SED:

Über die Lage und die unmittelbaren Aufgaben der Partei

Das Zentralkomitee der Sozialistischen Einheitspartei Deutschlands hat in seiner Tagung vom 21. Juni 1953 die Lage in der Deutschen Demokratischen Republik geprüft und den folgenden Beschluß gefaßt:

I. Die Entwicklung der Ereignisse

Die Ereignisse in der Deutschen Demokratischen Republik hängen unmittelbar mit der Entwicklung der internationalen und nationalen Lage zusammen. Das entscheidende Merkmal der internationalen Lage besteht in dem gewaltigen Anwachsen der Kräfte des Weltfriedenslagers in den letzten Monaten. In Korea steht der Waffenstillstand bevor. In Italien hat das Volk einen großen Sieg über die Reaktion errungen. In England und Frankreich wächst der Widerstand gegen die Teilnahme an der amerikanischen Kriegspolitik. In Westdeutschland wächst die patriotische Bewegung für die Wiedervereinigung Deutschlands. Auf Grund der Initiative des Weltfriedenslagers beginnt eine weltumspannende Bewegung der Völker für die Lösung aller strittigen Fragen auf dem Wege friedlicher Verhandlungen. In jedem Lande setzt sich die Friedenspolitik der Sowjetunion, Chinas, der Deutschen Demokratischen Republik und der anderen Teile des Weltfriedenslagers, weil sie mit den Interessen der Völker identisch ist, zusehends durch.

Dadurch sind die amerikanischen und deutschen Kriegstreiber in eine schwere Lage geraten. Sie sehen ihre Pläne scheitern. Der dritte Weltkrieg, den sie möglichst rasch entfesseln wollen, rückt in die Ferne.

In ihrer Beunruhigung greifen sie zu abenteuerlichen Maßnahmen. Eine von ihnen ist die Ansetzung des Tages X, an dem sie von Berlin aus die Deutsche Demokratische Republik aufrollen wollten, auf den 17. Juni 1953. Das ist der Versuch, den Kriegsbrand, den die Völker der Welt in Korea eben austreten, mit Hilfe des Brückenkopfes Westberlin nach Deutschland hinüberzuwerfen. Er wird mißlingen.

Warum entschlossen sich die Kriegstreiber gerade in diesen Tagen zu ihrer faschistischen Provokation gegen die Deutsche Demokratische Republik? Die Regierung der Deutschen Demokratischen Republik hatte am 11. Juni Maßnahmen beschlossen, die zu einer weiteren Stärkung der Deutschen Demokratischen Republik führen und den Kampf um die Einheit Deutschlands, die Verständigung der Deutschen untereinander wesentlich fördern werden. Sie hatte, um eine entschiedene Hebung der Lebenslage der Werktätigen, vor allem auch der Arbeiter, in der Deutschen Demokratischen Republik herbeizuführen, eine Reihe von Maßnahmen beschlossen, u. a. die Konsumgüterproduktion zu steigern und die private Initiative des Handwerks, der kleinen und mittleren Industrie durch Gewährung von Krediten und Z... der notwendigen ...

faschistischen Mörderfahrungen kamen noch zusätzlich die Methoden der amerikanischen Gangster. So wurde der faschistische Auswurf wieder großgezogen. Neben den ausländischen Kriegstreibern tragen Adenauer, Ollenhauer, Kaiser und Reuter die volle Verantwortung für das Blut, das bei der Niederschlagung des faschistischen Abenteuers geflossen ist.

Der Gegner benutzte zur Auslösung seiner Provokation die Mißstimmung einiger Teile der Bevölkerung, die durch Folgen unserer Politik im letzten Jahr entstanden war. Er organisierte unter dem Vorwand einer Dampferpartie der Betriebsangehörigen des VEB Industriebau Berlin, unter Hinzuziehung seiner Agenten aus einzelnen Großbetrieben, am Sonnabend, dem 13. Juni 1953, den Streik der Bauarbeiter und bestimmte Dienstag, den 16. Juni 1953, als Termin für die Provokation. Er warf gleichzeitig seine mit Schwefel-, Phosphor- und Benzinflaschen sowie mit Waffen ausgerüsteten Banditenkolonnen über die Sektorengrenzen mit der Aufgabe, die Arbeitsniederlegung ehrlicher Bauarbeiter durch Hetzlosungen in eine Demonstration gegen die Regierung umzufälschen und dieser Demonstration durch Brandstiftungen, Plünderungen und Schießereien den Charakter eines Aufruhrs zu geben. Zugleich gab er seinen Agentengruppen an einigen anderen Stellen der Republik die Anweisung, am nächsten Tage — in anderen Orten am übernächsten Tage — ähnliche Aktionen zu organisieren. Die von Westberlin eingeschleuste und von dort dirigierte faschistische Brut organisierte Überfälle auf Lebensmittellager, Lehrlingsheime, Klubhäuser, Verkaufsstellen sowie Mordüberfälle auf Funktionäre der Partei, der Massenorganisationen und des Staatsapparates, die mutig unsere demokratische Ordnung verteidigten. An Hand der in den westberliner Agentenzentralen vorbereiteten Listen wurden vorübergehend faschistische und kriminelle Verbrecher aus der Haftanstalt herausgeholt, wie z. B. die wegen bestialischer Verbrechen gegen die Menschlichkeit von der demokratischen Justiz verurteilte SS-Kommandeuse des Frauenkonzentrationslagers Ravensbrück, Erna Dorn. So sollte in der Deutschen Demokratischen Republik eine faschistische Macht errichtet und Deutschland der Weg zu Einheit und Frieden verlegt werden.

Durch das rechtzeitige Eingreifen breiter Teile der Bevölkerung, die durch die Volkspolizei heldenhaft unterstützt wurden, sowie durch das Eingreifen der sowjetischen Besatzungsmacht, die den Ausnahmezustand verhängte, ist der niederträchtige Anschlag auf die Deutsche Demokratische Republik, auf Deutschland, auf den Weltfrieden innerhalb von 24 Stunden schmählich zusammengebrochen. Dadurch wurde das beabsichtigte Massenblutbad verhindert.

II. Die gegenwärtige Lage

In der Republik herrscht Ruhe. Es wird normal gearbeitet. Eine große Anzahl von Provokateuren ist verhaftet. Der verbliebene Teil wagt gegenwärtig nicht hervorzutreten. Aber die Ruhe ist noch keineswegs endgültig gesichert. Der Feind setzt seine Wühlarbeit fort. Ausländische Flugzeuge setzen, wie bereits in den vergangenen Tagen, über Thüringen, Sachsen-Anhalt usw. durch Fallschirme Gruppen von Banditen mit Waffen und Geheimsendern ab. Lastwagen mit Waffen für noch nicht entdeckte Gruppen wurden an der Autobahn Leipzig—Berlin abgefangen. Der Gegner geht zu großen Sabotageakten über. Unter Beteiligung von Adenauer, Ollenhauer, Kaiser und Reuter, welche die Banditenkolonnen persönlich anleiten, arbeitet der Hetzsender Rias auf vollen Touren, um dem gescheiterten Abenteuer neues Leben einzublasen.

Dabei sind Veränderungen in der Taktik des Gegners zu beobachten. Den noch verbliebenen Teilen seiner Agentur hat er Befehl gegeben, sich durch Verstecken und Tarnungen zu erhalten. Gleichzeitig verbreitet er Flüsterparolen und sucht neue Unruhen zu provozieren. Da große Massen der Arbeiter nunmehr erkennen, wozu ihre Mißstimmung mißbraucht werden sollte, versucht der Gegner auf dem flachen Lande zu provozieren. Er hetzt zur Sabotage der Versorgung der städtischen Bevölkerung, um dadurch eine neue Handhabe zu bekommen, unter den Arbeitern Mißstimmung zu säen.

Daher besteht die Aufgabe jetzt darin, den angeschlagenen Gegner entscheidend zu schlagen, die faschistischen Banden restlos zu liquidieren, die Ordnung aus eigenen Kräften auf feste Grundlagen zu stellen und die Durchführung des neuen Kurses von Partei und Regierung zu sichern. Was ist dazu erforderlich?

III. Unsere Partei und die Arbeiterklasse

... ist vor allem erforderlich, daß die ... Arbeiterklasse, die sich v... Arbeiter erkennen vor allem nicht, heute am meisten die Sozialistische Einheitspartei Deutschlands, auch wenn ihnen das selbst noch nicht klar ist. Das Zentralkomitee erwartet von allen Mitgliedern und Funktionären, daß sie nun die Reife ihres Bewußtseins und die Weite ihrer Herzen unter Beweis stellen in der leidenschaftlichen Beschäftigung mit gerade diesem Teil der Arbeiterschaft.

Das Zentralkomitee erwartet zugleich von allen Mitgliedern und Funktionären, daß sie mit geschärftem Auge gegen die tatsächlichen Provokateure vorgehen, sie vor der Masse der Werktätigen entlarven und mit ihrer Hilfe den Sicherheitsorganen übergeben. Entschlossen, die Interessen der Arbeiter gegen die faschistische Provokation mit eiserner Hand zu verteidigen, gibt sich das Zentralkomitee zugleich Rechenschaft davon, daß — untrennbar hiermit verbunden — die Partei eine Wendung vollziehen muß in ihrem Herantreten an die Arbeiterschaft, und zwar mit dem heutigen Tage!

Daß diese Wendung erforderlich ist, zeigt das Verhalten vieler Funktionäre und Parteimitglieder auch in diesen Tagen. Während Zehntausende unserer Funktionäre und Mitglieder in engster Fühlung mit den Massen standen und stehen, sitzen andere Zehntausende in ihren Büros, schreiben irgendwelche Papiere und warten ab. Die Partei gehört zu jedem Zeitpunkt, besonders aber in solchen Tagen, in die Massen! Es ist notwendig, die ganze Partei zu mobilisieren zur geduldigen Überzeugung der Massen. Das Zentralkomitee erwartet daher, daß die Funktionäre auf allen Ebenen, die Funktionäre des zentralen Apparates, in den Bezirken und in den Kreisen, mit dem morgigen Tage in die Betriebe gehen. In allen Betrieben sind Partei- und Belegschaftsversammlungen abzuhalten, auf denen unsere Funktionäre die Fragen der Arbeiter und der anderen Werktätigen offen und kühn beantworten und den konsequenten Kampf aufnehmen für die Interessen der Arbeiterschaft, für das Wohl aller Werktätigen, für die Erklärung und Durchsetzung des neuen Kurses, für die Überwindung unrichtiger Auffassungen ehrlicher Arbeiter, aber gegen die Provokateure.

Der Prüfstein für den Erfolg unserer Aufklärungsarbeit werden die von den Belegschaften aus innerer Überzeugung angenommenen Beschlüsse der Unterstützung des neuen politischen Kurses von Partei und Regierung und ihre Einsicht in die Notwendigkeit zur aktiven Bekämpfung aller offenen und versteckten Provokateure sein.

IV. Die nächsten Maßnahmen

Das Zentralkomitee wird sich durch keinerlei noch so niederträchtigen Störungsversuche der ausländischen und deutschen Kriegstreiber von der Verwirklichung des neuen Kurses abdrängen lassen. Es sieht in diesen Versuchen nur eine zusätzliche Bestätigung für seine Richtigkeit. Es setzt den neuen Kurs planmäßig fort.

Mit dem Beschluß des Politbüros des ZK vom 9. Juni und der Regierung der DDR vom 11. Juni wurden die ersten Maßnahmen im Rahmen des neuen Kurses festgelegt, dessen Hauptziel ist, im Zusammenhang mit Kürzungen an den Planaufgaben der Schwerindustrie die Lebenshaltung der Arbeiter, Bauern, der Intelligenz, der Handwerker und der übrigen Schichten des Mittelstandes zu verbessern.

Das Zentralkomitee beschließt heute im Rahmen der großen wirtschaftlichen Veränderungen, welche die Durchführung des neuen Kurses erfordert, eine zweite Reihe von Maßnahmen:

1. Den Lohnabrechnungen sind ab sofort diejenigen Arbeitsnormen zugrunde zu legen, die am 1. April 1953 Gültigkeit hatten.

2. Die Fahrpreisermäßigung für Arbeiterrückfahrkarten beträgt ab 1. Juli 1953 für diejenigen Arbeiter und Angestellten, die ein Monatseinkommen bis 500,— DM brutto haben, entsprechend der früheren Regelung 75 Prozent.

3. Die Mindestrenten für Alters-, Invaliden- ...

... von Straßen) für das Jahr 1953 über den bisherigen Plan hinaus zusätzlich Investitionsmittel und Lizenzkredite in Höhe bis zu 600 Millionen DM zu stellen.

7. Zur Verbesserung hygienischer und sanitärer Einrichtungen in volkseigenen Betrieben sind 30 Millionen DM Investitionsmittel im Jahre 1953 zusätzlich zur Verfügung zu stellen. Die Betriebsgewerkschaftsleitungen haben die entsprechenden Vorschläge an die Zentralvorstände ihrer Gewerkschaften zu machen, die diese Vorschläge überprüfen und mit ihrer Stellungnahme dem jeweils zuständigen Fachministerium zur Beschlußfassung übermitteln. Für die örtlichen volkseigenen Betriebe sind die Anträge an die Bezirke zu richten.

8. Für die Errichtung und den Ausbau und Wiederaufbau von Gebäuden des Kultur-, Sozial- und Gesundheitswesens, wie Feierabendheime, Erholungsstätten des Feriendienstes der Gewerkschaften, Kindergärten und Kinderkrippen, sind im Jahre 1953 zusätzlich 40 Millionen DM Investitionsmittel bereit zu stellen.

9. Die Versorgung der Werktätigen mit Arbeitskleidung, Arbeitsschuhen und Arbeitsschutzkleidung ist entsprechend den Vorschlägen des Bundesvorstandes des FDGB zu verbessern.

10. Die täglichen Str... bei der Bevölkerung sind ...

gläubigsten Vertreter der SED-Führung. Mit Zuckerbrot und Peitsche versuchten sie nun, die Untertanen auf ihre Seite zu ziehen.

Als eine der ersten Maßnahmen wurde zunächst einmal das Normenniveau auf den Stichtag des 1. April 1953 zurückgestuft. Des Weiteren öffnete sich ein Füllhorn sozialer Vergünstigungen, um die erhitzten Gemüter milde zu stimmen. Löhne und Renten wurden erhöht, die Fahrpreise der öffentlichen Verkehrsmittel gesenkt. Im nächsten Fünfjahresplan wurde die Gewichtung noch einmal deutlich zugunsten der Konsumgüterindustrie verschoben.

Eine Woche nach dem Aufstand traten Ulbricht und seine Genossen die Flucht nach vorn an und fuhren in die Betriebe, um mit den Arbeitern zu »diskutieren«. Von der Presse wurde der Auftritt der roten Prominenz als Riesenerfolg verbucht. So schrieb das »Neue Deutschland« über einen Besuch von Grotewohl, Ulbricht, Ebert und anderen Obergenossen in Berliner Großbetrieben: »(…) daß Tausende einstimmig und kategorisch von den Provokateuren abrückten und den von ihnen und ihren Westberliner Hintermännern inszenierten Putsch als einen Versuch der Faschisten verurteilten, die Verwirklichung der neuen Beschlüsse der Regierung der DDR unmöglich zu machen und die Brandfackel des Krieges zu entzünden«.

Doch die Wahrheit sah anders aus. Obwohl die SED-Spitze nur vor »ausgewählten« Arbeitern und mitnichten vor der versammelten Belegschaft sprach, wurde heftig kritisiert. Als Walter Ulbricht am 24. Juni in den Leuna-Werken mit »geladenen Gästen« sprach, vermerkte der Stasi-Bericht: »Im Vordergrund stand die Forderung nach Redefreiheit, die sie schriftlich bescheinigt haben wollten, Entlassung der politischen Häftlinge, Trennung der Gewerkschaft von der Partei usw.« Dass Genosse Ulbricht, der sich gerne auf seine Vergangenheit als Tischler berief, von einem bis an die Zähne bewaffneten Kommando der Volkspolizei vor »seinen Arbeitern« beschützt werden musste, dürfte wenig überzeugend gewirkt haben. Für Politbüro-Mitglied Fred Oelßner kam es noch dicker. Als er am 26. Juni im Buna-Werk in Schkopau vor sechshundert Arbeitern auftrat, »artete die Versammlung in eine wüste Provokation aus«, wie die Stasi vermeldete. Eine Resolution, in der sich die Arbeiter von den »Provokateuren« des 17. Juni distanzieren sollten, wurde »mit großer Stimmenmehrheit nicht angenommen«.

»Mitarbeiter des ZK wurden zu zweit in einen Betrieb geschickt, um dort mit den Arbeitern darüber zu sprechen, wie falsch es gewesen sei, zu streiken. Wir besuchten einen Betrieb in Adlershof. Unser Versuch, mit den Arbeitern zu sprechen, führte zu nichts. Die wollten nichts von uns hören, das war völlig vergeblich.«
Gustav Just, Kulturleiter, ZK der SED

Doch solche heftigen Reaktionen konnten einen gestandenen Ideologen wie Fred Oelßner nicht erschüttern. Als wollte die Partei das eigene Volk demütigen, fand am gleichen Tag auf dem Hallenser Hallmarkt eine Großkundgebung der SED statt. Dort, wo noch wenige Tage zuvor Tausende Einheit und Freiheit verlangt hatten und das Deutschlandlied von den Hauswänden gehallt hatte, mussten jetzt 75 000 Zwangsjubilierer dem Politbüro-Mitglied huldigen, der die Niederschlagung des Aufstands befehligt hatte: »Als Genosse Fred Oelßner konkret noch einmal die Ursachen des 17. und 18.6.1953 aufzeigte und die Kundgebungsteilnehmer von den Regierungsbeschlüssen zur Verbesserung der allgemeinen Lebenslage überzeugen konnte, kannte die Begeisterung keine Grenzen«, heißt es in einem Polizeibericht, der fortfährt: »die ihre Ovation fand in Hochrufen auf den Genossen Wilhelm Pieck, auf die Regierung, auf das ZK sowie auf den Genossen Fred Oelßner.«

Auch wenn die Arbeiter mancherorts das Angebot zum Gespräch angenommen haben und auf einigen Baustellen tatsächlich offen gesprochen wurde, konnte von einem wirklichen Dialog keine Rede sein. Überdies hatten sich die Reihen der Arbeiter merklich gelichtet. Alfred Metzdorf, der Brigadier, der auf dem Müggelsee den Generalstreik angekündigt hatte, wurde nie wieder auf seiner Baustelle gesehen. Sein Schicksal konnte bis heute nicht aufgeklärt werden. Auch die Spur Wolfgang Panzers, der mit auf dem Brandenburger Tor gewesen war, verliert sich im Dunkeln. »Das war der reine Terror«, sagt Fritz Schenk, »dieser oder jener war plötzlich verschwunden, und man wusste oft nicht, ob der sich in den Westen verdrückt hatte oder ob er verhaftet worden war.«

Stellvertretend für die vielen Namenlosen steht das Schicksal von Joseph Graczynski, dem Betonierer, der so mutig im RIAS gesprochen hatte. Er hatte sich am Nachmittag des 17. Juni zu Fuß auf den Heimweg gemacht. An einer Straßenecke wechselte er ein paar Worte mit einem Bekannten und bemerkte mitten im Gespräch plötzlich, dass jemand ungewöhnlich nahe hinter ihm stand. Genervt drehte sich der Betonierer um, pflaumte den Drängler kurz an und wandte sich wieder seinem Gesprächspartner zu. Ein paar Sekunden später aber wurde ihm klar, dass er sich in einer heiklen Situation befand. »Ich fordere Sie auf, sofort weiterzugehen«, raunte ihm der Unbekannte von hinten zu. »Da dämmerte mir, dass das kein Normalsterblicher war«, erinnert sich Graczynski, »der konnte nur von der Staatssicherheit sein«. Er werde im Falle eines Fluchtversuches sofort erschossen, hörte Graczynski den Stasi-Mann zischen. Zum Beweis, dass er es ernst meinte, drückte er Grazcynski seine Pistole in den Rücken. »Das war ein sehr eigenartiges Gefühl«, berichtet der Betonierer, »so eine Abführung mit gezückter Waffe kannte man doch nur aus Filmen, und jetzt passierte mir das in Wirklichkeit.« Der Weg führte zu einem großen Gebäudekomplex, in den offenbar auch andere »Delinquenten« abgeführt wurden.

Am Eingang stand ein Uniformierter vor einem Pförtnerhäuschen. »Na, bringst du schon wieder so ein Adenauerschwein?«, habe er gefragt, erinnert sich der

»Mit süßlichem Gesäusel forderte Axen die Bauarbeiter auf, zu sagen, womit sie unzufrieden seien. Er betonte, dass denjenigen, die etwas sagten, keine Nachteile entstehen würden. Zuerst war großes Schweigen, dann nahmen aber doch etliche Kollegen Stellung zur Situation. Ich musste dann später die Entlassungen für diese Leute tippen.«
Hildegard Nikodemski, Sekretärin, Stalinallee

»Der erste Stein der Mauer« – um die Zonengrenze in den Osten zu passieren, sind nach dem Aufstand Passierscheine notwendig.

Betonierer. »Die wussten doch überhaupt nicht, ob ich irgendeines Vergehens schuldig war. Für die war ich bereits in diesem Moment ein Verbrecher.«
Joseph Graczynski wurde in eine Art Büro geführt, musste hier vor einem Uniformierten seine Taschen leeren, und das Verhör begann. Offen bekannte er, bei den Demonstrationen dabeigewesen zu sein. Der Betonierer wusste, dass es für ihn fatale Folgen gehabt hätte, wenn herausgekommen wäre, dass er beim RIAS gewesen war und dort auch noch ein Interview gegeben hatte. Verzweifelt versuchte er, so viel anderes zu erzählen, dass die Sprache gar nicht erst auf diesen heiklen Punkt kommen konnte. Zwar glaubte ihm der verhörende Offizier augenscheinlich nicht, doch konnte er ihm direkt auch nichts nachweisen.
Im Anschluss an das Verhör wurde er gemeinsam mit anderen unter schwerster Bewachung zu einem Gefängnis gefahren und in einen kahlen Raum geführt. Den verängstigten Gefangenen wurde die lapidare Anweisung gegeben, abzuwarten. Am nächsten Morgen wurden sie in einen Innenhof geleitet. Hier mussten sie sich in einer Reihe mit dem Gesicht zur Wand aufstellen. Deutlichst konnten sie hören, wie hinter ihnen Maschinengewehre durchgeladen wurden.

»Angst vor Wiederholung« – auch nach der Zerschlagung des Aufstandes halten U- und S-Bahnen nicht am Potsdamer Platz und im Bereich des Regierungsviertels.

»Ich habe an meine Familie gedacht«, sagt Graczynski, »und ich habe nur gehofft, dass ich keinen Schmerz spüren würde.« Nach endlosen Minuten steckten die Peiniger die Waffen unverrichteter Dinge wieder ein. Die Aktion war eine Scheinerschießung gewesen – eine makabre Foltermethode, um den Durchhaltewillen der Inhaftierten zu brechen.

Wie Joseph Graczynski wurden bis Ende Juni mehr als sechstausend Menschen wegen tatsächlicher oder vermeintlicher Aktivitäten am Aufstandstag verhaftet. Die Dunkelziffer liegt noch höher. Zum Sammellager für die erste Verhaftungswelle des Aufstandstages wurde der so genannte Magerviehhof in Berlin-Friedrichsfelde. Dass ausgerechnet der zentrale Schlachthof zum Sammelplatz für die Verhafteten wurde, war makaber. Die Räume standen leer, da es aufgrund der verfehlten Wirtschaftspolitik der Regierung seit langem keine nennenswerten Fleischvorräte mehr gab. Bis in den Juli hinein sollten hier Hunderte Verhaftete unter menschenunwürdigen Bedingungen auf die Behandlung ihres »Falles« warten müssen. Nur den wenigsten wurde überhaupt mitgeteilt, was man ihnen eigentlich vorwarf.

Auch außerhalb Berlins rollten noch am Abend des 17. Juni die Verhaftungswellen an. »Um 19 Uhr war ich auf dem Weg nach Hause«, berichtet Werner Herbig aus Görlitz, »da kam der Oberbürgermeister mit einem Panzerspähwagen gefahren, links und rechts waren sowjetische Greiftrupps. Der OB zeigte nur auf Leute und sagte: ›Der und der wird verhaftet‹, und so wurde auch ich festgenommen.« Zwei Tage später wurde Herbig zusammen mit anderen Streikführern nach Dresden an die Stasi übergeben. »Die Verhandlung dauerte zehn Minuten. Es gab keine Anklage, keinen Rechtsanwalt, da war nur das Urteil. Da stand einer im blauen Drillichanzug mit Segeltuchschuhen, machte die behaarte Brust breit, sagte: ›Ich bin der Richter. Ihr werdet vom Volk verurteilt für das, was ihr getan habt, ihr Ganoven.‹« Auf den Zuschauerbänken, so berichtet Herbig weiter, hätten Stasi-Schüler gesessen und immer wie auf Kommando »Rübe runter« und »Finger abhacken« gebrüllt. Herbig wurde zu fünf Jahren Zuchthaus verurteilt, von denen er vier absaß. Die Urteile wurden zur Abschreckung landauf, landab in den Zeitungen bekannt gegeben: »Wir wurden als vom Westen eingeschleuste Provokateure dargestellt«, empört sich Herbig noch heute, »dabei waren wir allesamt brave Bürger. Die Überschrift in der Zeitung lautete: »Die heulenden Wölfe im Schafspelz«.

Die Regierung tat ihr Bestes, die »Provokateure« an den Pranger zu stellen. Sie wurden nicht nur in Schauprozessen und in der Presse beschimpft und diffamiert, sondern mussten selbst in der Haft Demütigungen und Hetze über sich ergehen lassen. Der Student Herbert Priew, der in Halle zur Kundgebung aufgerufen hatte, wurde noch am gleichen Tag von einem Kommilitonen bei der Stasi angeschwärzt. Schon am Morgen des 18. klingelte es an seiner Tür, und zwei Männer mit Pistolen nahmen ihn fest. Ein DDR-Gericht verurteilte den Dreiundzwanzigjährigen am 30. August wegen »Rädelsführerschaft« zu zwei Jahren Haft und fünf Jahren »Sühnemaßnahmen« – eine Bestrafung, die sich die SED ursprünglich für »aktivistische Nazis« hatte einfallen lassen. Das hieß: Entlassung aus öffentlichen Ämtern, Kürzung der Versorgungsbezüge, zusätzliche Arbeitsleistungen und Entziehung politischer »Rechte« – was immer das in der DDR bedeutete. Für Priew hieß das unter anderem auch, dass er nach seiner Entlassung nicht einmal Auto fahren durfte. Priew wurde zwar zunächst im »Roten Ochsen« von Halle in den normalen Strafvollzug gebracht, im März 1954 aber in das Zuchthaus Waldheim verlegt. Dort begannen die Schikanen.

Die Häftlinge des 17. Juni – es müssen mindestens 44 gewesen sein – wurden von den anderen Gefangenen abgesondert. »Wir wurden in eine Kirche getrieben, mit Gummiknüppeln geschlagen und angeschrien: ›Ihr seid die größten Schweine der Welt, ihr wolltet den Dritten Weltkrieg anzetteln‹«, erinnert sich

Priew. Zur besonderen Demütigung und Kennzeichnung wurde allen wegen des 17. Juni Verurteilten ein »X« auf die Häftlingskleidung gemalt. Die Gleichung sollte sich als Schande einprägen: X = faschistischer Provokateur. Dann wurden sie kahl geschoren und kamen in einen besonderen Zellentrakt, der mit weiß angestrichenen Scheiben kenntlich gemacht wurde. »Man unterzog uns einer Sonderbehandlung – es war schlimm«, erzählt Priew. »Wir bekamen [beim Essen] keinen Nachschlag, durften keine Zeitung lesen und hatten einen eigenen Käfig für den Ausgang.« Anfangs durften die Häftlinge gar nicht arbeiten. Später mussten sie Fell schneiden für die Filzproduktion, eine besonders gesundheitsgefährdende Tätigkeit.

Ähnlich schlecht erging es Horst Linowski aus Magdeburg. Eigentlich war der Zwanzigjährige von den Sowjets zu acht Jahren Arbeitslager verurteilt worden, doch es kam anders. »Mein Sibirien hieß Bautzen«, sagt er heute bitter. Auch ihm wurde ein großes, gelbes X auf den Rücken gemalt, »damit die anderen Häftlinge erfuhren, welch schwere Verbrecher wir waren«. Die ersten eineinhalb Jahre verbrachte Linowski streng bewacht und mit drei Mithäftlingen in eine Einmannzelle gepfercht. Erst danach gab es Erleichterungen, die Häftlinge wurden zum Tütenkleben abkommandiert. Die Schikanen gingen jedoch weiter. Wenn ein Häftling dabei erwischt wurde, wie er ein Stück unverwertbares Pergamentpapier einsteckte, wurde er wegen »Diebstahl am Volkseigentum« mit 21 Tagen Karzer bestraft. Später wurde Linowski als Schlosser und Fräser eingesetzt. Er sollte lebenslange gesundheitliche Schäden davontragen. Verletzungen, die er sich durch Arbeitsunfälle zuzog, wurden so schlecht behandelt, dass er schwer behindert blieb. Linowski kam 1960 frei, nach siebeneinhalb Jahren Bautzen. Sechs Monate und 16 Tage hatte man ihm erlassen.

Die Willkür, mit der die DDR-Justizorgane zugriffen, erschreckte die Bürger – zumal am 21. Juni ein Grundsatzbeschluss des SED-Zentralkomitees Beruhigendes formuliert hatte: »Ehrliche Arbeiter, die zeitweise irre gingen, haben deswegen nicht aufgehört, ehrliche Arbeiter zu sein, und sind als solche zu achten.« Zwei Tage später erklärte Walter Ulbricht im VEB »7. Oktober«: »Wir haben nicht die Absicht, Massenrepressalien durchzuführen, wie das von manchen Leuten behauptet wird.« Auch Justizminister Max Fechner beschwichtigte im »Neuen Deutschland«, alle wegen des 17. Juni Inhaftierten kämen vor ein »ordentliches Gericht«. Am 2. Juli verkündete er im gleichen Organ gar: »Es wird also nicht etwa gegenüber denen, die gestreikt oder demonstriert haben, eine Rachepolitik betrieben.«

Sofern Fechner seine Zusagen ehrlich gemeint hat – er konnte sie nicht mehr durchsetzen. 14 Tage später war er verhaftet, und an seine Stelle trat mit Hilde

Rachejustiz – die Buchhalterin Ursula Riemer freute sich über den Fall der roten Fahne am Brandenburger Tor. Dafür wird sie zu drei Jahren Gefängnis verurteilt.

»Es werden nur die der Bestrafung zugeführt, die Brände anlegten, die raubten, mordeten oder andere gefährliche Verbrechen begangen haben.«
Erklärung von DDR-Justizminister Max Fechner, 30. Juni 1953. Fechner wurde am 15. Juli 1953 verhaftet und aller Parteiämter enthoben.

Benjamin, der »roten Guillotine«, die wegen ihrer Gnadenlosigkeit gefürchtete Scharfrichterin Walter Ulbrichts. Bereits kurz nach ihrem Amtsantritt eröffnete die Richterin, die sich seit 1950 durch besonders harte Schauprozesse einen unheilvollen Namen gemacht hatte: »Viele Richter glauben, in ihren Urteilen richtig im Sinne unserer Volksmacht zu handeln, unser Volkseigentum zu schützen und die Festigung und Entwicklung unserer demokratischen Ordnung zu fördern. Dabei untersuchten sie jedoch bei der Begründung der Urteile oft nicht tief und parteilich genug, welche Rolle der Täter in unserer Gesellschaft spielte, wie er zu unserer Staats- und Gesellschaftsordnung steht und welcher Schaden der Gesellschaft durch sein Verbrechen entstand.« Mit der sprichwörtlichen Blindheit Justitias hatte das nichts mehr zu tun – in einer Rechtsprechung, die sich ganz offen zu ihrer »Parteilichkeit« bekannte, hatte der Angeklagte keine Chance.

Hilde Benjamin hatte in ihrer Antrittsrede darüber hinaus klargestellt, was sie von dem bisherigen Umgang mit den »Tätern« des 17. Juni hielt: »Es gab gefährliche Tendenzen innerhalb unserer Justizverwaltung«, tönte sie: »Man wollte die Provokateure des 17. Juni schonen und sie der gerechten Strafe entziehen (…) Man beging den grundsätzlichen Fehler, einen versuchten Staatsstreich und faschistischen Putsch als einen Streik zu rechtfertigen. Vergessen wir nie, dass wir, dass die Gerichte eine hohe und verantwortungsvolle Aufgabe erfüllen und dass die Justizorgane einen der mächtigen Hebel des Staates darstellen.«

Im Akkord arbeiteten die Behörden nach Benjamins Amtsantritt die Beschul-

»Hart durchgreifen« – im Zusammenhang mit dem Aufstand des 17. Juni wurden rund 1600 Urteile ausgesprochen.

Wegen »Zusammenrottung« und »Gewalttätigkeit« erhält der zweiundzwanzigjährige Günter Engel sieben Jahre Haft.

digungen wegen Beteiligung am 17. Juni ab. Zahlreiche der unter Fechner gefällten Urteile wurden kassiert und durch härtere ersetzt. So bekam beispielsweise ein Schlosser aus dem sächsischen Delitzsch, der unter Justizminister Fechner zu anderthalb Jahren Zuchthaus verurteilt worden war, nun eine Strafe von vier Jahren. Insgesamt 1600 Urteile von teilweise drakonischer Härte trafen die Angeklagten. Darunter erhielten nach Aufzeichnungen von Hilde Benjamin »2 Angeklagte die Todesstrafe, 3 Angeklagte lebenslänglich Zuchthaus, 13 Angeklagte Strafen von 10–15 Jahren, 99 Angeklagte Strafen von 5–10 Jahren, 824 Angeklagte Strafen von 1–5 Jahren und 546 Angeklagte Strafen bis zu einem Jahr«.

Unter den dokumentierten Todeskandidaten war auch eine Frau. Sie war zugleich eines der bemitleidenswertesten Opfer der DDR-Propaganda: Erna Dorn, bald überall bekannt als »die KZ-Kommandeuse« aus Halle. Das ungeheuerliche Urteil war ein Exempel für die politische Ausrichtung der DDR-Justiz nach dem Aufstand. Nach der Niederschlagung des »17. Juni« gab sich die SED-

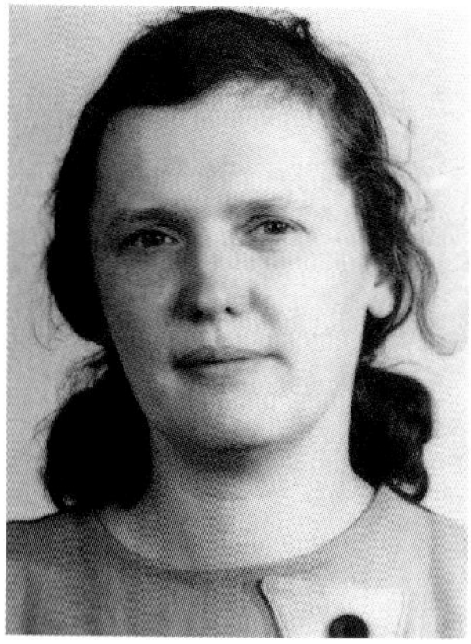

»SS-Kommandeuse im Führungsstab der Provokateure« – Erna Dorn wird am 1. Oktober 1953 in Dresden enthauptet.

Führung alle Mühe, den Aufstand als »faschistischen Putsch« darzustellen, und versuchte krampfhaft zu belegen, dass an der Spitze der Streikkomitees und Demonstrationen ehemalige Nazis gestanden hätten. »Wir waren voll auf der Linie, dass das ein vom Westen inszenierter Putsch unter Ausnutzung eines Reservoirs von ehemaligen Nazis war«, erinnert sich Günter Schabowski, damals Redakteur bei der Gewerkschaftszeitung, an die Verblendung von damals. »Das war die These, die wir akzeptierten und glaubten – auch natürlich aus Gründen der Selbstrechtfertigung und Selbstachtung. Es konnte ja nicht das Volk niedergeschlagen werden, es mussten irgendwelche Agenten niedergeschlagen werden oder Leute, die es nicht verdienten, dass man sie als Volk bezeichnete.« So wurde auch die angebliche ehemalige Aufseherin des KZ Ravensbrück zur Galionsfigur des »faschistischen« Aufstandes stilisiert.

Was genau es mit der Geschichte der Erna Dorn auf sich hatte, ist bis heute nicht einwandfrei geklärt. Als Demonstranten das Frauengefängnis in Halle stürmten, war die Frau unter den 245 Befreiten. Die Richter waren sich damals nicht einmal sicher, wie sie wirklich hieß: Verurteilt wurde sie als Erna Dorn, geborene Kaminski alias Brüser alias Scheffler alias Gewald. Angeblich stammte Erna Dorn aus Ostpreußen. In den dreißiger Jahren soll sie Mitarbeiterin der Gestapo gewesen sein und von 1941 bis 1944 in der Politischen Abteilung des Frauen-KZ Ravensbrück gearbeitet haben. Ob sie dort allerdings Sekretärin oder gar Kriminalkommissarin war, ist unklar. Jedenfalls kam sie 1945 unter falschem Namen nach Halle. Dort gab sie sich als KZ-Insassin aus, heiratete einen Kommunisten und wurde 1949 und 1950 wegen kleinerer Betrügereien zu geringen Haftstrafen verurteilt.

In der Haft überraschte sie plötzlich mit Selbstbezichtigungen. Zuerst behauptete sie, Agentin des US-Geheimdienstes zu sein, und erzählte von geheimen Fotoaufnahmen und Plänen großer Industrieanlagen, die sie beschafft habe. Wahrscheinlich hatte die damalige Paranoia des Kalten Krieges ihre Phantasie beflügelt. Die Ermittlungen über »Spionage/Agententätigkeit« verliefen jedenfalls »völlig negativ«, wie die Polizei im April 1951 konstatierte. Dann gab Erna Dorn plötzlich an, Gestapo-Mitarbeiterin im KZ Ravensbrück gewesen zu sein. Auch diese Behauptungen ließen sich nie beweisen. Dennoch wurde sie am 21. Mai 1953 vom Bezirksgericht Halle als vermeintliche »Kommissarin« der Gestapo wegen Verbrechens gegen die Menschlichkeit im KZ Ravensbrück zu fünfzehn Jahren Zuchthaus verurteilt.

Erna Dorns »gnädiges« Urteil hing sicherlich mit der allzu dünnen Beweislage zusammen. Vage hieß es im Urteil, sie habe »von 1936 bis 1941 eine verantwortliche Stellung bei der Gestapo« gehabt und sei »aufgrund ihrer Einsatzbereitschaft für das nazistische Regime zum Kommissar befördert worden«. Was genau sie getan haben soll, wurde nicht erwähnt. Die Informationen stützten sich ausschließlich auf die eigenen Aussagen der Angeklagten. Das Gericht kam zu dem Schluss, dass Erna Dorns »Persönlichkeitsbild und ihre Handlungsweise nach 1945 zeigt, dass die Angeklagte ein kriminelles Element ist« und beschloss, sie »eine Zeit lang aus der Gesellschaft« auszuschließen.

Jedenfalls saß sie in der Haftanstalt in der Kleinen Steinstraße, als sie am Nachmittag des 17. Juni zusammen mit allen anderen Häftlingen befreit wurde. Danach ging sie nach eigener Aussage zur Stadtmission, um sich zivile Kleidung zu besorgen. Am folgenden Tag war sie schon wieder hinter Gittern. Was in der Zwischenzeit geschah, ist nicht bekannt. In der Urteilsbegründung hieß es, sie »hetzte (...) in übelster faschistischer Weise gegen sämtliche Organe unseres Staates und forderte den Sturz der Regierung. Dabei putschte sie die auf den Straßen befindlichen Massen immer wieder auf (...). Am Hallmarkt angekommen, sprach sie zu der anwesenden Menge (...). Diese provokatorischen und hetzerischen faschistischen Tiraden schloß sie mit den Rufen: ›Es lebe die Freiheit. Es lebe die Revolution. Nieder mit der Regierung der DDR.‹« Augenzeugen allerdings konnten sich an eine Frau bei der Kundgebung überhaupt nicht erinnern. »Die liebe Frau Dorn hat nie gesprochen und ihr Bekenntnis zum Führer abgegeben: Das ist alles erstunken und erlogen«, sagt Herbert Priew, der die Reden auf dem Hallmarkt von Anfang bis Ende verfolgte. Auch der damalige Schüler Peter Bohley hat Erna Dorn nicht gesehen. Lediglich ein ehemaliger KVP-Offiziersschüler wird gelegentlich zitiert, er habe die Stimme von Erna Dorn gehört, wie sie »vom geliebten Führer sprach, dessen Politik nun wieder fortgeführt werden müsste«.

Schon am 21. Juni wurde Erna Dorn angeklagt, »Kriegshetze« betrieben zu haben und »tendenziöse Gerüchte verbreitet zu haben, die geeignet sind, den Frieden des deutschen Volkes und den Frieden der Welt zu gefährden«. Einen Tag später begann die Verhandlung, seltsamerweise unter Ausschluss der Öffentlichkeit. Anscheinend verspürte die Staatsmacht trotz des Bedarfs an Schauprozessen und Sündenböcken keine große Lust, die Beweislage publik zu machen. Erna Dorn wurde am 22. Juni in nur dreieinhalbstündiger Verhandlung vor dem Bezirksgericht Halle zum Tode verurteilt. Zeugen waren nicht geladen. Die Verurteilung beruhte auf einem verworrenen Brief, den Erna Dorn am 18. Juni an ihren Vater geschrieben haben soll, sowie auf ihren eigenen Aussagen. Auch diese sind jedoch widersprüchlich. In einem Vernehmungsprotokoll steht, Erna Dorn habe als »Kommandeuse« achtzig bis neunzig Personen festgenommen. In einem anderen heißt es: »liquidiert«. Sicher ist, dass Erna

Dorn unter enormem psychischen Druck gestanden haben muss. Mithäftlinge erzählten später, sie sei nach der Festnahme misshandelt worden.

Nach Verkündung des Urteils stand sie im Zentrum der Berichterstattung. »SS-Kommandeuse im Führungsstab der Provokateure«, titelte das »Neue Deutschland« am 22. Juni. Als Erna Dorn Berufung einlegte, wurden die Angriffe von Tag zu Tag schärfer. Auf einmal wurde Erna Dorn als brutale und sadistische KZ-Aufseherin dargestellt: »Sie trieb als SS-Kommandeuse im KZ Ravensbrück ihr Unwesen. Sie hat dort unter anderem an Erschießungen weiblicher Antifaschisten teilgenommen.« Und einen Tag später: »Die ehemaligen Häftlinge von Ravensbrück fühlen tiefste Befriedigung darüber, daß solche Bestien wie Erna Dorn, deren Hände noch vom Blut der Frauen und Kinder kleben, die sie umgebracht hat, keine Gelegenheit mehr finden werden, ihr schmutziges Handwerk auszuüben.« Das »Neue Deutschland« mutmaßte schließlich sogar, Erna Dorn sei die berüchtigte KZ-Aufseherin Gertrud Rabestein, die in Ravensbrück Hunde auf wehrlose Frauen gehetzt, sie gepeitscht und geschlagen hatte. Das Blatt verschwieg, dass die echte Rabestein bereits 1948 verurteilt worden war und lebenslang hinter Gittern saß.

Selbst der Schriftsteller Stephan Hermlin war sich nicht zu schade, die These der faschistischen Provokateurin in seiner Novelle »Die Kommandeuse« festzuhalten. Er lässt seine Protagonistin nach ihrer Befreiung schreiben: »Lieber Vater, es ist soweit. Der Osten mußte ja mal frei werden. Bald ziehen wir wieder unsere geliebte SS-Uniform an. Dann wird auch die Stunde kommen, da ich meinen Dienst in der politischen Abteilung oder bei unserer Gestapo versehen kann. Gute Freunde haben sich meiner angenommen, bis endgültig unsere Fahne weht. Das wird nicht mehr lange dauern. Deine Hedi.«

Nach dieser Hetzkampagne ist es nicht verwunderlich, dass das Oberste Gericht das Todesurteil am 27. Juni ohne eingehende Prüfung bestätigte, ein Gnadengesuch wurde abgelehnt. Erna Dorns Schicksal war bereits besiegelt. »Die Dorn ist eine Gefahr für die Menschheit. Solche Kreaturen darf man nicht noch einmal auf die Bevölkerung loslassen«, hieß es im Plädoyer des Staatsanwalts. Am 1. Oktober 1953 wurde sie in Dresden enthauptet.

Was genau es mit dieser Frau nun wirklich auf sich hatte, ist bislang nicht geklärt worden. Doch vieles spricht dafür, dass sie geistig verwirrt war und bereitwillig ihren Lebenslauf mit NS-Vergangenheit und Spionagetätigkeit schmückte, um sich interessant zu machen. Über die Konsequenzen ihrer Fabulierfreude war sie sich wohl nicht einmal im Klaren. Jedenfalls ging Erna Dorn als »kaltschnäuzige Nazibestie« in die DDR-Geschichte ein. Erst am 22. März 1994 wurde das Todesurteil als rechtsstaatswidrig aufgehoben. Im

Grunde war Erna Dorn nichts anderes als ein Sündenbock für eine Situation, in der die DDR-Regierung für mindestens 24 Stunden komplett die Kontrolle verloren hatte.

Entgegen den »Erinnerungen« Hilde Benjamins waren es mindestens neunzehn Todesurteile, die im Zusammenhang mit dem 17. Juni vollstreckt wurden. Schon kurz nach den Unruhen war es zu standrechtlichen Erschießungen gekommen. In einigen Fällen spielte der Zufall Schicksal.

Der arbeitslose Westberliner Willy Göttling hatte als stummer Zuschauer die Proteste lediglich beobachtet. Am 18. Juni wurde er wegen »banditenhafter

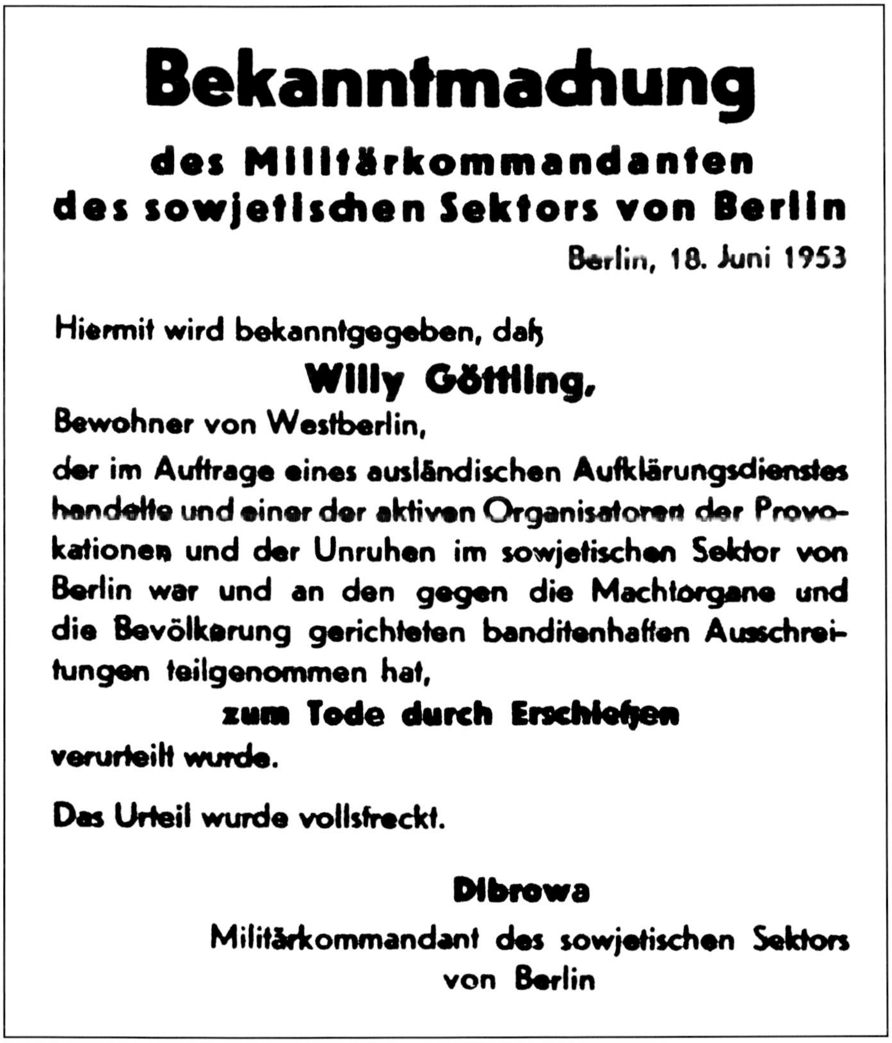

Bekanntmachung

des Militärkommandanten des sowjetischen Sektors von Berlin

Berlin, 18. Juni 1953

Hiermit wird bekanntgegeben, daß

Willy Göttling,

Bewohner von Westberlin,

der im Auftrage eines ausländischen Aufklärungsdienstes handelte und einer der aktiven Organisatoren der Provokationen und der Unruhen im sowjetischen Sektor von Berlin war und an den gegen die Machtorgane und die Bevölkerung gerichteten banditenhaften Ausschreitungen teilgenommen hat,

zum Tode durch Erschießen

verurteilt wurde.

Das Urteil wurde vollstreckt.

Dibrowa

Militärkommandant des sowjetischen Sektors von Berlin

»Im Auftrage eines ausländischen Aufklärungsdienstes« – Mitteilung über die standrechtliche Erschießung des Westberliners Willy Göttling.

»Zur falschen Zeit am falschen Ort« – Willy Göttling beobachtete die Proteste nur, wurde aber als »Rädelsführer« festgenommen.

Ausschreitungen« angeklagt, und noch am gleichen Tag gab der sowjetische Stadtkommandant Generalmajor Dibrowa die Vollstreckung des Todesurteils bekannt. Vergeblich hatten die Kommandanten der West-Sektoren, das Abgeordnetenhaus und der Senat protestiert.

Auch für den Tod eines der erschossenen Polizeiposten in Magdeburg sollte ein Unschuldiger büßen. Der Gärtner Ernst Jennrich hatte sich am 17. Juni spontan der Demonstration angeschlossen und war zusammen mit seinem siebzehnjährigen Sohn schließlich am Gefängnis Sudenburg angekommen. Dort hatte er angeblich einen Karabiner »erbeutet«, einmal in den Gefängnishof geschossen und das Gewehr anschließend zerschlagen. Anfang August wurde er vom Staatsanwalt des Bezirks Magdeburg angeklagt wegen »Boykott- und Mordhetze gegen demokratische Einrichtungen und Organisationen« und weil er »aus niedrigen Beweggründen (…) vorsätzlich einen Menschen getötet« habe. Er wurde für den Tod eines der drei Posten verantwortlich gemacht, die in der Haftanstalt Sudenburg ums Leben gekommen waren.

Für seine Witwe, Else Jennrich, sind die Vorwürfe ein Komplott. Ihr Mann habe niemanden ermordet, sagt sie. »Ein Sechzehnjähriger, den sie am Gefängnis aufgegriffen haben, hat ihn reingelegt. Er belastete meinen Mann, und die Institutionen hielten ihn für glaubwürdiger. Später hat mir ein Rechtsanwalt berichtet, dass der Junge von irgendjemandem Geld für die Aussage bekommen hat.« Ende August verurteilte das Bezirksgericht Jennrich wegen »Boykotthetze« und »Terror« zu lebenslangem Zuchthaus. Den Mord sah das Gericht allerdings nicht als bewiesen an, weil die »Beweiskette nicht lückenlos« geschlossen war, »um ihn als der Tat überführt anzusehen«. Der Umstand, dass der Totenschein den Tod des VP-Angehörigen auf elf Uhr festlegte, als Ernst Jennrich noch nachweislich mehrere Kilometer vom Tatort entfernt war, dürfte das Gericht milde gestimmt haben.

Das dennoch harte Urteil gegen Jennrich sollte der Abschreckung dienen: »Durch die gegenüber dem Angeklagten verhängte Strafe soll nicht zuletzt erreicht werden, daß in Zukunft allen Provokateuren die Lust vergeht, mit der Waffe in der Hand im Auftrag der amerikanischen und deutschen Monopolisten unsere demokratischen Errungenschaften zunichte zu machen. Diese Strafe (…) wird dazu beitragen, daß es einen 17.6.1953 nicht wieder gibt.« Doch der Staatsanwalt wollte Blut sehen. Er legte Protest ein mit den Worten: »Der Angeklagte ist trotz seiner wortreichen Beteuerungen als Mörder eines dieser drei Menschen überführt« und argumentierte: »Verbrecher dieser Art betrachten eine Strafe auf Lebenszeit als zeitlich begrenzt, weil sie stets mit Regimewechsel und Umsturz rechnen.«

Deutliche Anklage eines politischen Mordes – der Berliner »Tagesspiegel« vom 19. Juni 1953

15 Pfennig auswärts 20 Pfennig

DER TAGESSPIEGEL

UNABHÄNGIGE BERLINER MORGENZEITUNG

RERUM COGNOSCERE CAUSAS

NR. 2362 | BERLIN, FREITAG, 19. JUNI 1953 | 9. JAHRGANG

Sowjetkommandant ermordet Westberliner

Terrorurteil an Willi Göttling vollstreckt – Ausnahmezustand in Potsdam – Aufstandsaktionen von Rostock bis Chemnitz

DT. Berlin. Am Donnerstagmittag gab der sowjetische Militärkommandant in Ostberlin bekannt, daß der Westberliner Willi Göttling „als einer der aktiven Organisatoren" der Unruhen in Ostberlin zum Tode durch Erschießen verurteilt und das Urteil bereits vollstreckt worden sei. Göttling, so heißt es in der Bekanntmachung, habe „im Auftrage eines ausländischen Aufklärungsdienstes" gehandelt.

Willi Göttling Photo: dpa

Das Terrorurteil hat in Westberlin und in der Bundesrepublik Empörung hervorgerufen. Bürgermeister Reuter, der am Donnerstagabend nach Berlin zurückkehrte, hat die Westberliner Kommandanten aufgefordert, unverzüglich bei den Sowjets vorstellig zu werden, damit weitere Erschießungen verhindert werden.

Inzwischen wurde über Potsdam und Babelsberg ebenfalls der Ausnahmezustand verhängt. Von 20 Uhr bis 6 Uhr darf dort niemand auf die Straße. Auch in Chemnitz wurde das Kriegsrecht proklamiert. Aus zahlreichen anderen Städten der Sowjetzone, darunter Brandenburg, Halle, Erfurt, Kottbus, Leipzig, Dresden, Rostock und Warnemünde werden Proteststreiks und Demonstrationen gemeldet. In Magdeburg stürmten empörte Arbeiter das Gefängnis und befreiten mehrere politische Gefangene. Bei Zusammenstößen mit sowjetischen Truppen wurde eine größere Zahl von Demonstranten getötet. In den Jenaer Zeiss-Werken kam es ebenfalls zu einem Aufruhr. Wie der Sowjetzonen-Nachrichtendienst ADN meldet, hat die Belegschaft beschlossen, „die durch die Arbeitsniederlegung entstandenen Produktionsverluste wiederaufzuholen und für die Behebung der entstandenen Betriebsschäden zu sorgen".

Washington (AP). Präsident Eisenhower teilte am Donnerstag mit, daß die Vereinigten Staaten Berlin eine zusätzliche Hilfe von fünfzig Millionen Dollar gewähren werden. „Diese Hilfe", erklärte der Präsident, „soll die Westberliner Wirtschaft stärken und die Bevölkerung in die Lage versetzen, dem großen Druck zu widerstehen, der ständig auf sie ausgeübt wird."

Der Sowjetsektor am Donnerstag

DT. Berlin. Auch nach der Verhängung des Ausnahmezustandes hat sich die Lage im Sowjetsektor nicht entspannt. In den Vormittagsstunden des Donnerstag kam es an verschiedenen Stellen zu neuen Ansammlungen unzufriedener Arbeiter. Sie wurden von Einsatzkommandos der „Volkspolizei" zerstreut. Eine fünfzigköpfige Gruppe vor dem Haus Vaterland am sowjetsektoralen Potsdamer Platz wurde mit Maschinengewehrfeuer auseinandergetrieben. Längs der Sektorengrenze, im „Regierungs"viertel und an anderen wichtigen Punkten des Sowjetsektors lie... ...soldaten mit Feldgeschützen und ... Stellung.

hüllen. Die Bundesregierung hat angeordnet, daß alle öffentlichen Gebäude des Bundes zum Gedenken an die ... lang halbmast flaggen. Der Bundesinnenminister ist beauftragt, die Länderregierungen um einen entsprechenden Erlaß zu bitten. In Westberlin wurden ebenfalls alle Flaggen halbmast gesetzt. Zu Beginn seiner Donnerstagsitzung gedachte der Bundestag der Opfer der Ostberliner Protestaktion.

Westkommandanten schreiben an Sowjets: Scharfe Verurteilung der Militärdiktatur

Berlin (dpa). Die Westberliner Kommandanten ...

Berlin nach der Volkserhebung im Sowjetsektor. In der Ruine des ehemaligen Hotels Fürstenhof am Potsdamer Platz haben sich hoch unter dem Dach Sowjetarmisten eingenistet (linkes Bild). Am Donnerstagvormittag schossen sie von hier nach Westberlin hinein. Das rechte Bild wurde an der Grenze zwischen dem Sowjetsektor und dem Bezirk Wedding aufgenommen. Im Vordergrund gehen Westberliner friedlich ihrer Beschäftigung nach; im Hintergrund sind sowjetische Panzer aufgefahren. Gemeinsam mit „Volkspolizisten" bewachen sie gleichsam ausgestorben daliegende Straßen. Photos: XYZ

Eine Rechnung ist aufgemacht

rg. Wenn nicht alles trügt, werden die letzten Ereignisse in Ostberlin internationale Folgen haben. Gerade die neue Moskauer Taktik der Harmlosigkeit ist dadurch empfindlich getroffen worden: die ganze Atmosphäre, in der diese Taktik vorteilhaft angewandt und günstig aufgenommen wurde, hat sich über Nacht gewandelt. Zweifellos sind sich die Moskowiter darüber sofort klar gewesen, und die Verlegenheit, in die sie infolgedessen gerieten, hat ihnen zunächst Zurückhaltung auferlegt. Wahrscheinlich erschien es ihnen im ersten Entwicklungsstadium des Aufstandes sogar nützlich, wenn sich der ... Welche Situation hätte entstehen können, falls mit dem Dienstagabend alles vorüber gewesen wäre und die roten Truppen am Mittwochmorgen einen seiner offiziell verstatteten oder gebotenen Arbeit ruhig nachgehenden Stadtteil bewacht hätten? Moskau hätte sicherlich aufgeatmet. Im Gefühl der Erleichterung wäre es möglicherweise bereit gewesen, ein paar vorgeschobene „DDR"-Funktionäre einem im ganzen, jedenfalls für den Weltgebrauch, eben doch sowjettreu scheinenden Volke zum ...

liste unter die Lupe nahm, sind ein Drehorgelspieler und ein Beinamputierter unter denen, die angeblich den Sowjetkoloß nahezu zum Einsturz brachten; und die Demonstranten in Magdeburg sind vermutlich von Westberlinern angeführt worden, die von der Autobahn abgewichen waren …

Sympathie und Hilfsbereitschaft für die Opfer, seien sie aus West- oder aus Ostberlin, aber auch für die abgeriegelten Ostberliner allgemein, müssen Wege suchen, um wirksam zu werden. Außerdem aber sind die Interessen Westberlins in einer Weise in Mitleidenschaft ... Unter dem Ausnahmezustand hat der sowjetische Kommandant – Dibrowa heißt die Kanaille; man merke sich den Namen für eine spätere Auslieferungsliste – bereits einen Westberliner erschießen lassen. In Westberlin hingegen wird zur Zeit Nuschke als Kuriosität herumgereicht, nicht etwa als „aktiver Organisator" wie Willi Göttling behandelt. Mit ihren Feuerüberfällen gefährden die roten Mörder fortgesetzt unser Gebiet; von 1945 her kennen wir ...

»Bei dem Aufstand in Berlin starben für die Freiheit« – die Opfer der Tyrannei »Die Zeit« vom 25. Juni 1953

... Volkspolizisten ... geöffnet, ihre Waffen übergeben und die Uniformröcke ausgezogen. „Ich sah, wie Offiziere der Volkspolizei, die

... der Bundeskanzler dieses Ergebnis der zweiten Lesung als eine „schwere Niederlage der Demokratie" bezeichnet hat, weil nach seiner Mei-

In Tyrannos

Bei dem Aufstand in Berlin starben für die Freiheit:

Willi Goettling, geb. 14. 4. 1911, Berlin-Reinickendorf, Berliner Straße 60
Horst Bernhagen, geb. 16. 3. 1932, Berlin SW 68, Jessenstraße 41
Gerhard Santura, geb. 6. 5. 1934, Berlin NW 21, Bochumer Straße 4
Werner Sensitzki, geb. 17. 6. 1937, Berlin N 65, Müllerstraße 33
Rudi Schwander, geb. 3. 8. 1938, Berlin N 4, Anklamer Straße 26
Gerhard Schulze, geb. 8. 9. 1911, Berlin-Steglitz, Leydenstraße 39
Edgar Krawetzke, geb. 16. 3. 1933, Berlin-Charlottenburg, Wielandstraße 13
Dr. Oskar Pohl, geb. 1928, Berlin-Grunewald, Seebergsteig 24

Sie stehen hier für alle diejenigen, die in diesen Tagen zwischen Elbe und Oder fielen und deren Namen nirgends verzeichnet sind.

dem Vordringen der Arbeiter Widerstand entgegensetzten, aus den Fenstern des ersten Stocks ge-... und ...

nung und nach der seiner Partei das Verhältniswahlrecht im jetzigen Stadium eine Aufsplitterung des Bundestages begünstigt, die sowohl die Regie-

Vielleicht ist die Härte des Staatsanwalts mit dem Umstand zu erklären, dass Justizministerin Hilde Benjamin bereits die Ansicht geäußert hatte, die Todesstrafe für Jennrich sei angemessen. Zwölf Tage später hob das Oberste Gericht der DDR das Urteil auf und forderte das Bezirksgericht Magdeburg auf, den Sachverhalt »ohne Wiederholung der Beweisaufnahme« neu festzustellen und den Angeklagten wegen Mordes zum Tode zu verurteilen. So geschah es. Am 20. März 1954 wurde Ernst Jennrich, 42 Jahre alt und Vater von vier Kindern, in Dresden mit einem Fallbeil enthauptet. Auf dem Bestattungsschein steht als Todesursache knapp: »Pneumonie, akute Kreislaufinsuffizienz«.
Für die Witwe Ernst Jennrichs begannen schlimme Zeiten. »Ich war fertig mit dem Leben. Ich wollte den Gashahn aufdrehen und meine Kinder mitnehmen«, rekapituliert sie ihre anfängliche Verzweiflung. Doch sie beschloss durchzuhalten. Auch wenn die DDR-Staatsmacht versuchte, ihr das Leben so schwer wie möglich zu machen. Denn oft wurden Familien quasi in »Sippenhaft« genommen, wenn Mann oder Sohn als »Rädelsführer« verurteilt wurden oder in den Westen geflohen waren. Den Frauen wurde meist die Scheidung von den »Staatsfeinden« nahe gelegt. Wenn das nicht half, drohten die Behörden, die Kinder wegzunehmen. Manchmal wurde die Drohung wahr gemacht. »Ich wurde später von meinem Betrieb, einer Möbelfirma in Neustadt, entlassen«, berichtet Frau Jennrich. »Der Grund: Ich sei für den Betrieb nicht tragbar.« Erst am 20. August 1991 wurde Ernst Jennrich postum rehabilitiert.
Für Joseph Graczynski, den Demonstranten, der eine Scheinerschießung über sich hatte ergehen lassen müssen, dauerte die Todesangst zehn Tage. Nachdem er sich von der makabren Situation halbwegs erholt hatte, begannen die Verhöre im Gefängnis der Staatssicherheit in Hohenschönhausen. Aufrecht müsse er auf dem Stuhl sitzen, herrschten ihn die beiden Stasi-Männer an, die – wie sich Graczynski noch genau erinnert – mindestens acht Meter von ihm entfernt saßen. Vor sich hatten sie eine Akte mit seinen Aussagen aus dem ersten Verhör liegen. Graczynski war erleichtert, dass er sich noch genau an den Wortlaut erinnern konnte, den er einen Tag zuvor verwendet hatte. Er widersprach sich an keiner Stelle. Die Verhöroffiziere verlegten sich aufs Schmeicheln. Er solle doch zugeben, dass er mit Steinen geworfen oder Autos umgestürzt habe. So etwas sei nun einmal vorgekommen. Man werde sich sicherlich in der Gerichtsverhandlung für ihn einsetzen. Graczynski fiel nicht darauf herein und blieb bei seiner Aussage. Jetzt begannen die Offiziere, den Druck zu erhöhen. Hier unter dem Tisch habe man einen Knopf, drohte der eine. Den brauche man nur zu drücken, und schon werde der Häftling abgeholt. »Dann knallt's, und dann waren Sie einmal«, habe der Stasi-Mann ihm gedroht, erinnert sich Graczynski.

Der Betonierer ist stolz, von sich sagen zu können, dass er nicht umfiel. Er fand sogar den Mut, Kollegen, mit deren Namen er konfrontiert wurde, zu verteidigen.

Die Tage der Haft in Hohenschönhausen sind Graczynski als eine endlose Kette von Demütigungen und Drohungen in Erinnerung geblieben. Schnürsenkel und Gürtel waren den Häftlingen abgenommen worden. Beim Essenfassen wurden die Näpfe randvoll gefüllt und derjenige, der sie tragen musste, von einem hinter ihm gehenden Warter getreten. Ohne Schnürsenkel vorwärts stolpernd, verschütteten viele das Essen oder beschmutzen sich. »Die haben sich eine Gaudi daraus gemacht, uns zu erniedrigen«, berichtet Graczynski. »Aus Mangel an Beweisen«, hieß es schließlich, werde er entlassen. Man händigte den Gefangenen noch Rasierapparate aus, wies sie an, dass sie sich herrichten sollten, und dann wurden sie in die Innenstadt gefahren. »Als ich das gehört habe, sind mir die Tränen gekommen«, ist er noch heute bewegt, »da habe ich geflennt wie ein kleines Kind.«

Seine Familie hatte ihn zehn Tage gesucht, ohne irgendeinen Anhaltspunkt zu finden, wo der junge Mann abgeblieben war. Jetzt berichtete er atemlos von seinen Erlebnissen. Vom Interview im RIAS aber hat er vor der Wende niemandem mehr erzählt. »Ich habe immer Angst gehabt, das zuzugeben, und habe diesen Teil der Geschichte sorgfältig ausgespart. Ich habe immer befürchtet, doch noch einen Prozess zu bekommen.«

Angesichts der Härte, mit der die Justiz- und Polizeiorgane von DDR und sowjetischer Besatzungsmacht gegen die Demonstranten vorgingen, taten jene, die eine Schlüsselrolle beim Aufstand gespielt hatten, gut daran, ihre Erlebnisse nicht an die große Glocke zu hängen. Auch Dr. Klaus Konitzer fürchtete während der Wochen nach dem 17. Juni jeden Tag, von der Stasi wegen seiner Teilnahme an den Demonstrationen festgenommen zu werden. »Ich habe mir sogar eine alte Brille meiner Mutter aufgesetzt, damit man mich auf der Straße nicht erkannte«, berichtet er. Er rang lange mit sich, ob er den Staat verlassen sollte, der den Willen der Bevölkerung so brutal erstickt hatte. Ihn beruhigte, dass er die Entscheidung nicht sofort treffen musste. »Man hat immer gesagt, mit 20 Pfennig bist du drüben.« Als er Jahre später dann wirklich gehen wollte, reichten 20 Pfennig nicht mehr, denn den Weg nach Westberlin blockierte die Mauer.

Ralph Schoenhofer, den mutigen Kletterer vom Brandenburger Tor, verurteilte ein russisches Militärgericht in Abwesenheit zum Tode, so dass er den Osten nicht mehr betreten konnte. Er sagt heute, dass er sich nie als Held gefühlt hat. Ganz im Gegenteil, in den ersten Jahren nach dem 17. Juni hatte er sich sogar

»Man wollte mich ausfliegen, die Amerikaner wollten mich bewaffnen. Die Russen versuchten dreimal, mich aus Westberlin zu entführen. Beim dritten Mal hat man sie geschnappt.«
Ralph Schoenhofer, Autoschlossergeselle aus Westberlin

oft gewünscht, er hätte an der Aktion nie teilgenommen. »Oft im Leben ist es besser, wenn man sein Maul hält«, sagt er noch heute. Tatsächlich geriet Schoenhofer in Schwierigkeiten, da seine Aktion auf Fotos festgehalten worden war und er als »Torkletterer« leicht identifiziert werden konnte. In der DDR stand er auf allen Fahndungslisten, und selbst ein kleiner Urlaub nach Westdeutschland gestaltete sich kompliziert, da er immer das Flugzeug nehmen musste, um nicht auf dem Landweg festgenommen zu werden. Auch in Westberlin fühlte er sich lange Zeit nicht sicher, da mehrfach unbekannte Personen in seiner Wohngegend auftauchten und sich nach ihm erkundigten. Wenn er heute zurückschaut, ist seine Bilanz eher nüchtern. »Es ist eben passiert«, sagt er, »einen Vorteil habe ich daraus nie ziehen können, eher nur Nachteile.«
Vorteile haben andere aus den Ereignissen des 17. Juni gezogen. Vor allem einer, von dem man es am wenigsten erwartet hätte: Generalsekretär Walter Ulbricht.

Das Politbüro trat erst am 20. Juni, drei volle Tage nach dem Aufstand, wieder zusammen. Am Folgetag wurde dann – nach Rudolf Herrnstadt auf seine Anregung hin – das Zentralkomitee einberufen. Jetzt wurde Tacheles geredet. Der Verlauf der Debatte sei »durchaus nicht befriedigend«, monierte Anton Ackermann, nachdem sich Grotewohl in einer epischen Rede über die »von Westberlin aus geleitete Kriegsprovokation« ausgelassen und von Gruppen »mit amerikanischen Hemden und diesen Texasschlipsen« fabuliert hatte. Ackermann scheute sich nicht, auszusprechen, wo er die Schuldigen sah: »Wir wissen, dass Dinge geschehen sind und Fehler gemacht worden sind, wofür die Führung der Partei sich vor der Partei, vor der Arbeiterklasse und vor dem Gewissen der internationalen Arbeiterklasse verantworten muss.« Damit konnte niemand anderes gemeint sein als der Generalsekretär Ulbricht selbst.
Fünf Tage später ging die Demontage des Vorsitzenden munter weiter. Wilhelm Zaisser beantragte, Ulbrichts »Sekretariat« durch eine Kommission aus den beiden Parteivorsitzenden und anderen Mitgliedern des Politbüros zu ersetzen. Auf Ulbrichts verständnislosen Blick hin sprang ihm Rudolf Herrnstadt mit der Begründung bei: »Dich, Walter, bändigen können, wenn das nötig sein wird.« Herrnstadt fügte noch an: »Es tut mir Leid, Walter, noch Folgendes sagen zu müssen: Ich habe noch einen zweiten Antrag: Wäre es nicht besser, wenn du die unmittelbare Anleitung des Parteiapparates abgibst?« Ulbricht sei puterrot geworden, erinnerte sich Herrnstadt später. »Wenn du den Antrag nicht gestellt hättest, hätte ich es getan«, erwiderte er trotzig. Damit war der Antrag beschlossene Sache, das Sekretariat des Zentralkomitees aufgelöst und die »Funktion des Generalsekretärs des Zentralkomitees« aufgehoben.

Auf nennenswerten Rückhalt aus Moskau konnte Ulbricht nicht mehr hoffen, denn auch beim Großen Bruder in Moskau hatte der Genosse Generalsekretär nach wie vor schlechte Karten. Zu Ulbrichts sechzigstem Geburtstag am 30. Juni jedenfalls fiel der Glückwunsch knapp aus. Entgegen den ansonsten üblichen Belobigungen der Verdienste des Jubilars wurde lediglich lapidar von Ulbricht als einem »der bekanntesten Organisatoren und Führer der SED« gesprochen.

Am 7. Juli konkretisierten sich im Politbüro die Pläne, Ulbricht endgültig zu stürzen. Wie aus einer handschriftlichen Aufzeichnung aus dem Nachlass Otto Grotewohls hervorgeht, schlug Stasi-Chef Wilhelm Zaisser seinen Kollegen Rudolf Herrnstadt als Nachfolger Ulbrichts auf dem Sessel des Generalsekretärs vor. Der »Neue Kurs« sei mit Ulbricht nicht durchzuführen, habe Zaisser gesagt. Der Generalsekretär müsse vom Parteiapparat ferngehalten werden. Einmal in Rage, fuhr Zaisser fort: »Der Apparat in der Hand Walter Ulbrichts ist eine Katastrophe für die Partei!« Mit seinen mutigen Worten hatte er offenbar vielen seiner Genossen aus der Seele gesprochen. Hans Jendretzky, Maschinenbauminister Heinrich Rau, Anton Ackermann – sie alle stellten sich hinter ihn. Elli Schmidt nahm kein Blatt mehr vor den Mund: »Der ganze Geist, der in unserer Partei eingerissen ist, das Schnellfertige, das Unehrliche, das Wegspringen über die Menschen und ihre Sorgen, das Drohen und Prahlen – das erst hat uns so weit gebracht, und daran, lieber Walter, hast du die meiste Schuld«, sagte sie offen, wie sich Rudolf Herrnstadt später erinnerte. Und weiter: »Es geht nicht gerecht zu, Walter. Wer dir zum Munde redet und immer hübsch artig ist, der kann sich viel erlauben. Honecker zum Beispiel, das liebe Kind. Aber wer dir nicht zum Munde redet, der bekommt keine Hilfe und kann sich totarbeiten, und es wird nicht anerkannt. Und wehe gar, es passieren Fehler.«

Rudolf Herrnstadt lehnte die ihm angetragene Aufgabe ab, Generalsekretär zu werden, schlug sich aber ebenso auf die Seite der Kritiker wie Fred Oelßner, der bis dahin eher Parteigänger Ulbrichts gewesen war. Lediglich Hermann Matern, Chef der Zentralen Parteikontrollkommission, und der junge Erich Honecker hielten die Fahne des angeschlagenen Ersten Mannes der Partei hoch. Man könne doch nicht Ulbricht allein verantwortlich machen, klagte Honecker in gewohnter Klassenerstenmanier. Ulbricht würde ihm diesen Beistand in schweren Stunden nie vergessen.

Der Generalsekretär hatte in seinem politischen Leben schwerere Stunden durchgestanden. »Walter Ulbricht war nicht der Typ, der aufgab«, sagt Grotewohls früherer Referent Fred Stempel. »Er war zwar schnell beleidigt, aber geschlagen gab er sich nie.«

»Die Parteiführung ging auf die Linie, den 17. Juni vor der Öffentlichkeit ausschließlich oder fast ausschließlich als faschistische Provokation zu behandeln. Das rief den Widerstand der überwältigenden Mehrheit der Parteimitgliedschaft hervor, die schon vor dem 17. Juni darüber beunruhigt war, daß die Lage in der Partei nicht offen und klar erörtert worden war, und die die Aussicht als unerträglich empfand, daß dies auch jetzt nicht geschehen würde.«

Rudolf Herrnstadt zur Situation Ende Juni in seinem »Herrnstadt-Dokument«

Geschmeidig wandte sich der Generalsekretär einem Kritiker nach dem anderen zu. Gab hier Recht, korrigierte andere sacht und gelobte Besserung. Unverrichteter Dinge gingen die Mitglieder des Politbüros auseinander, als die Sitzung geschlossen wurde, weil Ulbricht und Grotewohl wegen »wichtiger Nachrichten« nach Moskau beordert wurden. Die Chance, die sie an diesem Tag versäumt hatten, sollte nicht wiederkehren.

Entschieden wurde das Schicksal Walter Ulbrichts in Moskau, und es ist die Tragik der Volkserhebung des 17. Juni, dass sie demjenigen, gegen den sie sich ausdrücklich gerichtet hatte, die Macht erhielt. Ulbrichts Position war wohl nie so schwach gewesen wie in den ersten beiden Wochen des Juni 1953. Valentin Falin berichtet heute, es sei fest vorgesehen gewesen, Ulbricht zu stürzen. »Es gab sogar bereits ein Datum im Juli, wann diese Absetzung stattfinden sollte, und als Nachfolger waren mehrere Personen in der Überlegung. Grotewohl, Stoph oder ein jüngerer Genosse aus der SED-Führung.« Was ihn schließlich rettete, war der banale Faktor Zeit.

Walter Ulbricht gelang es – wohl kaum wissentlich –, sich so lange gegen die Widersacher in den eigenen Reihen zur Wehr zu setzen, bis sein entschlossenster Gegner auf russischer Seite, Geheimdienstchef Lawrentij Berija, selbst Opfer eines innerparteilichen Kampfes geworden war. Bereits einen Tag nach dem Aufstand wurde in einer Zeitung berichtet, der sowjetische Generalstaatsanwalt Safronow habe Berijas Polizeiapparat kritisiert. Wenige Tage später bemerkten aufmerksame Beobachter, dass der Geheimdienstchef bei einem öffentlichen Auftritt fehlte. Am 10. Juli war dann klar: Lawrentij Berija, der nach Stalins Tod wegen seiner Skrupellosigkeit als aussichtsreichster Nachfolgekandidat gehandelt worden war, hatte das Spiel verloren. In prangenden Lettern berichtete die »Prawda«, Ministerpräsident Malenkow habe dem Zentralkomitee von »verbrecherischen und staatsfeindlichen Handlungen« des Geheimdienstchefs berichtet. Als die Öffentlichkeit davon erfuhr, war Berija längst geschasst. Schon am 26. Juni war er verhaftet worden, am 23. Dezember 1953 wurde er liquidiert.

Lawrentij Berija stürzte nicht über seine Deutschlandpolitik. Ein Großteil der gegen ihn erhobenen Anschuldigungen war lediglich vorgeschoben. »Mit irgendwelchen außenpolitischen Absichten hatte Berijas Verhaftung nichts zu tun«, sagt Chruschtschows Sohn Sergej heute. Der Geheimdienstchef hatte sich zum neuen Alleinherrscher aufschwingen wollen, und seine Rivalen wussten, dass Berija nicht lange fackelte. »Alle hatten vor Berija Angst, nicht nur mein Vater«, sagt Sergej Chruschtschow. »Sie hatten alle sehr wohl verstanden, dass Berija sie früher oder später würde umbringen lassen.«

Berijas Ende war der Aufwind, der Walter Ulbricht kurz vor seinem totalen Absturz auffing. Die Sieger in Moskau beschlossen, das Pferd nicht in der Schlacht zu wechseln. Heute wissen wir: Der Aufstand des 17. Juni hatte die Herren im Kreml stärker beunruhigt, als lange angenommen wurde. Einen Tag nach den Unruhen in Berlin hatte sich die polnische Staatsführung äußerst besorgt geäußert, dass die »provokativen Ereignisse« auch auf ihr Land übergreifen könnten. Nicht ohne Grund, denn tatsächlich kam es am 4. Juli zu Unruhen im polnischen Bergbau. Und auch aus der DDR gingen noch während der gesamten zweiten Julihälfte Nachrichten über Arbeitsniederlegungen und Beschwerden ein. Was der Kreml nun brauchte, war schlichtweg Ruhe, und die konnte man, so die Meinung der russischen Regierung, am besten mit Bewährtem erreichen. Der angeschlagene Generalsekretär Ulbricht solle Chef bleiben, das Kollektiv der Parteiführung solle in seiner Bedeutung aber aufgewertet werden, so die laue Order aus Moskau. Das reichte für Ulbricht. Er wusste, dass das seine letzte Chance war und dass es an der Zeit war, in die Offensive zu gehen. Am 14. Juli war es so weit.

Der Erste, der stürzte, war Justizminister Max Fechner, der für einen gerechten und moderaten Umgang mit den »Vergehen« des 17. Juni plädiert hatte. Fechner wurde »partei- und staatsfeindlichen Verhaltens« bezichtigt, abgesetzt, aus der Partei ausgeschlossen und verhaftet. Jetzt war der Stein ins Rollen gebracht. Es konnte kein Zweifel daran bestehen, wer als Nächster würde dran glauben müssen. Als verlese er eine Kopie der Anklageschrift gegen Berija, beschuldigte Ulbricht Stasi-Chef Wilhelm Zaisser, versucht zu haben, sich mit dem Ministerium für Staatssicherheit über die Partei zu erheben; Rudolf Herrnstadt habe im »Neuen Deutschland« eine »kapitulantenhafte Auffassung« gezeigt.

Er habe keine »Plattform« gegen den Generalsekretär gebildet, beteuerte Rudolf Herrnstadt verzweifelt. Aber nein, Ulbricht müsse ihm doch bescheinigen, dass er »es immer gut gemeint habe«. Alles Bitten half nichts, zumal es keiner der übrigen Anwesenden wagte, dem Bedrängten beizustehen. Sie wussten, wie die Mechanismen stalinistischer Säuberungen funktionierten. Wer sich jetzt nicht unauffällig verhielt, würde als nächster vom Bannstrahl getroffen werden. Herrnstadt und Zaisser flogen aus dem Politbüro, Zaissers Ministerium für Staatssicherheit wurde dem Innenministerium einverleibt. Auch Anton Ackermann, Hans Jendretzky und Elli Schmidt, die sich in den vergangenen Sitzungen hinter Zaisser und Herrnstadt gestellt hatten, mussten das höchste Parteigremium verlassen.

Das 15. Plenum des Zentralkomitees segnete brav alle personellen »Änderungen« ab. Otto Grotewohl forderte optimistisch auf, nun mit der »Kopfhängerei« Schluss zu machen. Es war ja auch zu leicht, nun Schuldzuweisungen zu treffen, da man immer diejenigen bezichtigen konnte, die von der Partei zum Sündenbock erklärt worden waren: So hatten angeblich die Sicherheitsorgane des geschassten Wilhelm Zaisser versagt. Ulbricht fügte wenig überraschend noch die »kapitulantenhafte« Politik in einigen Aufsätzen des »Neuen Deutschland« an. Ja – die »Gruppe Herrnstadt/Zaisser« habe ohnehin in Verbindung mit Berija gestanden, den er im gleichen Aufwasch bezichtigte, eine »Restauration des Kapitalismus« geplant zu haben. Die Schuldigen waren gefunden, das Leben konnte weitergehen.

Die Abstriche, die Ulbricht selbst machen musste, waren kaum der Rede Wert. Er bekannte »freiwillig« Fehler in der Parteiführung und musste, was ihn wohl am meisten gewurmt haben dürfte, den Titel »Generalsekretär« in das bescheidenere »Erster Sekretär des Zentralkomitees« abändern.

Nach allem, was wir heute über die Auseinandersetzungen im Politbüro wissen, war auch Rudolf Herrnstadt keine wirkliche Alternative zu Walter Ulbricht. Kaum weniger stalinistisch orientiert als Ulbricht selbst, war es gar nicht seine Absicht, den Generalsekretär vom Thron zu stürzen. Er selbst hat zeit seines Lebens vehement bestritten, dass so etwas wie eine »Plattform« Herrnstadt/Zaisser überhaupt existiert habe – und wahrscheinlich gab es sie in diesem Sinne auch nicht. Dennoch: Auch wenn die beiden Politiker nach Aktenlage nicht der verlängerte Arm Berijas nach Ostberlin waren, vertraten sie doch eine ähnliche Linie und wussten um die Rückendeckung durch den sowjetischen Geheimdienstchef.

Herrnstadt, Zaisser und weitere Mitglieder des Politbüros hatten erkannt, wohin der Weg Walter Ulbrichts den Staat führte. Es wäre an ihnen selbst gewesen, den ungeliebten Spitzenmann zu entmachten. Und zu keinem Zeitpunkt wäre es so leicht gewesen, den Mann, in dessen Starrsinn viele das Grundübel des maroden Staates sahen, durch eine flexiblere und halbwegs offene Person zu ersetzen. In dieser Phase, in der er keinen Rückhalt in Moskau hatte, hätte ein wenig Entschlossenheit gereicht, um Ulbrichts Machtstreben auszuhebeln. Doch denjenigen, die es hätten übernehmen können, Walter Ulbrichts Karriere zu beenden, hatte der politische Biss gefehlt. Unter den Kritikern war keiner, der wagte, Königsmörder zu werden. Walter Ulbricht stieg wie Phoenix aus der Asche aus den Trümmern seiner katastrophalen Politik.

Ein Aufstand des Volkes

»Der 17. Juni wird zu einem Heldenepos erhoben oder als Moritat verteufelt«, sagt der ehemalige SED-Funktionär Heinz Brandt in seinen Lebenserinnerungen. Tatsächlich: Wie kaum ein anderes Datum der deutschen Geschichte hat der 17. Juni nie einfach historisches Ereignis sein dürfen. Er wurde zum Spielball der Propagandaschlacht des Kalten Krieges, noch ehe die Beteiligten die Chance gehabt hatten, der Wahrheit zum Durchbruch zu verhelfen. Im Osten zum »Tag X«, zum konterrevolutionären Putsch oder gar zum faschistischen Umsturzversuch verdreht, schossen auch die Ausdeutungen des Westens vielfach über das Ziel hinaus – etwa bei der Einschätzung, wie gewalttätig die russischen Truppen gewesen seien. Auch die Interpretation, die Aufständischen in der DDR hätten den unbedingten Anschluss an die Bundesrepublik gefordert, trifft nicht den Kern der Sache. Zwar hätten »Freie Wahlen«, welche die Demonstranten auf ihren Plakaten gefordert hatten, mit hoher Wahrscheinlichkeit dazu geführt; gleichwohl gab es inzwischen in der DDR aber schon viele, die mittlerweile Kinder ihres Staates waren und seine Gesellschaftsform auch erhalten wollten. Sie waren freilich in der Minderheit und würden es auch bleiben.

In der polemischen Gemengelage des Kalten Krieges ist eine gerechte Würdigung des 17. Juni somit auf der Strecke geblieben. Die Forderungen der Aufständischen – die wirtschaftlichen wie die politischen – verschwanden allzu oft hinter der Instrumentalisierung der Ereignisse für den einen oder den anderen Block. Zwei Tatbestände haben diese Entwicklung enorm erleichtert. Einmal tat die SED-Führung alles in ihrer Macht Stehende, um die reinen Fakten zu verschleiern. Über fast vier Jahrzehnte war einfach zu wenig über den Ablauf des 17. Juni und seiner Folgetage bekannt gewesen. Noch heute klaffen enorme Lücken in der Aufarbeitung, da erst nach der Wende damit begonnen werden konnte, die einschlägigen Akten zu sichten und zu interpretieren. Nach 36 Jahren waren viele maßgeblich handelnde Personen bereits verstorben, andere bemühten sich angesichts der veränderten politischen Lage, ihr eigenes Tun nach Kräften zu beschönigen. So wird sich die Forschung, was den 17. Juni angeht, wahrscheinlich damit abfinden müssen, dass vieles wohl nie vollständig aufgeklärt werden kann. Aber auch der ungeordnete, ja vielfach chaotische Ablauf des Aufstandes hat dazu beigetragen, dass sich jede der beiden Seiten das jeweils Gefällige herauspicken und in den Vordergrund stellen konnte. Tatsächlich – es hat die Randalierer gegeben, die in den Straßen Fensterscheiben zertrümmerten und Autos in Brand steckten. Sie waren Wasser auf den Mühlen der SED, die den 17. Juni zu einem Krawalltag asozialer Rowdies interpretierte. Und es hat die geordneten Streikleitungen in einigen Betrieben gegeben, die ihre politischen Forderungen zu Papier brachten, wie die westliche Berichterstattung immer wieder hervorhob.

Doch am 17. Juni gab es nicht nur Schwarz und Weiß, es gab viele Facetten, es gab – wie bei nur wenigen anderen historischen Ereignissen – eine ungeheuerliche Bandbreite von Entwicklungen an ein und demselben Tag. Die Forderungen, die parolenartig auf den Demonstrationen gerufen wurden oder auf Plakaten den Marschierenden vorangetragen wurden, haben jedoch weitgehend übereingestimmt. Gleich, ob in Ostberlin, ob in Görlitz oder in Halle: Die Demonstranten forderten die Rücknahme der Normenerhöhungen, sie forderten den Rücktritt der SED-Führung, und sie forderten die Einheit in Freiheit!

Doch wie weit Deutschland von dieser Einheit entfernt war, hat wohl kaum ein Tag so deutlich gezeigt wie der 17. Juni 1953.

Die Kontrollen an den Sektorengrenzen, die in den Tagen nach dem Juniaufstand verschärft worden waren, lockerten sich relativ rasch wieder. Doch die Demarkationslinien, an denen die Panzer bremsten und die Zuschauer aus dem Westen Posten bezogen, hatten eine neue Bedeutung erfahren. Die Stadt war geteilt, nicht mehr und nicht weniger als seit Jahren schon. Aber zum ersten Mal war den Bewohnern Berlins tatsächlich vor Augen geführt worden, was diese Teilung bedeutete. Der West- und der Ostteil gehörten nicht mehr zusammen. Acht Jahre, bevor sie gebaut wurde, war der erste Stein zur Berliner Mauer gelegt.

Wie weit die später viel zitierte »Mauer in den Köpfen« bereits gediehen war, konnte man wenig später auch auf den Wahlzetteln Westdeutschlands ablesen. Als drei Monate später die Bevölkerung der Bundesrepublik zur Bundestagswahl antrat, hatten viele Konservative befürchtet, die Ereignisse des 17. Juni würden Konrad Adenauer und seiner Partei die Wähler abspenstig machen. Doch die Bundesbürger entschieden anders. Während die SPD eine empfindliche Niederlage einstecken musste, bestätigte das Wahlergebnis deutlichst den alten Kanzler und seine Politik der Westintegration. Nicht zuletzt half ihm die elementare Furcht vor Sowjetpanzern, die die Straßen Ostberlins am Nachmittag des 17. Juni beherrscht hatten.

In der Deutschen Demokratischen Republik fand der Alltag überraschend schnell in seinen gewohnten Rhythmus zurück. Brachen auch während der verbleibenden Juniwochen immer wieder kleine Protestaktionen durch, beruhigte sich die Lage in der DDR im Juli und August merklich. Maßnahmen der Regierung taten das ihrige, um die Wogen zu glätten.

Die Zwangskollektivierung der Landwirtschaft wurde dem »Neuen Kurs« entsprechend zunächst zurückgestellt und den Kirchen gegenüber größere Toleranz gewährt. Anträge auf »Interzonenpässe« und Aufenthaltsgenehmigungen zur Einreise in die Bundesrepublik wurden schneller erteilt, so dass sich die DDR-Bürger für einige Monate einer weitgehenden Reisefreiheit erfreuen konnten. Und vor allem: Die Förderung der in den letzten Monaten katastrophal vernachlässigten Konsumgüterindustrie hob den Lebensstandard in der DDR merklich an. Die SED-Führung hatte erkannt, dass sie in vielerlei Hinsicht das Maß überzogen hatte. Man war mit einem blauen Auge davongekommen, noch einmal durfte sich ein solcher Druck in der Bevölkerung nicht aufbauen.

Und so kam es, dass auf wundersame Weise lange vermisste Waren in den Schaufenstern auftauchten. Die HO-Läden senkten ihre Preise, und die unteren Lohngruppen in den volkseigenen Betrieben erfreuten sich ab jetzt höherer Bezüge genauso wie auch die Rentner. Diese und andere erleichternde Maßnahmen sollten dämpfen und beruhigen – und sie verfehlten ihr Ziel nicht. Ende August strich die Sowjetunion zudem die noch ausstehenden Reparationsleistungen vom Jahre 1954 ab und überredete die polnische Regierung, sich diesem Schritt anzuschließen. Gänzlich aus ihren Verpflichtungen entlassen aber war die DDR noch immer nicht. Sowjetisch kontrollierte Industriebetriebe, wie der Uranbergbau Wismut, hatten auch weiterhin ihre Abgaben zu zahlen.

Um der angeschlagenen DDR-Regierung mehr Sympathien im Volk zu verschaffen, ließ die Moskauer Führung sogar 12 000 deutsche Kriegsgefangene in die DDR zurückkehren, die noch immer in sowjetischen Lagern festgehalten worden waren. Doch alle diese »Wohltaten« glätteten lediglich die Wogen. Ein wirklicher Kurswechsel fand nicht statt und würde in den nächsten 36 Jahren auch nicht mehr stattfinden. Schon Ende Juni 1953 betonte das 15. Plenum des Zentralkomitees zwar den »Neuen Kurs«, gleichzeitig aber wurde auch verkündet, es sei richtig gewesen, »dass unsere Partei Deutschland auf den Weg des Sozialismus führte und in der Deutschen Demokratischen Republik mit der Errichtung der Grundlagen des Sozialismus begann. Diese Generallinie der Partei war und bleibt richtig.« Kaum ein Jahr später tönte Walter Ulbricht bereits wieder auf dem vierten Parteitag der SED, die DDR sei »nunmehr zur Schaffung der Grundlagen des Sozialismus übergegangen«. Im Sommer 1955 ver-

»Wieder im Sattel« – Ulbricht und Oelßner gratulieren Grotewohl zum 60. Geburtstag. 11. Mai 1954

Die »Sieger« des 17. Juni – Ulbricht, Chruschtschow und Grotewohl kündete er zum Thema »Neuer Kurs« gar: »Wir hatten niemals die Absicht, einen solchen falschen Kurs einzuschlagen, und werden ihn niemals einschlagen!«

Doch trotz solch markiger Sprüche schwenkte die Führung nach dem 17. Juni nicht auf die ausgetretenen Pfade der Zeit vor dem Aufstand ein. Ulbricht und Genossen zogen aus diesem Tag eine Lehre, die das Staatsgefüge der DDR bis zu seinem Untergang prägen sollte. Die SED-Oberen hatten den 17. Juni nicht kommen sehen. Quasi über Nacht hatte sich das Volk in ihren Augen von einer Masse braver Mitläufer in eine unberechenbare brodelnde Masse verwandelt. Trotz aller Warnungen von Seiten des Großen Bruders hatten die DDR-Politiker die Kraft des eigenen Volkes enorm unterschätzt. Um zu verhindern, dass sich ein solches Katastrophenszenario wiederholte, schuf sich die SED-Führung im Ministerium für Staatssicherheit ein schlagkräftiges Instrument.

»Die SED festigte systematisch ihre Position. Mit Hilfe der Staatssicherheit und deren Terror stellte sie ihre Macht wieder her. Dieser und jener verschwanden einfach. Erst anhand der Berichte über Prozesse erfuhr man, wie viele verhaftet worden waren, und dies stellte die alte gedrückte Stimmung wieder her.«
Fritz Schenk, DDR-Planungskommission

Mit dem Sturz Wilhelm Zaissers wurde das MfS unter Führung von Ernst Wollweber in das Innenministerium eingegliedert. Nachdem der ehemalige Leiter von der Bildfläche verschwunden war, war es ein Leichtes, ihm alle Versäumnisse in die Schuhe zu schieben. Zaissers MfS habe es nicht geschafft, so der vielfach geäußerte Vorwurf, »die Vorbereitungen des faschistischen Putsches in Berlin und anderen Städten und Industriezentren der DDR aufzudecken«. Eine enorme Aufstockung an Mitteln und Menschen für das MfS sollte eine Wiederholung einer solchen Schlappe verhindern. Binnen zweier Jahre vergrößerte sich die Stasi von bisher 4000 auf nunmehr 9000 Mitarbeiter. Zuletzt sollten 85 000 offizielle und über 100 000 inoffizielle Mitarbeiter in den Diensten der Stasi stehen.

Mittel standen – trotz nach wie vor prekärer Wirtschaftslage – nach dem 17. Juni plötzlich fast unbegrenzt zur Verfügung. »Deren Anforderungen an Material, an Uniformen, Gebäuden und so weiter wurden überhaupt nicht mehr geprüft«, erinnert sich Fritz Schenk, »sie haben grundsätzlich alles bekommen.« Als »Schild und Schwert« der Partei entwickelte sich die Stasi zu jenem perfiden Unterdrückungsapparat, als der sie zu trauriger Berühmtheit gelangte. Für 36 Jahre würde der Überwachungsstaat der SED seine Bewohner im Griff haben. Das System von Spitzelei und Denunziantentum würde die Gesellschaft der DDR noch über deren Ende hinaus belasten. Viele, die am 17. Juni – ob zufällig oder nicht – an den Schaltstellen des Aufstandes standen, gerieten in den Tagen danach ins Fadenkreuz der Schnüffler.

Auf Hildegard Nikodemski, die Sekretärin, die die Resolution der Bauarbeiter am 16. Juni abgetippt hatte, war die Stasi schnell aufmerksam geworden. Sie

»Verschwörer« – der ehemalige Minister für Staatssicherheit, Wilhelm Zaisser. Mit ihm muss auch Rudolf Herrnstadt, der Chef des »Neuen Deutschland«, gehen.

war zunächst erleichtert, als ihr ein Mitarbeiter der Staatssicherheit mitteilte, man werde sie nicht belangen. Der Preis allerdings, den sie dafür zahlen sollte, erschreckte sie. »Ich sollte im Büro und anderswo die Ohren offen halten«, berichtet sie, »und ich sollte mich regelmäßig mit ihnen treffen und erzählen, was in der Bauleitung besprochen wurde.« Ungeachtet des Entsetzens fuhr der Stasi-Mann freundlichst fort, man würde doch sicherlich Freundschaft schließen, und materiell würde ihr das »Engagement« sicherlich nicht zum Schaden gereichen. Hildegard Nikodemski hat sich gegen ein Leben als Spitzel entschieden. Noch 1953 haben sie und ihr Mann die DDR verlassen.

Die Absicherung durch den Spitzelapparat der Staatssicherheit allein aber genügte der SED-Führung noch nicht. Zwar wurde die forcierte Planung zur Aufstellung einer Armee zunächst zurückgefahren, dafür aber machte die DDR nun auch mit Waffeneinsatz mobil gegen ihre eigenen Bürger.

Schon am 17. Juni hatten die SED-Organe die »Zuverlässigen« unter den Arbeitern herausgepickt und aus ihnen einen so genannten Arbeiter-Betriebsschutz gebildet. Die anfänglich noch losen Gruppen wurden alsbald straff organisiert und erhielten unter der Bezeichnung »Kampfgruppen der Arbeiterklasse« sogar Kleinkalibergewehre. Für den Fall der Fälle, so die Überlegung, hätte die Partei nun einen verlängerten Arm innerhalb der Betriebe, der sofort würde zuschlagen können.

Schon im Juli 1953 begann die Ausarbeitung von Notfallplänen für alle Einheiten der Kasernierten Volkspolizei. Die Mitglieder der KVP hatten ihre erste Bewährungsprobe bestanden. Zwar wäre ihr Einsatz ohne die Russen gescheitert, doch hatten die meisten Polizisten die Befehle ohne weiteres Hinterfragen ausgeführt. Nach dem Aufstandstag allerdings scheinen einigen doch Zweifel an der Richtigkeit ihres Tuns gekommen zu sein, nicht zuletzt wegen der überall spürbaren Wut der Bevölkerung auf uniformierte Einheiten. In Berlin wurde eine außerordentlich hohe Zahl an Desertionen registriert. Die Bereitschaft Prenzlau meldete in den ersten vier Wochen nach dem Einsatz drei Suizidversuche. Dennoch – durch eine Neuorganisation der Truppen sollte auch die KVP nach dem Willen der SED zu einem schlagkräftigen Instrument in den Händen der politischen Führung werden. Das gesamte Staatsgebiet wurde nun in Einsatzbereiche für bestimmte KVP-Einheiten aufgeteilt, und konkrete Handlungsanweisungen, beispielsweise für die Munitionsausgabe, wurden vorbereitet. Vier gesondert aufgestellte Volkspolizeibereitschaften sollten »auf der einen Seite Ausbildungsstätte für die Heranbildung qualifizierter VP-Angehöriger sein (…) und auf der anderen Seite Reserven für Vorfälle ähnlicher Art wie der 17. Juni darstellen«.

Um der grassierenden Fahnenflucht unter den KVP-Männern Herr zu werden, ließ die Obrigkeit die eine oder andere Vergünstigung springen. Wenn man die Polizisten schon mit Worten nicht überzeugen konnte, würde man mit materiellen Zuwendungen vielleicht erfolgreicher sein. So verfügte man beispielsweise für den Standort Eggesin: »Erweiterung des Handelsnetzes durch das Ministerium für Handel und Versorgung, Eröffnung neuer Lebensmittel- und Industriewaren-Verkaufsstellen in Eggesin und Torgelow, die rechtzeitig mit allen Lebensmitteln und Industriewaren beliefert werden, breite Entfaltung des Handels mit Obst und Gemüse auch unmittelbar in den Siedlungen bei den Garnisonen der Kasernierten Volkspolizei.«

Die Angehörigen der Truppen wurden der »normalen« Bevölkerung durch diese offensichtliche Bevorzugung immer weiter entfremdet, doch konnte dies in Anbetracht der Verwendung, die die SED-Führung für die Truppen vorsah, nur im Interesse der Verantwortlichen sein. Vier Jahre später skizzierte Erich Honecker, mittlerweile zuständig für die Militär- und Sicherheitspolitik der SED, die Ziele dieser Anstrengungen: »Wir tragen eine große Verantwortung dafür, dass die bewaffneten Kräfte unserer Arbeiter- und Bauern-Macht (...) zu jeder Zeit in der Lage sind, mit den ihnen zur Verfügung stehenden Kräften die Ruhe und Ordnung sicherzustellen und eventuelle Provokationen im Keime zu ersticken, zu unterdrücken und zu zerschlagen.«

Zum Programm der »Disziplinierung der Gesellschaft« gehörte es auch, die Informationswege abzuschneiden, derer sich die DDR-Bürger bislang bedient hatten. Als Erstes bekam dies der RIAS zu spüren, der für den Verlauf des 17. Juni eine so bedeutsame Rolle gespielt hatte.

Die Führungen von SED und russischer Militärverwaltung hatten sehr wohl verstanden, wie sehr die DDR-Bürger auf die »Freie Stimme der Freien Welt« gehört hatten. Auch ohne das Wort »Generalstreik« hatten viele den Tenor des RIAS als Aufforderung verstanden. Die oft sehr emotionalen Kommentare der Redakteure vermittelten auch denen, die am Geschehen nicht unmittelbar teilnahmen, das Gefühl, dass hier etwas ganz Großes im Gange war. Vor allem aber hatte der RIAS den Flächenbrand in die DDR hinausgetragen. »Wir waren uns dessen nicht bewusst«, sagt der damalige Chefredakteur Egon Bahr heute. »Wir hatten keine Ahnung, welche explosive Wirkung das RIAS-Programm hatte.«

Der RIAS ist nicht überall der auslösende Funke gewesen. Störsender in der DDR taten das ihrige, um in weiter entlegenen Regionen, wie zum Beispiel in Görlitz, eine Übertragung zu erschweren. Über Mundpropaganda dürften die Mitteilungen des »Rundfunks im amerikanischen Sektor« aber auch hier ihre Adressaten erreicht haben. Die Übertragung der Berliner Ereignisse auf die

Zone innerhalb einer Nacht ist die Sache des RIAS gewesen, so darf man sicherlich ohne Übertreibung sagen, wenn auch die Deutungen des Sowjetorgans »Tägliche Rundschau« vom 19. Juni ihrer Grundlage entbehren. »Die westlichen Organisatoren der Provokation«, hieß es da, »versuchten ununterbrochen, das Vorgehen der auf der Straße Versammelten zu leiten. So gab zum Beispiel der RIAS den Demonstrationsteilnehmern pausenlos Direktiven, wie sie vorgehen müssen.« Der RIAS hat sicherlich nicht »aufgewiegelt«, wie die SED-gesteuerten Organe immer wieder behaupteten. Ganz im Gegenteil hat der Sender sogar stets zur Besonnenheit aufgerufen. So hatten die RIAS-Redakteure beispielsweise an die Nachricht von der Verhängung des Ausnahmezustands die Warnung angehängt: »Wir wiederholen angesichts dieser Situation unseren mehrfach dringend gegebenen Hinweis, sich jeder Handlung gegen die sowjetische Besatzungsmacht zu enthalten. Dieser Hinweis liegt im ureigensten Interesse der Bevölkerung.«

Der RIAS leitete die Informationen aber in einer Schnelligkeit in die Städte der DDR weiter, die kein anderes Verbreitungsmittel erreicht hätte. Für die Zukunft, so der Wille der SED-Führung, würde so etwas unterbunden werden. Ende September 1953 gab Wladimir Semjonow der SED-Führung den »Rat«, eine Abteilung zur Kontrolle des RIAS einzurichten. Und der sowjetische Hohe Kommissar hatte sich auch gleich rundfunktechnisch kundig gemacht, wie der subversive Einfluß des amerikanischen Senders unterbunden werden könnte: »Nach dem Gutachten unserer Spezialisten ist es auch jetzt möglich, in der DDR billige und schön aufgemachte Radioempfänger mit einer Knopfeinstellung (fixiert) herzustellen.« Zwar wurde diese Idee nicht in die Tat umgesetzt, doch sorgten genügend Spitzel dafür, dass das »RIAS-Hören« in Zukunft zu einem nicht unerheblichen Risiko wurde.

Die SED hatte ihre Lektion gelernt. So muss wohl festgehalten werden, dass der 17. Juni, der die »Freiheit« gefordert hatte, genau das Gegenteil erreichte: Der Schraubstock der Diktatur zog sich nach diesem Tag noch ein erhebliches Stück fester. Manche sehen sich dadurch noch heute in der Argumentation bestärkt, es seien die Aufständischen des 17. Juni selbst gewesen, die eine Liberalisierung des Systems verhindert hätten. Es ist eine zynische Interpretation, die diejenigen verhöhnt, die an diesem Tag ihr Leben riskierten. Es war sicherlich nicht der Juniaufstand, der die DDR-Führung zwang, ihr eigenes Volk in Ketten zu legen. Doch es ist eine traurige Ironie der Geschichte, dass er eine Entwicklung, die im System der DDR angelegt war, auf fatale Weise beschleunigt hat.

Für Ulbricht und seine Parteigenossen blieb der Tag ein Trauma, das sie noch

über Jahre verfolgte. »Sie hatten dem Widerstand nachgegeben«, urteilt Egon Bahr, »und in diesem Moment war der Deckel bereits vom Kessel geflogen. Und die Lehre, die die Führung daraus zog, war: Nie mehr dem Druck nachgeben, sonst fliegt uns der ganze Laden um die Ohren.« Der neue Stasi-Chef Ernst Wollweber erinnerte sich in seinen Memoiren später: »Bei allen Besprechungen, die die Sicherheit des Staates betrafen, merkte ich, dass ihm [Walter Ulbricht] der Schreck des 17. Juni 1953 noch in den Knochen saß (…) Ich hatte die ganze Zeit mit der Schwierigkeit zu tun, dass er immer etwas Unheilvolles sah, das uns bevorsteht.«

Alljährlich vor dem 17. Juni machte sich innerhalb der Parteiführung Panik breit, überall witterte man Aktionen und Verschwörungen, die just am Jahrestag des Juniaufstandes ausbrechen würden. Manche SED-Oberen verfolgte der Juni '53 noch bis zum Ende der DDR im Jahre 1989. So fragte Erich Mielke angesichts der Flüchtlingswelle des Sommers '89 besorgt: »Ist es so, dass morgen der 17. Juni ausbricht?« Obwohl über die Hälfte des SED-Führungspersonals

»Völkerfreundschaft« – Treffen zwischen ostdeutscher und sowjetischer Führung in Moskau, Juli 1956

> „Der Schock des 17. Juni fuhr Partei und Staatssicherheit so tief in die Knochen, dass bis zum Ende der DDR an diesem Tag immer Sonderbewachung und Sondersicherheitsmaßnahmen aufrecht erhalten wurden."
> *Fritz Schenk, DDR-Planungskommission*

> „Wir müssen feststellen, dass es uns bis jetzt nicht gelungen ist, nach dem Auftrag des Politbüros die Hintermänner und die Organisatoren des Putsches vom 17. Juli festzustellen."
> *Ernst Wollweber, Staatssekretär für Staatssicherheit, auf einer Dienstkonferenz im Dezember 1953*

auf den unteren und mittleren Ebenen des Apparats noch in den Monaten nach dem Aufstand ausgewechselt worden waren, misstraute die Führungsriege weiterhin den eigenen Genossen. Noch Jahre nach dem Juniaufstand wurde bei Personalentscheidungen in der SED hinterfragt, wo der Anwärter auf ein Amt am 17. Juni 1953 gewesen sei. Die politischen Führer der Deutschen Demokratischen Republik hatten gesehen, wie schmal der Grat war, auf dem sie wandelten, und sie hatten ihrem politischen Ende ins Auge geblickt. Einen Wimpernschlag, nicht mehr, waren sie davon entfernt gewesen, ihre Posten, ihre Pfründe, ihre Macht zu verlieren. Nur Gewalt hatte sie an der Macht halten können – das war die Lehre des 17. Juni für die SED-Führung.

Die Tatsache, dass sich die SED-Führung zu solch weit greifenden Mitteln entschloss, bestätigt die Interpretation, dass sie – wie viele Historiker auch – im Juniaufstand mehr als eine Arbeiterrevolte gesehen hat. Sicherlich war der 17. Juni primär ein Aufstand der Arbeiter. Sie waren es, die den Funken entzündeten, und sie waren es, die ihn zum Flächenbrand werden ließen. Allein in Ostberlin traten 61 000 Mitarbeiter von 37 Großbetrieben in den Ausstand. Ungezählte Arbeiter in kleineren Unternehmen kamen hinzu. Die Bauarbeiter im Zentrum Berlins legten als Erstes ihre Werkzeuge hin und formulierten ihre Forderungen. Zwar gab es auch viele Betriebe, die sich vom Aufstand distanzierten, wie beispielsweise die privaten Post- und Fernmeldeeinrichtungen von Ostberlin. Auch einige volkseigene Betriebe arbeiteten am 17. Juni weiter, als sei nichts gewesen. Im Berliner Stadtzentrum aber standen tatsächlich fast alle Räder still. Die Arbeiter in den mitteldeutschen Industriezentren – in Halle, in Bitterfeld, Jena, Dresden oder Görlitz – sorgten dafür, dass auch in ihren Städten der Funke der Empörung übersprang.

Doch es waren nicht die Arbeiter allein. In Berlin und in der übrigen DDR waren auch viele Hausfrauen unter den Demonstranten. Sie waren diejenigen, die in der Regel dafür zu sorgen hatten, dass jeden Tag etwas zu essen auf dem Tisch stand. Die Teuerungen und Verknappungen bei Lebensmitteln und Alltagsgütern hatten sie am stärksten zu spüren bekommen. Auch viele Jugendliche schlossen sich den Demonstranten an. Vielfach, weil sie es einfach spannend fanden, dass da auf den Straßen etwas Ungewöhnliches passierte, vielfach aber auch, weil sie die Gängelei der SED-Jugendorganisationen und die Spießigkeit der DDR-Gesellschaft leid waren.

Auch in Regionen, die nicht vom Aufstand des 17. Juni erfasst wurden, äußerten viele Menschen auf eigene Art ihre Ablehnung des Regimes. So zeigten sich Bauern mit den Aufständischen solidarisch, ohne in Streik zu treten: Bis Ende Juni stieg die Zahl der Austritte aus den Landwirtschaftlichen Produktionsgenossenschaften sprunghaft an, 58 LPGs mussten sogar aufgelöst werden. Andernorts erreichte ein stiller Protest die Adressaten, wie eine nächtlich angebrachte Parole an einer Hauswand, ein heimlich verteiltes Flugblatt oder Ähnliches.

Die »Bildungseliten« an Universitäten und Hochschulen allerdings verweigerten sich dem Aufstand vielfach. Über die Gründe lässt sich nur spekulieren. Tatsächlich war die Unzufriedenheit mit dem System hier nicht so ausgeprägt wie unter den Arbeitern. Mancher mag sich sogar tatsächliche Hoffnungen auf Verbesserungen durch den »Neuen Kurs« gemacht haben. Vielleicht war es aber auch ganz einfach nicht die Ausdrucksform von Professoren und Dozenten, auf die Straße zu ziehen und Parolen zu rufen.

Auch wenn nicht für alle Bevölkerungsschichten eine gleichermaßen engagierte Beteiligung an den Unruhen nachgewiesen werden kann: Der 17. Juni war ein Volksaufstand. Er äußerte sich nicht nur am 17. Juni, nicht nur in den aktiven Demonstrationen und Ausschreitungen auf den Straßen Ostberlins und der übrigen DDR. In vielen Städten und Dörfern, in denen niemand auf die Straße ging, wurden nachts Flugblätter verstreut, Anti-Regierungsparolen an die Hauswände geschrieben oder aber auch nur verbal der Unmut der Bevölkerung zum Ausdruck gebracht. Dennoch – was dem Aufstand des Volkes fehlte, waren Volkshelden, Einzelne, die längerfristig das Ruder in die Hand nahmen und den Kurs angaben. Zwar fanden sich im Verlauf des Tages immer wieder Wortführer, die den Anstoß für Aktionen gaben, doch konnte oder wollte sich keiner von ihnen über einen längeren Zeitraum der Verantwortung stellen. Keinem von ihnen gelang es, eine Autorität zu vermitteln, der die Aufständischen gefolgt wären. »Es gab keine Rädelsführer, keine Initiatoren, abgesehen von Figuren, die in bestimmten Betrieben eine Rolle gespielt haben«, sagt Geheimdienst-Mann Tschernjawskij heute. Das machte es für Sowjetmacht und DDR-Justiz nach dem Aufstand umständlicher, »Verantwortliche« zu finden. Am 17. Juni selbst allerdings war diese »Kopflosigkeit« ein Faktor, der die Niederschlagung der Unruhen erst ermöglichte.

Wie es weitergehen sollte, wussten viele Demonstranten am 17. Juni nicht. Sie wussten, was sie nicht wollten, aber was konkret war es, was sie wollten? Sicher – die Plakate forderten die Normensenkung, freie Wahlen, den Sturz der Regierung. Aber wie sollte das alles in die Wirklichkeit umgesetzt werden? Es existierten keine vorbereitenden Pläne, keine Organisation für den Fall, dass man tatsächlich die Regierung stürzen würde. Denn wer sollte überhaupt an die Stelle von Ulbricht oder Grotewohl treten? Nirgendwo stand jemand auf, der sich berufen gefühlt hätte, an die Spitze der Bewegung zu treten. Nirgends wurde

»Der erste Aufstand in einem sowjetisch besetzten Land. Das hat uns stolz gemacht, dass wir den Mut gehabt hatten, gegen die Sowjets aufzustehen.«
Heinz Homuth, Bauarbeiter, Stalinallee

»Aus meiner Sicht war 1953 das Entscheidungsjahr für den Niedergang der DDR. Nicht wegen des Aufstands im Juni. Sondern weil falsche Schlussfolgerungen aus diesem Aufstand gezogen wurden. Man glaubte letztendlich, dass dieser Aufstand ein Produkt des Westens gewesen war. Man wollte nicht glauben, dass Probleme im Innern der DDR ursächlich waren. Und diejenigen an der Spitze, die sich den Tatsachen stellten, wurden entfernt.«
Valentin Falin, sowjetisches Außenministerium

versucht, ein erstürmtes Gebäude für die eigenen Zwecke zu halten und gegen die Staatsmacht zu verteidigen. Oft, so wird berichtet, standen die Demonstranten an Sammelpunkten etwas unschlüssig da, wenn sich nichts mehr tat. Bis sich schließlich wieder jemand an die Spitze stellte und einen Vorschlag machte – oder auch nicht. Mehrfach wurde berichtet, dass sich größere Menschenansammlungen einfach wieder verstreuten, wenn nach einer bestimmten Zeit nichts passiert war. Dass der 17. Juni keinen Anführer fand, ist einer der Gründe für sein Scheitern.

Die Frage nach Alternativen ist oft gestellt worden. Was wäre geschehen, wären die sowjetischen Panzer in ihren Kasernen geblieben? In diesem Fall hätte die Deutsche Demokratische Republik am 17. Juni ihr Ende erlebt. Historiker und Zeitzeugen sind sich da heute einig. Die sowjetischen Truppen hielten während des Aufstands die Massen in Schach. Sie verhinderten auch mit massiver Waffenpräsenz die schrankenlose Ausbreitung der Unruhen. Der Aufstand vom 17. Juni ist als »verstümmelte Revolution« bezeichnet worden. Das trifft in der Tat zu. Binnen 24 Stunden hatten sich die Unruhen mit rasender Geschwindigkeit über die gesamte DDR verbreitet. Eine Rasanz, die durch die Radioübertragung noch beschleunigt wurde. Von keinem anderen Ereignis war zuvor mit einem so hohen Aktualitätsgrad berichtet worden. Den Verlauf des Aufstands hat dies entscheidend mit beeinflusst. »Die Schnelligkeit des 17. Juni war nur mit Hilfe des Radios möglich«, weiß Egon Bahr, der damalige Chefredakteur des RIAS, »mit Zeitungen wäre das unmöglich gewesen. Nur das Radio konnte die Grenzen so blitzschnell überwinden.« Doch als die Revolutionswelle auf die stählerne Präsenz der Panzer traf, brach sie abrupt ein. Es war allein die waffenstarrende Stärke der Sowjets, die die Demonstranten in ihre Häuser zurücktrieb.

Die SED-Regierung hätte den Volksaufstand nicht eindämmen können, so viel steht fest. Ulbricht und Genossen verharrten tatenlos im »Schutz« des Großen Bruders in Karlshorst und ließen die Dinge mehr oder minder laufen – unfähig zur Entscheidung und unfähig zur Reaktion. Keiner der namhaften DDR-Regierenden hat über Radio das Wort an die Aufständischen gerichtet. Keiner – außer Fritz Selbmann – hat sich persönlich den Demonstranten gestellt. Die Furcht der SED-Funktionäre vor der Wut der Aufständischen ist wahrscheinlich sogar berechtigt gewesen, wie das Beispiel Otto Nuschkes zeigt, den Demonstranten am 17. Juni gegen 18 Uhr aus seiner Limousine zerrten. Der stellvertretende Ministerpräsident und Chef der Ost-CDU war im Auto erkannt worden, wurde über die Oberbaumbrücke in den Westteil der Stadt geschoben und dort von der Westberliner Polizei an die amerikanische Militärbehörde übergeben. Erst zwei Tage nach dem Aufstand konnte er an der Sektorengrenze von Delegierten der Ost-CDU wieder in Empfang genommen werden.

Einen Grotewohl, einen Oelßner und erst recht einen Walter Ulbricht hätten die Demonstranten wohl kaum so vergleichsweise ungeschoren davonkommen lassen. Die verschreckte Apathie, in der die SED-Führung den 17. Juni und größtenteils auch dessen Folgetage verbrachte, wäre die Chance der Aufständischen gewesen. Das Eingreifen der sowjetischen Panzer hat verhindert, dass sie diese Chance nutzen konnten. Dennoch ist der 17. Juni kein Aufstand gegen die sowjetische Besatzungsmacht gewesen, auch wenn das mancher Kalte Krieger im Westen später gern so interpretierte. Zwar war einer der ausdrucksstärksten Momente des 17. Juni jener Augenblick, in dem die rote Fahne vom Brandenburger Tor gerissen wurde, doch die Parolen und Plakate der Demonstranten richteten sich gegen die eigene Regierung. Nur vereinzelt wurde auch von Ausschreitungen gegen sowjetische Symbole berichtet, wie in Leipzig, wo Frauen eine Stalin-Büste aus dem Fenster warfen. Erst nachdem die sowjetischen Truppen eingegriffen hatten, forderten die Demonstranten auch den Rückzug der Sowjets aus der DDR, doch war diese Forderung Folge der Entwicklungen des Tages, nicht ihr Anlass.

In einer eigenartigen Dialektik der Geschichte hat der 17. Juni, der die Einheit gefordert hat, die Spaltung der Blöcke im Kalten Krieg verstärkt. In Anbetracht des blutigen Ausgangs der Unruhen verhärteten sich die internationalen Fronten zusehends. Als der amerikanische Präsident Eisenhower am 18. Juni mit dem Vorschlag einer Vier-Mächte-Konferenz zur Klärung der Schwierigkeiten konfrontiert wurde, erklärte er lediglich, er gehe davon aus, »vollständig klar gemacht zu haben, dass eine Vier-Mächte-Konferenz auf jeden Fall ohne ihn stattfinden würde«. Der Aufstand sei ja offensichtlich das stärkste Argument gegen eine solche Veranstaltung, so Eisenhower.

Die Bundesrepublik Deutschland fügte sich in den Kurs ihrer westlichen Verbündeten – wie während des Aufstands waren ihren Politikern auch im Nachspiel weitgehend die Hände gebunden. Zu dem Wenigen, was möglich schien, gehörte die Frage der moralischen Unterstützung der Landsleute im Osten.

Am 1. Juli 1953 beschloss der Deutsche Bundestag, den 17. Juni zum Feiertag zu erklären. Am »Tag der deutschen Einheit« sollte nun des Mutes und der Opfer des Juniaufstands gedacht werden. Der 17. Juni ersetzte als Nationalfeiertag den im öffentlichen Bewusstsein kaum verankerten 7. September, der drei Jahre zuvor zur Erinnerung an die Toten des Zweiten Weltkriegs als nationaler Gedenktag auserkoren worden war. Der »Tag der Deutschen Einheit« wurde von allen Parteien, ausgenommen der KPD, gut geheißen. Unumstritten aber war er

» Der Präsident stellte fest, dass der Aufstand das beste Argument gegen eine Vier-Mächte-Konferenz sei, das die USA Premier Churchill entgegenhalten können. «

Aus dem Protokoll der 150. Sitzung des Nationalen Sicherheitsrates der USA, 18. Juni 1953

»Der Aufstand des 17. Juni hatte keine Chance, weil eine revolutionäre Veränderung bei der damaligen internationalen Konstellation nicht möglich war. Das wurde uns dann klar, als wir unsere Gefühle etwas besser kontrollieren konnten. Aber es war ein Sieg des Freiheitsstrebens der Menschen über ein Regime, das sich nur durch die sowjetischen Panzer und Divisionen halten konnte. Damit war die Idee des Arbeiter- und Bauernstaates ein für alle Mal diskreditiert.«
Klaus Bölling, RIAS

nie. So monierten Abgeordnete bereits vor der Verabschiedung des Beschlusses, wie man einen Tag feiern solle, der doch eigentlich ein Tag der Trauer und der Niederlage sei. Willy Brandt hob in einer Rede hervor: »Die Opfer sind – darüber gibt es keine Meinungsverschiedenheit – eines ehrenden Andenkens gewiss. Aber es darf nicht zu einer wehleidigen Sache werden, was seinen geschichtlichen Sinn allein als Mahnung zum Kampf haben kann.« In diesem Sinne wurde der »Tag der deutschen Einheit« verabschiedet als ein Appell auf die zukünftige Wiedervereinigung der beiden deutschen Staaten.

Das Presseecho zu dieser Entscheidung spiegelte eine allgemeine Zustimmung zu dieser Entscheidung wider. So schrieb die »Neue Zeitung« am 6. Juli: »Der 17. Juni (...) enthält einen Auftrag. Und zwar einen doppelten Auftrag. Wie die ihm verliehene Bezeichnung, ist er das Symbol für den deutschen Willen, die willkürliche Grenzlinie an der Elbe zu beseitigen.« Bis in die Mitte der sechziger Jahre erinnerten Stafettenläufe zur innerdeutschen Grenze an den 17. Juni. Mahnfeuer brannten zum Gedenken. Doch allmählich verblasste die Erinnerung. Schon in den siebziger Jahren war für viele Westdeutsche das wesentlichste Kriterium des 17. Juni, dass man den in der Regel schönen Sommertag für einen ersten Ausflug ins Grüne nutzen konnte.

Immer weniger Menschen wussten mit dem sperrigen Gedenktag etwas anzufangen. Einmal fehlte es schlichtweg an Informationen. Zu undurchdringlich war der Eiserne Vorhang mittlerweile geworden, und offizielle DDR-Stellen hüteten sich wohlweislich, Einzelheiten über die Niederschlagung herauszugeben. Auch fehlte es an namentlich bekannten Helden und Märtyrern, die die Ereignisse für die Menschen an Rhein oder Ruhr greifbarer gemacht hätten. »17. Juni«, persiflierte ein zynischer Witz den allgemeinen Kenntnisstand, »war da nicht diese Sache mit Hitler und den Generälen?«

Die Prozentzahl derer, die mit diesem Datum das richtige Ereignis verbinden konnten, wurde von Jahr zu Jahr geringer. Für die DDR-Führung blieb der »Tag der Deutschen Einheit« gleichwohl ein rotes Tuch. Noch Ende der achtziger Jahre war es verboten, DDR-Bürgern einen Kalender mit dem Eintrag des Feiertages als Geschenk mitzubringen.

Stimmen, die dafür plädierten, den 17. Juni als Feiertag abzuschaffen, wurden in den achtziger Jahren lauter. So wurde vorgeschlagen, etwa den 20. Juli, den Tag des Attentats gegen Adolf Hitler, an die Stelle des 17. Juni treten zu lassen – oder aber den 23. Mai 1949, als das Grundgesetz der Bundesrepublik Deutschland unterzeichnet worden war. Als der 17. Juni schließlich dem 3. Oktober 1990 – dem tatsächlichen Tag der Wiedervereinigung – weichen musste, hat man ihm kaum nachgetrauert. Zu weit war das Ereignis schon entfernt, um gegen die

»Straße des 17. Juni« – die Charlottenburger Straße in Westberlin wird umbenannt.

»Nee, Christi Himmelfahrt war doch im Mai! Am 17. Juni – war da nicht dieses Dingsbums mit Hitler und den Generälen?«

emotionale Stärke des Wiedervereinigungstages bestehen zu können. Dennoch hielt die Bundesrepublik am 17. Juni als einem nationalen Gedenktag fest, an dem nach wie vor bundesweit vor öffentlichen Gebäuden Flaggen aufgezogen werden. »Denn der 17. Juni bleibt der Tag der Erinnerung an den ersten Volksaufstand im damals kommunistisch kontrollierten Teil Europas«, betonte der damalige Innenminister Wolfgang Schäuble am 17. Juni 1991, »und er bleibt der Tag des Gedenkens an die Opfer der kommunistischen Zwangsherrschaft.«

Dass der 17. Juni schnell aus der Wahrnehmung verschwand, liegt auch daran, dass er zunächst kein nennenswertes Echo in der Literatur gefunden hat. Die großen Namen, die ihn erlebten und hätten verewigen können, konnten oder wollten eine Würdigung des Tages nicht leisten. So schrieb Bertolt Brecht kurz nach dem Aufstand an Walter Ulbricht: »Lieber Genosse Ulbricht, die Geschichte wird der revolutionären Ungeduld der Sozialistischen Einheitspartei Deutschlands ihren Respekt zollen. Die große Aussprache mit den Massen über das Tempo des sozialistischen Aufbaus wird zu einer Sichtung und Sicherung der sozialistischen Errungenschaften führen. Es ist mir ein Bedürfnis, Ihnen in diesem Augenblick meine Verbundenheit mit der Sozialistischen Einheitspartei Deutschlands auszusprechen.«

Am 19. Juni erschien in der »Berliner Zeitung« ein Text von Stefan Heym, der klagend fragte, welchem ehrlichen Arbeiter nicht das Herz blute, wenn er die

Zerstörungen sehe, »wenn er die Ausschreitungen des Mobs von faschistischen Stoßtrupplern in Ringelsöckchen und Cowboyhemden« miterlebt habe. Erich Loest veröffentlichte einen »Tatsachenbericht«, nach dem der Faschismus versucht habe, »die Straßen von Berlin in seine Hand zu bekommen«. Zu noch deutlicheren Ergebenheitsadressen verstieg sich Kurt Barthel, genannt Kuba, der Vorsitzende des Schriftstellerverbandes der DDR. Im »Neuen Deutschland« tönte er drei Tage nach dem Aufstand: »Maurer – Maler – Zimmerleute. Sonnengebräunte Gesichter und weißleinene Mützen, muskulöse Arme, Nacken – gut gewachsen, nicht schlecht habt ihr euch in eurer Republik ernährt, man konnte es sehen. Vierschrötig kamt ihr daher (…) Für euch und den Frieden der Welt wachen die Sowjetarmee und die Kameraden der Deutschen Volkspolizei. Schämt ihr euch so, wie ich mich schäme? Da werdet ihr sehr viel und sehr gut mauern und künftig sehr gut handeln müssen, ehe euch diese Schmach vergessen wird.« Es war der Text, der Bertolt Brecht später zu seinem eingangs zitierten Vorschlag »Die Lösung« animierte.

Nur wenige Intellektuelle waren in der Lage, ihre spätere Abwendung vom Regime so deutlich zu formulieren, wie es Erich Loest tat. »Für mich habe ich eine Lehre gezogen«, sagt er heute, »ich habe zu mir gesagt: Du hast schon einmal als Hitlerjunge nur dem Führer geglaubt. Dann hast du in dieser SED noch einmal dein Gewissen abgegeben. Ab jetzt brauchst du dein Gewissen, ab jetzt machst du nicht mehr mit!« Seine Läuterung bezahlte er 1957 mit dem Ausschluss aus der SED, seiner Verhaftung und der Verurteilung zu siebeneinhalb Jahren Zuchthaus.

Viele tragische Kapitel des 17. Juni sind noch ungeschrieben. Die genaue Zahl der Toten des Aufstands ist bis heute unbekannt geblieben. Der sowjetische Marschall Sokolowskij hatte am Abend des 17. Juni von 50 Todesopfern gesprochen. Die Zeitung »Die Welt« berichtete am 15. Juli 1953, Wilhelm Zaisser habe den Russen die offizielle Zahl von 569 deutschen und 18 russischen Toten mitgeteilt. Die Anzahl der Opfer wurde in der Nachkriegszeit je nach politischer Orientierung über- oder untertrieben. Ging man bislang in der Regel von etwa 125 Toten aus, legt sich die jüngste Forschung nicht mehr auf eine konkrete Zahl fest. Während die Toten auf Seiten der Volkspolizei, Kasernierten Volkspolizei und Stasi offenbar immer relativ korrekt angegeben wurden, ist die Anzahl der Demonstranten, die am 17. Juni ihr Leben verloren, auch nach der Wende im Dunkeln geblieben. Zu gut hatten die Verantwortlichen Namen kaschiert, Akten vernichtet und damit menschliche Tragödien für immer der Würdigung entzogen. Nur einzelne Fälle sind namentlich bekannt. So starben in Ostberlin Jugendliche wie der siebzehnjährige Gerhard Santura, der sechzehnjährige Werner Sendritzki, der ein Jahr jüngere Rudi Schwander und der ebenfalls fünfzehnjährige Hardy Kugler. In Leipzig wurde die Rentnerin Elisabeth Bröcker, die sich vollkommen unbeteiligt in der Nähe der Demonstration aufgehalten hatte, von einem Kriminalpolizisten erschossen. Es sind diese wenigen bekannten Namen, die stellvertretend stehen müssen für all jene, die während des Juniaufstands in der DDR ihr Leben verloren.

In seiner leidenschaftlichen Rede im RIAS am Abend des 18. Juni 1953 sagte Berlins Regierender Bürgermeister Ernst Reuter: »Der 17. Juni 1953 ist, das ist unsere gemeinsame Überzeugung, das größte Ereignis unserer Geschichte, das wir seit langem erlebt haben. Niemand kann sagen, ob es uns heute, morgen oder übermorgen zum Ziele führen wird. Aber das wissen wir: (...) Keine Macht der Welt, niemand wird auf die Dauer uns Deutsche voneinander trennen können. Wir werden zusammenkommen, wir werden zusammenwachsen, wie wir seit langem in dieser Not innerlich zusammengewachsen sind.« Genau so ist es gekommen. Der 9. November 1989 hat den 17. Juni 1953 beendet. Als das SED-Regime seinen militärischen Rückhalt in der Sowjetunion verlor, brach es zusammen. Viele Teilnehmer des Juniaufstandes haben diesen Tag noch erlebt – oft mit einer lebhaften Erinnerung daran, dass sie 36 Jahre zuvor für eben das Ziel gekämpft hatten, das nun in greifbarer Nähe lag: die Wiedervereinigung in Frieden und in Freiheit.

Elsenstr.

Leben nach dem Aufstand

Egon Bahr verlässt den RIAS im Jahr 1960, um zu einem der engsten Berater des Westberliner Bürgermeisters Willy Brandt zu werden. Unter Brandts Kanzlerschaft ist Bahr maßgeblicher Wegbereiter der Entspannungspolitik gegenüber der Sowjetunion und der DDR (»Architekt der Ostpolitik«).

KGB-Chef **Lawrentij Berija** wird wenige Tage nach dem Aufstand auf Veranlassung seines Rivalen Chruschtschow auf einer Politbürositzung im Kreml verhaftet und aller Ämter enthoben (26.6.53). Dem gefürchteten Geheimdienstchef wird zum Vorwurf gemacht, dass er den Aufbau des Sozialismus in der DDR vollständig stoppen wollte – nach einem Geheimprozess wird Berija im Dezember 1953 liquidiert.

Klaus Bölling wird von den amerikanischen Kommunistenjägern als »Sicherheitsrisiko« eingestuft und muss den RIAS verlassen. Seine journalistische Karriere erleidet dadurch keinen Schaden, er steigt bis zum Intendanten von Radio Bremen auf. Unter Helmut Schmidt wird Bölling Regierungssprecher. 1981 wechselt er für ein Jahr auf den Posten des Ständigen Vertreters der Bundesrepublik Deutschland in der DDR.

Der Maschinenarbeiter **Herbert Buley** wird von der Staatssicherheit im Gefängnis Hohenschönhausen festgesetzt und misshandelt. Im Mai 1954 wird er in einem Schauprozess zu vier Jahren Haft mit anschließenden Sühnemaßnahmen verurteilt. Nach drei Jahren unter unmenschlichen Haftbedingungen kommt er frei und flieht mit seiner Familie in den Westen – wegen akuter Verschleppungsgefahr durch die Stasi wird er nach Bayern gebracht.

Nikita Chruschtschow kann nach dem Aufstand seine Konkurrenten um die Macht im Kreml – Berija und Malenkow – ausschalten und wird Parteichef. Wenig später kritisiert er zwar die Gewaltherrschaft Stalins und lässt Stalins Denkmäler stürzen, doch als neuer Regierungschef der Sowjetunion unterstützt er den Bau der Mauer in Berlin und provoziert die Kubakrise – Chruschtschow wird 1964 gestürzt und 1971 in aller Stille beigesetzt.

RIAS-Direktor **Gordon Ewing** wird kurz nach dem Aufstand wegen angeblich prokommunistischer Aktivitäten vor den Ausschuss für antiamerikanische Umtriebe des US-Senators und Kommunistenjägers McCarthy geladen. Auch aufgrund der vehementen Proteste der deutschen RIAS-Mitarbeiter gegen die Vorladung ihres Vize-Direktors wurde diese zurückgezogen.

Der Betonarbeiter **Joseph Graczynski** wird von der Stasi zehn Tage lang vernommen. Er tritt danach aus der Gewerkschaft aus und wird weiter von der Stasi überwacht. Der Mauerbau verhindert eine geplante Ausreise in den Westen. Später arbeitet er vor allem als Gerüstbauer in Ostberlin.

Werner Herbig, Mitglied des Görlitzer Stadtkomitees, wird zu fünf Jahren Haft verurteilt – seine »Verhandlung« dauert nur wenige Minuten. Insgesamt bleibt er vier Jahre eingesperrt. Kurz vor dem Mauerbau setzt sich der ehemalige Landwirtschaftstechniker mit seiner Familie nach Westberlin ab. 1962 gründet Herbig den »Arbeitskreis 17. Juni«.

Rudolf Herrnstadt wird am selben Tag der Verhaftung des sowjetischen Geheimdienstchefs Berija wegen seiner Kritik an Ulbricht aus der SED-Führung ausgeschlossen und verliert seinen Chefposten beim Parteiblatt »Neues Deutschland«. Abgeschoben in ein Archiv in Merseburg und zum »Feind der Partei« erklärt, verlegt sich Herrnstadt auf Bücher zur Geschichte des Kommunismus – er stirbt im Jahre 1966.

Dr. med. **Klaus Konitzer** verlässt 1960 die Charité und baut eine Abteilung für Biochemie des Gehirns an der Akademie der Wissenschaften in Berlin auf. Da er nicht der SED beitritt, wird seine berufliche Laufbahn behindert – im Jahr 1974 missglückt sein Fluchtversuch mit der Familie über Ungarn. Bis zu seinem Ruhestand (1988) bleibt Konitzer in der DDR.

Kranführer **Horst Linowski** wird nach dem Aufstand in Magdeburg von einem sowjetischen Militärtribunal zu acht Jahren Arbeitslager verurteilt. Sieben Jahre sitzt er als so genannter Xer unter besonders harten Haftbedingungen in Bautzen ein. Der Mauerbau durchkreuzt seine Pläne, in den Westen zu siedeln. Bis zur Wende wird Linowski, der als ehemaliger politischer Gefangener in der Privatwirtschaft arbeiten muss, von der Stasi überwacht.

Brigadier **Alfred Metzdorf** muss befürchten, von der DDR-Staatssicherheit inhaftiert zu werden, und taucht noch am 16. Juni in Westberlin unter. Trotz intensiver Verhöre der Stasi gibt keiner seiner Arbeitskollegen den geheimen Aufenthaltsort von Metzdorf preis – von da ab verliert sich seine Spur.

Die Stenotypistin **Hildegard Nikodemski** bekommt nach dem Aufstand Besuch von der Stasi, die sie als Spitzel verpflichten will. Im September 1953 setzt sie sich mit ihrem Mann und ihren zwei Kindern in den Westen ab. Die Familie zieht nach Düsseldorf, wo sie noch heute wohnt.

Der Putzer **Heinz Pahl** sieht nach dem Aufstand für sich keine berufliche Zukunft mehr in Ostberlin und arbeitet als Grenzgänger auf einer Baustelle im Westen der Stadt. Als die ersten Steine der Mauer errichtet werden, bleibt Pahl in Westberlin und kehrt nie wieder in die DDR zurück.

Otto Pfengs Verhalten als Oberbauleiter in den Tagen des Aufruhrs wird von der DDR-Gewerkschaft als »gutes Beispiel« gewürdigt. Er bringt es bis zum Produktionsdirektor eines Baukombinates und erhält für seine weiteren Leistungen im Rahmen des nationalen Aufbauprogrammes der DDR Ehrungen und Auszeichnungen – doch auch er wird ab 1954 von der Stasi observiert.

Erika Sarre bleibt am 17. Juni in Westberlin: Ohne Pass und mittellos geworden, bringt man sie zunächst in einem Flüchtlingslager unter. Nach einer Umschulung zur Schneiderin kann sie sich die schönen Kleider nähen, von denen sie immer geträumt hat. Erika Sarre heiratet und zieht sich ins Privatleben zurück – mit Politik will sie nichts mehr zu tun haben. Erst nach der Wende kehrt sie in die DDR zurück, um ihre Familie wiederzusehen.

Walter Scheler aus Jena wird nach den Ereignissen des 17. Juni von einem sowjetischen Standgericht zu 25 Jahren Arbeitslager verurteilt. Der Familienvater ist einer von 25 »Xern«, die in Bautzen inhaftiert sind. Ende 1960, nach siebeneinhalb Jahren Haft, wird Scheler entlassen. Ein Bekannter verschafft ihm eine Anstellung bei der HO. Er arbeitet dort in verschiedenen Funktionen bis zu seiner Rente im Jahr 1988.

Fritz Schenk gehört zu den reformwilligen SED-Mitgliedern, die unter Ulbricht bald ausgeschaltet werden: Als er im Jahr 1957 als Büroleiter der Planungskommission abgesetzt und degradiert wird, flieht er mit seiner Familie in den Westen. Anfangs hält er sich als Schriftsetzer über Wasser, wirkt als freischaffender Journalist und übernimmt später für fast zwei Jahrzehnte eine leitende Position beim »ZDF-Magazin« und wird Chef vom Dienst in der Chefredaktion des ZDF.

Ralph Schoenhofer ist nach dem 17. Juni im West-Sektor der Stadt »gefangen« – ein sowjetisches Militärgericht verurteilt ihn in Abwesenheit zum Tode. Dreimal versuchen Agenten, den Fahnenstürmer in den Osten zu entführen. Elf Jahre nach dem Aufstand wird das Todesurteil gegen Schoenhofer aufgehoben. 1986 zieht Schoenhofer nach Bayern.

Der sowjetische Hochkommissar **Wladimir Semjonow** wirkt bald nach dem Aufstand über zwei Jahrzehnte als stellvertretender Außenminister der UdSSR und macht sich um die SALT-Abrüstungsverhandlungen mit den USA verdient. 1978 kehrt er nach Deutschland zurück: diesmal als sowjetischer Botschafter in der Bundesrepublik. Semjonow stirbt 1992 in Köln.

Wassilij Sokolowskij verbleibt bis zu seinem Tod im Jahre 1968 in Spitzenpositionen im Verteidigungsministerium und in der Parteiführung der Sowjetunion. Im Alter verfasst Sokolowskij ein Werk über die Schlacht vor Moskau 1941. Die sterblichen Überreste des sowjetischen Weltkriegshelden werden an der Kremlmauer am Roten Platz beigesetzt.

SED-Generalsekretär **Walter Ulbricht** schaltet nach dem Aufstand seine Kritiker aus und steigt im Jahr 1960 zum Staatsoberhaupt und mächtigsten Mann der DDR auf. Schon ein Jahr später mauert Ulbricht sein Volk ein und treibt die Sozialisierung voran, bis er 1971 von Erich Honecker entmachtet wird. 1973 stirbt Ulbricht.

Wilhelm Zaisser wird aufgrund des Versagens seines Ministeriums für Staatssicherheit am 17. Juni und seiner Kritik an Ulbricht aus dem Politbüro der SED und seinem Ministeramt entlassen. Sein Nachfolger ist Erich Mielke. Zaisser zieht sich als Übersetzer russischer Bücher zurück – sein Tod im Jahre 1958 wird von offizieller Seite ignoriert.

Chronologie

1952

10. März	Erste »Deutschlandnote« Stalins. Darin schlägt er einen Friedensvertrag mit Deutschland und eine Wiedervereinigung auf »demokratische Art« vor.
1./7. April	SED-Führung zu Besuch in Moskau: Stalin fordert die DDR-Spitze auf, »ihren eigenen Staat zu organisieren«.
9.–12. Juli	Verkündung des »planmäßigen Aufbaus der Grundlagen des Sozialismus« auf der II. Parteikonferenz der SED
20.–22. November	Zehnte Tagung des ZK der SED: Generalsekretär Walter Ulbricht erklärt die ökonomische und militärische Mobilmachung der DDR zum »dringlichsten Erfordernis«.

1953

5. März	Tod Stalins
15. April	Die neue Führung der UdSSR rät der SED, den scharfen Kurs zu mildern. Gleichzeitig werden Exportverpflichtungen und Reparationszahlungen der DDR ausgesetzt.
18./21./28. April	In Memoranden des sowjetischen Außenministeriums wird der Kremlführung die Schaffung einer provisorischen Regierung für Gesamtdeutschland empfohlen. Ferner ist die Rede von freien Wahlen in Gesamtdeutschland und Abzug der Besatzungstruppen. KGB-Chef Lawrentij Berija lässt die Machbarkeit einer Wiedervereinigung Deutschlands prüfen.
3. Mai	Großstreik von Tabakarbeitern in Bulgarien
14./15. Mai	13. Tagung des ZK der SED: In einem Beschluss wird die administrative Normenerhöhung in allen volkseigenen Betrieben um durchschnittlich zehn Prozent gefordert.
27. Mai	Sitzung des Präsidiums des sowjetischen Ministerrats: Laut Aussagen der anderen Kremlführer macht Geheimdienstchef Berija den Vorschlag, den Sozialismus in der DDR ganz abzuschaffen. Er befürwortet dafür die Schaffung eines vereinigten, neutralen und nicht-sozialistischen Deutschlands.
28. Mai	Die Sowjetische Kontrollkommission in der DDR wird aufgelöst. Wladimir Semjonow wird zum Hohen Kommissar in Deutschland ernannt. Der Ministerrat der DDR befiehlt eine allgemeine Erhöhung der Arbeitsnormen um mindestens zehn Prozent.

2.–4. Juni		Die SED-Spitze in Moskau: Die Sowjetführung fordert die deutschen Genossen auf, den forcierten Aufbau des Sozialismus als falsch zurückzunehmen.
9. Juni		Das Politbüro der SED beschließt einen »Neuen Kurs«: Die Maßnahmen zum Aufbau des Sozialismus werden zurückgenommen, die Normenerhöhung bleibt jedoch.
11. Juni		Der »Neue Kurs« wird in einem Kommuniqué des »Neuen Deutschland« veröffentlicht.
13. Juni		Auf einer Dampferfahrt des VEB Industriebau auf dem Müggelsee fordern einige Bauarbeiter erstmals einen Großstreik.
14. Juni		In einem Artikel des »Neuen Deutschland« werden die bisherigen administrativen Maßnahmen als »Holzhammermethoden« kritisiert.
15. Juni		Streik von Bauarbeitern auf einigen Baustellen der Ostberliner Stalinallee: In einer Resolution an Ministerpräsident Grotewohl wird die Rücknahme der Normenerhöhung gefordert. Der sowjetische Hohe Kommissar Semjonow beordert die Truppen aus ihren Sommermanövern zurück in die Garnisonen.
16. Juni	*am Morgen*	Das Gewerkschaftsblatt »Tribüne« stimmt der Normenerhöhung zu. In der Ostberliner Stalinallee formieren sich Bauarbeiter zu ersten Demonstrationszügen. Immer mehr Menschen reihen sich ein. Mehrere Tausend Menschen ziehen vor das Haus der Ministerien.
	gegen Mittag	Das SED-Politbüro beschließt den Fall der Normenerhöhung. Die Nachricht wird über den DDR-Rundfunk und über Lautsprecherwagen verkündet.
	13.30 Uhr	Der Westberliner Sender RIAS berichtet erstmals in seinen Nachrichten über die Demonstrationen.
	am frühen Nachmittag	Die Demonstranten vor dem Haus der Ministerien verlangen, Grotewohl oder Ulbricht zu sprechen. SED-Funktionäre versuchen vergeblich, den Demonstranten den Fall der Normenerhöhung mitzuteilen und die Situation zu beruhigen. Die Demonstranten rufen erstmals zum Generalstreik am kommenden Tag auf.
	19.30 Uhr	RIAS sendet eine Resolution mit folgenden Forderungen: 1. Auszahlung der Löhne nach den alten Normen; 2. sofortige Preissenkungen; 3. freie und geheime Wahlen; 4. keine Repressalien gegen Streikende und Streiksprecher
	20 Uhr	Tagung des SED-Parteiaktivs im Ostberliner Friedrichstadt-Palast: Ulbricht macht »feindliche Elemente, die aus Westberlin kamen«, für die Demonstrationen verantwortlich.
	am Abend und in der Nacht	Die SED-Führung bittet den sowjetischen Hohen Kommissar Semjonow um den Einsatz sowjetischen Militärs zur Niederschlagung des Aufstandes. Vereinzelte Unruhen in der Stadt

17. Juni

frühe Morgenstunden	Einheiten der sowjetischen Streitkräfte werden nach Ostberlin befohlen und in Bereitschaft versetzt. Semjonow befiehlt der SED-Führung, im sowjetischen Hauptquartier in Karlshorst in Sicherheit zu bleiben.
gegen 4 Uhr	Ulbricht und der Leiter der Einsatzvorbereitungen, Staatssicherheitsminister Zaisser, erwägen den Einsatz der Kasernierten Volkspolizei »im äußersten Notfall«.
5 Uhr 36	Der DGB-Vorsitzende Ernst Scharnowski fordert über den RIAS die Ostberliner auf, die Bauarbeiter nicht im Stich zu lassen: »Sucht eure Strausberger Plätze überall auf«.
ab 7 Uhr	Die Demonstrationszüge formieren sich langsam. Meldungen über Arbeitsniederlegungen in der ganzen DDR erreichen Berlin. Brennpunkte des Protestes: Bitterfeld, Halle, Gera, Jena, Leipzig, Magdeburg und Görlitz
gegen 9 Uhr	Rund 25 000 Demonstranten haben sich vor dem Haus der Ministerien in Ostberlin eingefunden. Die Volkspolizei riegelt das Regierungsgebäude ab, sowjetische Panzerspähwagen sichern.
9 Uhr 40	60 000 Menschen demonstrieren auf dem Potsdamer Platz. Sektorenschilder werden zerstört. Propaganda-Kioske gehen in Flammen auf. Erste Handgreiflichkeiten zwischen Demonstranten und Vopos
gegen 10 Uhr	In Ostberlin rollen die sowjetischen Panzer ins Stadtzentrum.
gegen 11 Uhr	Drei junge Männer – Ballentin, Schoenhofer und Panzer – holen die rote Fahne vom Brandenburger Tor. Sitzung der alliierten Stadtkommandanten in Westberlin
11 Uhr 40	Panzer und Panzerspähwagen rücken vor.
12 Uhr	Am Haus der Ministerien fallen die ersten Schüsse. Der Nahverkehr im Ost-Sektor wird auf Veranlassung der Sowjets eingestellt.
12 Uhr 30	Der sowjetische Militärkommandant von Groß-Berlin, Generalmajor Dibrowa, gibt den Einsatzbefehl zur Herstellung von Ruhe und Ordnung in Ostberlin. Panzer fahren in die Demonstrationszüge und über die Plätze.
13 Uhr	In Ostberlin tritt der Ausnahmezustand in Kraft. Insgesamt wird das Kriegsrecht in 167 der 217 DDR-Bezirke ausgerufen.
14 Uhr	Ministerpräsident Grotewohl erklärt im DDR-Rundfunk, der Aufstand sei »das Werk von Provokateuren und faschistischen Agenten ausländischer Mächte und ihrer Helfershelfer«.
gegen 14 Uhr 15	Erste Demonstranten sterben an Schussverletzungen bei der Räumung des Ostberliner Alexanderplatzes.

14 Uhr 30	Bundeskanzler Adenauer mahnt die Deutschen im Osten, sich nicht zu unbedachten Handlungen hinreißen zu lassen.
16 Uhr 10	US-Präsident Eisenhower bespricht mit seinem Berater Jackson mögliche Reaktionen auf die Unruhen in Ostberlin.
16 Uhr 30	Meldung des Oberkommandierenden der Sowjettruppen, Gretschko, nach Moskau: Die Situation um die Ostberliner Regierungsgebäude sei »friedlich«.
Nachmittag und Abend	Die Unruhen halten an. Sowjetisches Militär und die DDR-Staatssicherheit nehmen Hunderte Demonstranten fest. Das Columbus-Haus am Potsdamer Platz brennt vollständig aus.
21 Uhr	Semjonow und Ulbricht entwerfen in Karlshorst die propagandistische Rechtfertigung für die Niederschlagung des Aufstandes: den »Tag X«, an dem »Imperialisten« von Westberlin aus versuchten, eine »faschistische Macht« in der DDR zu installieren. Meldung der Befehlshaber der sowjetischen Streitkräfte nach Moskau: In der DDR herrsche weitgehend Ruhe, die Lage sei unter Kontrolle.
22 Uhr 36	Sondersitzung im Westberliner Abgeordnetenhaus zum Gedenken der Toten und Verletzten des Tages
18. Juni	Weitere Unruhen in Städten und ländlichen Gebieten der gesamten DDR Der Alarmzustand bei NATO und sowjetischen Grenztruppen wird aufgehoben. Der sowjetische Stadtkommandant Dibrowa verkündet die standrechtliche Hinrichtung des Westberliners Willy Göttling. In Magdeburg werden Alfred Dartsch und Herbert Stauch standrechtlich erschossen.
19. Juni	Nur noch vereinzelte Streiks in der DDR Das Kriegsrecht wird in einigen Städten und Bezirken aufgehoben.
20. Juni	Erstes Treffen des SED-Politbüros nach dem Aufstand
21. Juni	Die 14. Tagung des ZK der SED formuliert einen Beschluss »Über die Lage und die unmittelbaren Aufgaben der Partei«.
26. Juni	KGB-Chef Berija wird festgenommen und sämtlicher Posten enthoben.
27. Juni	Ungarns Ministerpräsident Imre Nage beschließt einen »Neuen Kurs«, um eine Krise wie in der DDR zu verhindern.
7./8. Juli	Innerhalb des SED-Politbüros formiert sich die Opposition gegen Ulbricht. Der Generalsekretär bestätigt, dass die Kritik seines Führungsstils gerechtfertigt sei.
8./9. Juli	Ulbricht und Grotewohl in Moskau: Hier erfahren sie von Berijas Verhaftung.
24. – 26. Juli	Ausschaltung der Opposition auf der 15. Tagung des ZK der SED: Der Chefredakteur des »Neuen Deutschland«, Rudolf Herrnstadt, und Staatssicherheitsminister Wilhelm Zaisser werden aus Politbüro und ZK ausgeschlossen. Justizminister Max Fechner wird aus der Partei geworfen. Anton Ackermann, Elli Schmidt und Hans Jendretzky werden als Kandidaten des Politbüros nicht wiedergewählt.

6. September	Konrad Adenauer gewinnt erneut die Wahl zum Bundeskanzler.
18. – 23. Dezember	Das Verfahren gegen Lawrentij Berija endet mit seiner Hinrichtung.

1954

1. Januar	Die UdSSR erlässt der DDR die Reparationszahlungen.
22./23. Januar	17. Tagung des ZK der SED: Herrnstadt und Zaisser werden aus der Partei ausgestoßen.
23. Oktober	Die Pariser Verträge werden ratifiziert. Die BRD tritt wenig später der NATO bei.

1955

14. Mai	Der Warschauer Pakt entsteht: Die DDR wird Mitglied.
20. September	Die UdSSR stimmt einer vollen Souveränität der DDR zu.

Literatur

- Adenauer, Konrad: *Erinnerungen*. Stuttgart, 1987.
- Baring, Arnulf: *Der 17. Juni 1953*. Köln, Berlin, 1965.
- Beier, Gerhard: *Wir wollen freie Menschen sein – Der 17. Juni 1953: Bauleute gingen voran*. Köln, 1993.
- Beria, Sergo: *My father. Inside Stalin's Kremlin*. London, 2001.
- Brant, Stefan (= Klaus Harpprecht), und Klaus Bölling: *Der Aufstand: Vorgeschichte, Geschichte und Deutung des 17. Juni 1953*. Stuttgart, [2]1957.
- Buchheim, Christoph: »*Wirtschaftliche Hintergründe des Arbeiteraufstandes vom 17. Juni 1953 in der DDR*«, in: Vierteljahreshefte für Zeitgeschichte 38 (1990), 415–433.
- Chamberlin, Brewster S., und Jürgen Wetzel: »*Der 17. Juni und der RIAS: aus einem Gespräch mit dem ehemaligen RIAS-Direktor Gordon Ewing*«, in: Berlin in Geschichte und Gegenwart – Jahrbuch des Landesarchivs Berlin 1982. Wien, 1982. 165–190.
- Chruschtschow, Nikita S.: *Chruschtschow erinnert sich*. Reinbek, 1992.
- Chruschtschow, Sergej N.: *Nikita Chruschtschow. Marionette des KGB oder Vater der Perestrojka*. München, 1991.
- Diedrich, Torsten: *Der 17. Juni 1953 in der DDR: bewaffnete Gewalt gegen das Volk*. Berlin, 1991.
- Diedrich, Torsten: »*Putsch – Volksaufstand – Arbeitererhebung? Zur Arbeitererhebung 1953 in der deutschen Geschichtsschreibung*«, in: Aus Politik und Zeitgeschichte (1993) B25, 3–11.
- Ebert, Jens, und Insa Eschebach: »*Rädelsführerin und SS-Kommandeuse. Erna Dorn und der 17. Juni 1953*« in: Deutschland Archiv 27 (1994), 595–599.
- Fricke, Karl Wilhelm: *Der Arbeiter-Aufstand: Zeitzeugen und Zeitdokumente zum 17. Juni 1953*. Köln, 1984.
- Fricke, Karl Wilhelm: »*Der Staatssicherheitsdienst und der 17. Juni 1953*«, in: Deutschland Archiv 16 (1983), 594–602.
- Fricke, Karl Wilhelm: »*Juni-Aufstand und Justiz*«, in: Deutschland Archiv 11 (1978) 6, 617–631.
- Gallus, Alexander: »*Der 17. Juni im Deutschen Bundestag von 1954–1990*«, in: Aus Politik und Zeitgeschichte B25 (1993), 12–21.
- Hagen, Manfred: *DDR – Juni '53: Die erste Volkserhebung im Stalinismus*. Stuttgart, 1992.

- Havemann, Robert: *Fragen, Antworten, Fragen: aus der Biographie eines deutschen Marxisten*. München, 1990.
- Herrnstadt, Rudolf: *Das Herrnstadt-Dokument: das Politbüro der SED und die Geschichte des 17. Juni 1953*. Reinbek, 1990.
- Hildebrandt, Rainer: *Der 17. Juni: 10 Erlebnisgeschichten von Personen in verschiedenen Brennpunkten des Aufstandes sowie ergänzende dokumentarische Materialien mit 77 Fotos*. Berlin, [4]1990.
- Hoshino, Haruhiko: *Macht und Bürger. Der 17. Juni 1953*. Frankfurt, 2002.
- Kamrodt, Andreas: *Der 17. Juni in Jena: Volk – Polizei – Partei*. Erfurt, 1997.
- Kleßmann, Christoph, und Bernd Stöver (Hrsg.): *1953 – Krisenjahr des Kalten Krieges in Europa*. Köln, 1999.
- Knight, Amy: *Beria. Stalin's First Lieutenant*. Princeton, 1993.
- Koop, Volker: *Der 17. Juni 1953. Legende und Wirklichkeit*. Berlin, 2003.
- Kowalczuk, Ilko-Sascha, Armin Mitter und Stefan Wolle (Hrsg.): *Der Tag X – 17. Juni 1953*. Berlin, [2]1996.
- Larres, Klaus: *Politik der Illusionen*. Göttingen, 1996.
- Lenz, Otto: *Im Zentrum der Macht. Das Tagebuch von Staatssekretär Lenz 1951–1953*. Düsseldorf, 1989.
- Lippmann, Heinz: »*Der 17. Juni im Zentralkomitee der SED*«, in: Aus Politik und Zeitgeschichte 1956, 369–376.
- Loth, Wilfried, und Rolf Badstübner (Hrsg.): *Wilhelm Pieck – Aufzeichnungen zur Deutschlandpolitik 1945–1953*. Berlin, 1994.
- Magdeburger Museen (Hrsg. Matthias Puhle): *Magdeburg 17. Juni 1953*. Magdeburg, 1993.
- Mensing, Hans Peter (Hrsg.): *Adenauer. Briefe 1951–1953*. Berlin, 1987.
- Mitter, Armin, und Stefan Wolle: *Untergang auf Raten: unbekannte Kapitel der DDR-Geschichte*. München, 1993
- Mitter, Armin: »*Die Ereignisse im Juni und Juli 1953 in der DDR. Aus den Akten des Ministeriums für Staatssicherheit*«, in: Aus Politik und Zeitgeschichte 5 (1991), 31–41.
- Ostermann, Christian F. (Hrsg.): *Uprising in East Germany 1953: the Cold War, the German question, and the first major upheavel behind the Iron Curtain*. Budapest, 2001.
- Radzinskii, Edvard: *Stalin – The First In-depth Biography Based on Explosive New Documents From Russia's Secret Archives*. New York, 1996.
- Resis, Albert (Hrsg.): *Molotov Remembers: Inside Kremlin Politics. Conversations with Felix Chuev*. Chicago, 1993.

- Reuter, Ernst: *Reden – Artikel – Briefe 1949–1953*. Vol. 4 (Hrsg. Hans E. Hirschfeld). Berlin, 1975.
- Roth, Heidi: *Der 17. Juni 1953 in Sachsen*. Köln, 1999.
- Schabowski, Günter: *Das Politbüro. Ende eines Mythos*. Hamburg, 1990.
- Schirdewan, Karl: *Aufstand gegen Ulbricht: im Kampf um politische Kurskorrektur, gegen stalinistische, dogmatische Politik*. Berlin, 1994.
- Schlothauer, Wolfram: *Der 17. Juni 1953 in Thüringen*. Gebesee, 1995.
- Schwabe, Klaus: *Der 17. Juni 1953 in Mecklenburg und Vorpommern*. Schwerin, 1993.
- Semjonow, Wladimir S.: *Von Stalin bis Gorbatschow: Ein halbes Jahrhundert in diplomatischer Mission 1939–1991*. Berlin, 1995.
- Spittmann, Ilse, und Karl Wilhelm Fricke (Hrsg.): *17. Juni 1953. Arbeiteraufstand in der DDR*. Köln, ^{2}1988.
- Spittmann, Ilse: »*Der 17. Juni im Wandel der Legenden*«, in: Deutschland Archiv 17 (1984), 594–605.
- Sudoplatow, Pawel Anatoljewitsch: *Der Handlanger der Macht. Enthüllungen eines KGB-Generals*. Düsseldorf, New York, Wien, Moskau, 1994.
- Van Dijk, Ruud: *The 1952 Stalin Note Debate: Myth or Missed Opportunity for German Unification.* Cold War International History Project Working Paper No. 14. Washington DC: Woodrow Wilson International Center for Scholars, 1996.
- Zeit-Geschichte(n) e.V. – Verein für Erlebte Geschichte: *Der 17. Juni 1953 in Halle – ein Tag der Zivilcourage*. Halle/Saale, 2001.

DER 17. JUNI 1953 IM INTERNET:

- **www.17Juni53.de**
  (Umfangreiches Internetprojekt in Zusammenarbeit der Bundeszentrale für politische Bildung, Deutschlandradio und des Zentrums für Zeithistorische Forschung Potsdam)

- **www.bstu.de/ddr/juni_1953/index.htm**
  (Internetprojekt der Bundesbeauftragten für die Unterlagen des Staatssicherheitsdienstes der ehemaligen Deutschen Demokratischen Republik)

Personenregister

Ortsregister

Bildquellenverzeichnis

Trotz intensiver Bemühungen ist es nicht gelungen, alle Rechteinhaber ausfindig zu machen. Wir bitten, etwaige Ansprüche an den Verlag geltend zu machen.